Reisesprachführer

Englisch

bearbeitet von Heinz Lechleiter
und Hans-Christian Oeser

Faktum
LEXIKON INSTITUT

bearbeitet von: Heinz Lechleiter und Hans-Christian Oeser

Redaktion: Michaela Stüttgen, Dr. Beate Varnhorn
Illustrationen: Dieter Stadler
Satz und Layout: Dirk Bischoff, Ernst-Jürgen Bischoff, Anke Eickholt
Bildredaktion: Edeltraud Siebart
Herstellung: Günter Hauptmann

Bildnachweis:

Bavaria Bildagentur, Gauting: 37/Picture Finders, 93/French, 220/Geisser; Bertelsmann Lexikon Verlag, Gütersloh: 352, 353; IFA-Bilderteam, München: 132/Aberham, 178/TPC, 222/Ruhfa, 257/Ruhfa; Mauritius, Mittenwald: 151/Weber, 233/Weber, Hintergrund: 15, 37, 57, 93, 119, 151, 183, 213, 233, 257, 277, 293; Tony Stone Bilderwelten, Hamburg: 194, 213/Mort; Transglobe Agency, Hamburg: 57/Simmons, 183/Krecichwost; ZEFA, Düsseldorf: 15, 85/Schmied, 119.

Alle in diesem Band aufgeführten Wörter, Wendungen, Übersetzungen und Fakten wurden sorgfältig recherchiert. Für ihre Richtigkeit kann jedoch keine Gewähr übernommen werden.

Autorisierte Sonderausgabe für Orbis Verlag

817 2635 4453 6271
01279X03 02 01

INHALTSVERZEICHNIS

Unterwegs: Von A nach Z 3

Unterkunft 4

Essen & Trinken 5

Einkaufen 6

1 2 3 4 5 6 7 8 9 10

Entspannung, Sport & Kultur 7

Dienstleistungen: Banken, Post, ... 8

Für alle Fälle 9

Dienstlich unterwegs 10

Kurzgrammatik S. 277

Wörterbuch S. 293

1 2 3 4 5 6 7 8 9 10

EINFÜHRUNG

Englisch ist eine Weltsprache mit vielen unterschiedlichen Varianten. Dieser Reisesprachführer basiert auf der in England gesprochenen Hochsprache. Neben dem Englischen werden im Zielgebiet dieses Buches auch keltische Sprachen gesprochen: schottisches Gälisch, Walisisch und Irisch. Überall versteht und spricht man allerdings Englisch – und man bezieht auch diejenigen ins Gespräch ein, deren Sprachkenntnisse noch unvollkommen sind.

Ganze Sätze und einzelne Vokabeln nachschlagen

Einzelne deutsche oder englische **Vokabeln** und ihre Übersetzung finden Sie am schnellsten im Wörterbuchteil im Anhang des Buches. Wenn Sie sich hingegen auf eine bestimmte Situation im Reiseland systematisch vorbereiten wollen und bestimmte **Sätze**, eine feste Wendung oder situationstypische Standardvokabeln lernen oder nachschlagen möchten, so gelangen Sie am besten über das thematisch geordnete Inhaltsverzeichnis in das entsprechende Kapitel. Hier sind dann alle typischen Redemittel in überschaubaren Einheiten präsentiert. Darüber hinaus finden Sie in den Kapiteln nützliche **Tips und Hinweise** zu Land und Leuten. Eine weitere Zugriffsmöglichkeit bietet das **Wörterbuch** im Anhang. Denn dort ist außer der Übersetzung der gesuchten Vokabel auch die Seitenzahl angegeben, die Sie direkt in den entsprechenden Textteil führt.

Der Reisesprachführer als Selbstlernsprachkurs

Für Englischlernende und diejenigen, die sich mit den wichtigsten Regeln der englischen Sprache vertraut machen möchten, ist die **Kurzgrammatik** im Anhang konzipiert. Die **Ausspracheregeln** im Vorspann des Buches und die Lautschrift im Textteil geben Ihnen die korrekte Sprechweise an. Die **Lerneinheiten** im Leseteil sind thematisch geordnet und eignen sich zum selektiven Lesen und Lernen. In den einzelnen Kapiteln sind alle wichtigen Redemittel zu der jeweiligen typischen Reisesituation übersichtlich zusammengestellt: elementare Sätze der Alltagskommunikation und die wichtigsten Vokabeln ebenso wie häufige Hinweise, Schilder und Durchsagen in der Landessprache. Das, was gelernt werden soll, steht immer rechts: Handelt es sich um Wörter oder Wendungen, die Sie aktiv beherrschen sollten (z.B. *Die Rechnung, bitte!*), so steht die deutsche Wendung links, die englische Übersetzung rechts. Wörter und Wendungen, die Sie kaum sagen würden, aber doch verstehen sollten (z.B. *Haben Sie etwas zu verzollen?*), sind genau umgekehrt angeordnet. So können Sie jeweils die rechte Spalte verdecken und lernen.

Symbole

Symbol	Beschreibung	Beispiel	
•	passiver Wortschatz	• Your documents, please! Ihre Papiere, bitte!	
/	Alternativen; die Grauschrift kennzeichnet die Wahlmöglichkeiten	Student/in Wo ist / sind …? Where / When were you born?	
( )	fakultative Erweiterungen	Es tut mir (wirklich) leid. I'm (very) sorry.	
…	Platz für Varianten, die an dieser Stelle eingesetzt werden können	**Fahren Sie …!** nach rechts nach links geradeaus	**Go … !** right left straight on
►	Weiteres finden Sie im Wörterbuch oder im angegebenen Kapitel	► Wörterbuch ► Kap. 1, Rund ums Geld S. 20	

AUSSPRACHE

Die folgenden Hinweise entsprechen der Lautung der englischen Hochsprache (= *Received Pronunciation*). Am einfachsten können Sie sich mit Hilfe der Audiokassette durch wiederholtes Hören an Klang, Betonung und Aussprache des Englischen gewöhnen.

Vokale & Diphthonge

Die meisten Vokale existieren in einer kurzen und einer langen Fassung. Die Längung wird durch einen Doppelpunkt angezeigt.

Zeichen	Aussprache	Beispiele
[ɑː]	langes a wie in f**a**hren	father ['fɑːðə]
[æ]	ä wie in s**ä**en	cat [kæt]
[ʌ]	kurzes a wie in Sch**a**tten	cup [kʌp], money ['mʌnɪ]
[e]	e wie in r**e**nnen	hen [hen], many ['menɪ]
[ə]	e wie in Schul**e**	mother ['mʌðə], about [ə'baʊt]
[ɜː]	wie in B**ö**rse	bird [bɜːd], turn [tɜːn]
[ɪ]	kurzes i wie in M**i**tte	bit [bɪt], business ['bɪznɪs]
[iː]	langes i wie in L**ie**be	cream [kriːm], key [kiː]
[ɒ]	Laut zwischen a und o, etwa wie in Z**o**pf	what [wɒt], because [bɪ'kɒz]
[ɔː]	langes o wie in Folkl**o**re	all [ɔːl], before [bɪ'fɔː]
[ʊ]	kurzes u wie in F**u**tter	good [gʊd], could [kʊd]
[uː]	langes u wie in P**u**te	food [fuːd], through [θruː]
[eɪ]	[e] mit folgendem kurzem [ɪ] (nicht wie [aɪ]!)	day [deɪ], nail [neɪl]
[aɪ]	wie in M**ai**n	high [haɪ], dry [draɪ]
[ɔɪ]	wie in h**eu**te	boy [bɔɪ], coin [kɔɪn]

[əʊ]	[ə] mit folgendem kurzem [ʊ]	no [nəʊ], boat [bəʊt]
[aʊ]	wie in P**au**se	house [haʊs], now [naʊ]
[ɪə]	wie in K**ir**che	here [hɪə], beer [bɪə]
[eə]	wie in K**er**n	air [eə], there [ðeə]
[ʊə]	wie in K**ur**	tour [tʊə]

Konsonanten

Die meisten englischen Konsonanten werden ähnlich wie die deutschen ausgesprochen. Im Gegensatz zum Deutschen bleiben weiche (stimmhafte) Konsonanten auch am Wortende weich. Man spricht also *dog* als [dɒg] und nicht als [dɒk] aus. Die Unterscheidung zwischen stimmloser und stimmhafter Aussprache kann den Sinn eines ganzen Wortes verändern! Beispiel: [bʌs] *bus* (= Bus) und [bʌz] *buzz* (= summen). Im folgenden finden Sie die Lautzeichen, die einer Erklärung bedürfen, weil die Aussprache der dargestellten Laute vom Deutschen abweicht oder weil die Lautsymbole von der alphabetischen Schreibweise abweichen.

Zeichen	Aussprache	Beispiele
[ŋ]	ng-Laut, wie in Ri**ng**	sing [sɪŋ], think [θɪŋk]
[θ]	wie gelispeltes scharfes s [s]	theatre ['θɪ'ətə], thanks [θæŋks]
[ð]	wie gelispeltes weiches s [z]	there [ðeə], mother ['mʌðə]
[tʃ]	wie in **tsch**üs	church [tʃɜ:tʃ]
[dʒ]	wie in **J**ob	geography [dʒɪ'ɒgrəfɪ]
[ʃ]	wie in **Sch**ule	shopping ['ʃɒpɪŋ]
[ʒ]	wie in Gara**g**e	pleasure ['pleʒə]

[w]	wie ein kurzes u gefolgt von einem Vokal (nicht wie deutsches w!)	wind [wɪnd]
[v]	wie v in **V**ase	very ['verɪ]
[s]	scharfes s wie in Me**ss**er	sink [sɪŋk], mess [mes]
[z]	weiches s wie in Rei**s**e	please [pli:z], is [ɪz]

Betonung

Jedes mehrsilbige englische Wort hat eine eigene Betonung. Sie wird in der Lautschrift durch ['] vor der betonten Silbe angezeigt. Im Sprachfluß werden normalerweise die inhaltstragenden Wörter (Substantive, Verben) betont, während die Funktionswörter (z. B. Artikel, Pronomen) unbetont bleiben.

ALPHABET

A	[eɪ]	N	[en]
B	[bi:]	O	[əʊ]
C	[si:]	P	[pi:]
D	[di:]	Q	[kju:]
E	[i:]	R	[ɑ:]
F	[ef]	S	[es]
G	[dʒi:]	T	[ti:]
H	[eɪtʃ]	U	[ju:]
I	[aɪ]	V	[vi:]
J	[dʒeɪ]	W	['dʌbl ju:]
K	[keɪ]	X	[eks]
L	[el]	Y	[waɪ]
M	[em]	Z	[zed]

WICHTIGE ABKÜRZUNGEN

AA	Automobile Association	Autofahrer-Club (entsprechend dem ADAC)
AD	(lat.) Anno Domini	nach Christus
a.m.	(lat.) ante meridiem	0.00 Uhr bis 11.59 Uhr
B & B	bed and breakfast	Fremdenzimmer mit Frühstück
BC	before Christ	vor Christus
c.h.	central heating	Zentralheizung
dbl	double	doppelt, verdoppeln
dz.	dozen/s	Dutzend/e
e.g.	(lat.) exempli gratia, for example	z.B.
F	Fahrenheit	Fahrenheit
ft.	foot, feet	Fuß (Maßeinheit)
gal	gallon/s	Gallone/n
GP	general practitioner	(Allgemein-)Arzt
GPO	General Post Office	Hauptpostamt
HP	horsepower	PS (Pferdestärken)
hr.	hour/s	Stunde/n
ID Card	identification	Personalausweis
i.e.	(lat.) id est	d.h. (das heißt)
in.	inch/es	Inch (Maßeinheit)
IYHF	International Youth Hostel Federation	internationaler Jugendherbergsverband
lb.	(lat.) libra, pound	Pfund
mill.	million	Million
m.p.g.	miles per gallon	Meilen pro Gallone (Benzinverbrauch)
m.p.h.	miles per hour	Stundenmeilen
NB	(lat.) nota bene	wichtig:
no.	(lat.) numero, number	Nummer
oz	ounce/s	Unze/n (Gewichtseinheit)
p.a.	(lat.) per annum	pro Jahr

p.c.	percent	Prozent
p.m.	(lat.) post meridiem	12.01 Uhr bis 24.00 Uhr
p.t.o.	please turn over	umblättern, Rückseite lesen
R.S.V.P	(franz.) Répondez s'il vous plaît	Um Antwort wird gebeten
St.	street, Saint	Straße, Heilige/r
tbs	tablespoon(ful)	Eßlöffel (Maßeinheit)
UK	United Kingdom	Vereinigtes Königreich
VAT	value added tax	Mehrwertsteuer
yd.	yard/s	Yard (Maßeinheit)

ZAHLEN, ZEITEN, ZENTIMETER

1

1

Zahlen & Maße

Die englischen Zahlen (= *numbers*) von eins bis zehn sind spätestens seit den Anfängen der Raumfahrt von dem berühmten Countdown her bekannt. Bei dem englischen Wort für „Null" gibt es eine Reihe von möglichen Entsprechungen; üblich sind *zero* ['zɪərəʊ] und *naught I nought* [nɔ:t] oder bei der Angabe von Telefonnummern gelegentlich auch *O* [əʊ] (wie der Buchstabe).

Kardinalzahlen

1 one [wʌn]	2 two [tu:]	3 three [θri:]	4 four [fɔ:]	5 five [faɪv]
6 six [sɪks]	7 seven ['sevn]	8 eight [eɪt]	9 nine [naɪn]	10 ten [ten]

11 eleven [ɪ'levn]
12 twelve [twelv]
13 thirteen [θɜ:'ti:n]
14 fourteen [fɔ:'ti:n]
15 fifteen [fɪf'ti:n]
16 sixteen [sɪks'ti:n]
17 seventeen [sevn'ti:n]
18 eighteen [eɪ'ti:n]
19 nineteen [naɪn'ti:n]
20 twenty ['twentɪ]
21 twenty-one [twentɪ'wʌn]
22 twenty-two [twentɪ'tu:]
23 twenty-three [twentɪ'θri:]
30 thirty ['θɜ:tɪ]
31 thirty-one [θɜ:tɪ'wʌn]
32 thirty-two [θɜ:tɪ'tu:]
40 forty ['fɔ:tɪ]
50 fifty ['fɪftɪ]
60 sixty ['sɪkstɪ]
70 seventy ['sevntɪ]
80 eighty ['eɪtɪ]
90 ninety ['naɪntɪ]

100	1000	1000000
one hundred [wʌn 'hʌndrəd]	one thousand [wʌn 'θaʊznd]	one million [wʌn 'mɪljən]

101 one hundred and one [wʌn 'hʌndrəd ənd wʌn]
102 one hundred and two [wʌn 'hʌndrəd ən tu:]
200 two hundred [tu: 'hʌndrəd]
300 three hundred [θri: 'hʌndrəd]
2000 two thousand [tu: 'θaʊznd]
3000 three thousand [θri: 'θaʊznd]

▶ Kap. 1, Rund ums Geld S. 20

Ordinalzahlen

1st	first [fɜ:st]	the first floor	der erste Stock
2nd	second ['sekənd]	the second street	die zweite Straße
3rd	third [θɜ:d]	The Third Man	Der Dritte Mann
4th	fourth [fɔ:θ]	the fourth form	die vierte Klasse
5th	fifth [fɪfθ]	the fifth anniversary	der fünfte Jahrestag
6th	sixth [sɪksθ]	the sixth time	das sechste Mal

▶ Kap. 1, Datum S. 29

Bruch- & Prozentzahlen

½	a half [ə hɑ:f]	⅓	a third [ə θɜ:d]
¼	a quarter [ə 'kwɔ:tə]	⅕	a fifth [ə fɪfθ]
¾	three quarters [θri: 'kwɔ:təz]	50%	fifty per cent ['fɪftɪ pə'sent]

Maß- & Mengeneinheiten

Momentan befinden sich GB und IRL im Hinblick auf Maß- und Mengeneinheiten in der Übergangsphase vom alten imperialen System zum metrischen oder Dezimalsystem. Beide Systeme sind im Alltag nebeneinander vertreten; so können Sie etwa Ihre Milch in Pint-Flaschen (= *pint bottles*) oder in Literpackungen (= *litre cartons*) kaufen. Eine Meile (= *mile*) entspricht etwa 1,6 km. Noch eine Besonderheit: Der Kraftstoffverbrauch wird nicht in Litern pro gefahrene Kilometer ausgerechnet, sondern danach, wie viele Meilen pro Gallone Benzin (= *miles per gallon*) das Auto fährt.

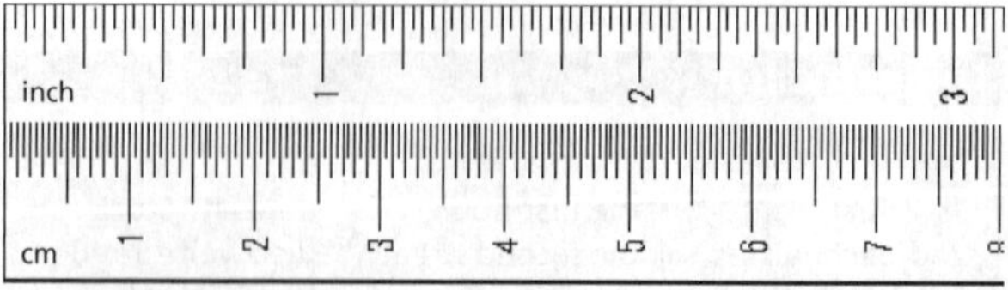

Gewichte

g	gramme [græm]	Gramm
kg	kilogramme ['kɪləgræm]	Kilogramm
oz	ounce [aʊns]	Unze = 28,35 g
lb	pound [paʊnd] (= 16 ounces)	Pfund = 453,59 g
st	stone [stəʊn] (= 14 pounds)	= 6,35 kg

Längenmaße

mm	millimetre ['mɪlɪmi:tə]	Millimeter
cm	centimetre ['sentɪmi:tə]	Zentimeter
m	metre ['mi:tə]	Meter
k(m)	kilometre ['kɪləmi:tə]	Kilometer
in (")	inch [ɪntʃ]	Zoll = 2,54 cm

ft (')	foot [fʊt] (= 12 inches)	Fuß = 30,48 cm
yd	yard [jɑːd] (= 3 feet)	Yard = 91,44 cm
m	mile [maɪl] (= 1760 yards)	Meile = 1,609 km

Flächenmaße

m^2	square metre [skweə 'miːtə]	Quadratmeter
km^2	square kilometre [skweə 'kɪləmiːtə]	Quadratkilometer
square ft	square foot [skweə fʊt]	Quadratfuß = 929,03 cm^2
square yd	square yard [skweə jɑːd]	Quadratyard = 0,84 m^2

Hohlmaße

ml	millilitre ['mɪliliːtə]	Milliliter
l	litre ['liːtə]	Liter
pt	pint [paɪnt]	Pinte = 0,57 l
gal	gallon ['gælən] (= 8 pints)	Gallone = 4,55 l

Geschwindigkeit

km/h	kilometres per hour ['kɪləmiːtəz pər 'aʊə]	Stundenkilometer
m.p.h.	miles per hour ['maɪlz pər 'aʊə]	Meilen pro Stunde
kn	knot [nɒt]	Knoten

Andere Maßeinheiten

a dozen ... [ə 'dʌzn]	ein Dutzend ...
a pair (of ...) [ə peər (əv)]	ein Paar ...
a few / couple of ... [ə fjuː / 'kʌpl əv]	ein paar ...
a piece of ... [ə piːs əv]	ein Stück ...

► Kap. 6, Mengenangaben S. 159

Temperaturen ohne besondere zusätzliche Angaben werden normalerweise in Fahrenheit gemessen: 21°C entsprechen ca. *70°F* (*seventy degrees*). Meint man Grad Celsius, so spricht man von *twenty-one degrees centigrade*.

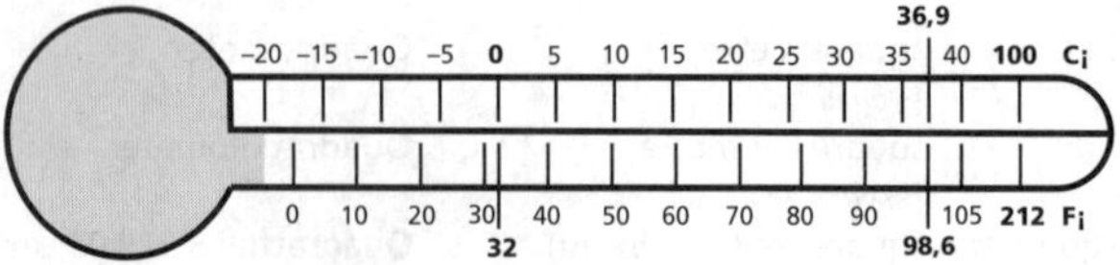

Rund ums Geld

GB und IRL haben unterschiedliche Währungen (= *currencies*). Die offiziellen Bezeichnungen sind *pound sterling* (für GB) und *Irish pound / punt* (für IRL). In beiden Währungsgebieten zahlen Sie aber in Pfund *£* (*pound*) und Pence *p* (*pence*). Normalerweise spricht man das Wort *pence* nicht voll aus, sondern sagt einfach *p*. Für *£5.12* sagt man also *five pounds and twelve p*. Aus früheren Zeiten sind noch – ähnlich wie im Deutschen das Wort „Groschen" – die Bezeichnungen *shilling* (heute das 5p-Stück) und gelegentlich, z. B. bei Pferderennen, *guinea* (ein Pfund und ein Schilling) zu hören.

▶ Geldscheine und Münzen, Abb. 1 und 2 im Anhang

Bezahlen

Kreditkarten (= *credit cards*), auch Plastikgeld (= *plastic money*) genannt, sind allgemein gebräuchliche Zahlungsmittel. Sie werden an Tankstellen, in Supermärkten, Restaurants und Geschäften fast überall problemlos akzeptiert. Telefonische Buchungen, z. B. von Theater- und Kinokarten, sind in der Regel nur mit Kreditkarten möglich. In ländlichen Gebieten sollten Sie zur Sicherheit immer auch ausreichend Bargeld bei sich haben. Euroschecks (Höchstbetrag in GB £100, in IRL £140) werden in Hotels und größeren Geschäften angenommen, sind aber weniger verbreitet als Kreditkarten. Britische Banken verlangen für ihre Einlösung unterschiedlich hohe Gebühren.

Wieviel kostet das?	How much is that? [haʊ mʌtʃ ɪz ðæt]
Was kosten die Tomaten?	How much are the tomatoes? [haʊ mʌtʃ ɑː ðə təˈmɑːtəʊz]
Was bekommen Sie?	How much do I owe you? [haʊ mʌtʃ dʊ aɪ əʊ jʊ]
• That's £10. [ðæts ten paʊndz]	(Das macht) 10 Pfund.
Ich habe leider kein Kleingeld.	I'm afraid, I've no change. [aɪm əˈfreɪd aɪv nəʊ tʃeɪndʒ]
Ich möchte ... bezahlen.	**I'd like to pay ... .** [aɪd laɪk tə peɪ]
bar	cash [kæʃ]
mit Kreditkarte	by credit card [baɪ ˈkredɪt kɑːd]
mit Scheck	by cheque [baɪ tʃek]
Akzeptieren Sie ...?	Do you accept ...? [dʊ jʊ əkˈsept]
• Your signature, please. [jɔː ˈsɪgnətʃə pliːz]	Ihre Unterschrift, bitte.
• Could you sign here, please? [kəd jʊ saɪn hɪə pliːz]	Könnten Sie bitte hier unterschreiben?
• Here's your change / receipt! [hɪəz jɔː tʃeɪndʒ / rɪˈsiːt]	Hier ist Ihr Wechselgeld / Kassenbon!

1

Könnten Sie mir eine Rechnung / Quittung ausstellen?	Could I have a receipt, please? [kəd aɪ hæv ə rɪ'si:t pli:z]
Könnte es sein, daß Sie sich verrechnet haben?	Could there be a mistake? [kəd ðeə bɪ ə mɪ'steɪk]

Reisezahlungsmittel

Bargeld	cash [kæʃ]
Euroscheck	Eurocheque ['jʊərəʊtʃek]
Kreditkarte	credit card ['kredɪt kɑ:d]
Reisescheck	traveller's cheque ['trævləz tʃek]
Sparbuch	savings book ['seɪvɪŋz bʊk]
Scheckkarte	banker's card ['bænkəz kɑ:d]

Jede Bank hat eine eigene Bezeichnung für ihre Geldautomaten (= *automatic telling machine*, kurz: *ATM*). Sie finden so unterschiedliche Namen wie *Pass Machine* und *Service Till* für die gleiche Sache. Im Volksmund heißen die Geldautomaten auch *cash dispenser*, *cashpoint*, *money machine* oder schlicht „Loch in der Wand" (= *hole in the wall*).

► Kap. 8, Banken & Geldverkehr S. 215

Zeiten

Zur Zeitangabe benutzt man in GB und IRL normalerweise die 12-Stunden-Uhr. Die Stunden von Mitternacht bis Mittag werden mit *a.m.* gekennzeichnet, die von Mittag bis Mitternacht mit *p.m.* Also heißt *9.15 a.m.* Viertel nach neun morgens, während sich *9.15 p.m.* auf den Abend bezieht. Volle Stunden versieht man häufig mit dem Zusatz *o'clock*, falls man *a.m.* oder *p.m.* nicht gebraucht. Die 24-

Stunden-Uhr ist fast ausschließlich dem offiziellen Sprachgebrauch, Fahrplänen und Flugplänen, vorbehalten. Für volle Stunden verwendet man dann in der Regel die Formel ... *hundred hours*, z. B.: Der Zug fährt um 15.00 Uhr ab (= *The train leaves at fifteen hundred hours*). Wenn auch Minuten angegeben werden, so spricht man die Stunden- und die Minutenzahl jeweils einzeln: um 17.45 Uhr (= *at seventeen forty-five*).

Uhrzeiten

Entschuldigung, wie spät / wieviel Uhr ist es?	Excuse me, what time is it? [ɪks'kju:z mɪ wɒt taɪm ɪz ɪt]
• **It's ... .** [ɪts]	**Es ist ... .**

11:00	eleven o'clock / a.m. [ɪ'levn ə'klɒk / eɪ'em]
13:00	one o'clock / p.m. [wʌn ə'klɒk / pi:'em]
15:15	a quarter past three [ə 'kwɔ:tə pɑ:st θri:]
15:25	twenty-five (minutes) past three [twentɪ'faɪv ('mɪnɪts) pɑ:st θri:]
15:30	half past three / three thirty [hɑ:f pɑ:st θri: / θri: 'θɜ:tɪ]
15:35	twenty-five (minutes) to four [twentɪ'faɪv ('mɪnɪts) tə fɔ:]
15:45	a quarter to four [ə 'kwɔ:tə tə fɔ:]

Oft läßt man im Englischen bei Angabe der halben Stunde das *past* weg. Das heißt, daß dann dem englischen *half seven* (kurz für *half past seven*) das deutsche „halb acht" entspricht! Wer nicht aufpaßt, wartet so unter Umständen eine geschlagene Stunde lang! Da die Zeitdifferenz zwischen GB / IRL und Deutschland eine Stunde beträgt, könnten Sie sich gar um zwei Stunden verfehlen.

1

um wieviel Uhr?	(at) what time? [(ət) wɒt taɪm]
um 10 Uhr	at ten (o'clock) [ət ten (ə'klɒk)]
um zehn vor drei	at ten to three [ət ten tə θri:]
um zehn nach drei	at ten past three [ət ten pa:st θri:]
Punkt 6	at six sharp [ət sɪks ʃɑ:p]
gegen 11 Uhr	around 11 (o'clock) [ə'raʊnd ɪ'levn (ə 'klɒk)]
in einer Viertelstunde	in a quarter of an hour [ɪn ə 'kwɔ:tər əv ən 'aʊə]
vor einer halben Stunde	half an hour ago [ha:f ən 'aʊər ə'gəʊ]
Sekunde	second ['sekənd]
Minute	minute ['mɪnɪt]
Stunde	hour ['aʊə]

Öffnungszeiten

Die Öffnungszeiten der Geschäfte sind insgesamt flexibler geregelt als in Deutschland. Besonders kleinere Lebensmittelgeschäfte (= *grocers*) und Zeitungshändler (= *newsagents*) haben häufig über das ganze Wochenende und bis tief in die Nacht hinein geöffnet. Die größeren Kaufhäuser haben Öffnungszeiten, die in etwa den deutschen entsprechen, jedoch ist auch samstags in der Regel ganztägig geöffnet, und mittlerweile haben viele Kaufhäuser und Supermärkte auch Sonntagsöffnungszeiten.

OPEN	**CLOSED**
geöffnet	geschlossen

Um wieviel Uhr öffnet / schließt ...?	**(At) What time does ... open / close?** [ət wɒt taɪm dəz ... 'əʊpən / kləʊz]
dieses Geschäft	this shop [ðɪs ʃɒp]
das Museum	the museum [ðə mju:'zɪəm]
die Bank	the bank [ðə bæŋk]
• At half (past) eight. [ət hɑ:f (pɑ:st) eɪt]	Um halb neun.

opening hours	Öffnungszeiten
open	geöffnet
closed	geschlossen
~ for renovation	wegen Renovierung ~
temporarily ~	vorübergehend ~

Als Kuriosum erscheinen Kontinentaleuropäern immer wieder die Öffnungszeiten der *pubs* (→ Kap. 5, S. 127). Theater sind sonntags meist geschlossen. Banken öffnen ihre Pforten nicht vor 10.00 Uhr und schließen um 15.00 Uhr, donnerstags und freitags auch später.

Tageszeiten

Tag	day [deɪ]
Morgen / Vormittag	morning ['mɔ:nɪŋ]
früher	early ~ ['ɜ:lɪ]
später	late ~ [leɪt]
am Morgen, morgens, vormittags	in the ~ [ɪn ðə]

1

Mittag	midday / noon ['mɪddeɪ / nu:n]
Mittagszeit	lunchtime ['lʌntʃtaɪm]
Nachmittag	afternoon [ɑ:ftə'nu:n]
früher ~	early ~ ['ɜ:lɪ]
später ~	late ~ [leɪt]
am Nachmittag, nachmittags	in the afternoon [ɪn ðɪ ɑ:ftə'nu:n]
Abend	evening ['i:vnɪŋ]
am Abend, abends	in the evening [ɪn ðɪ 'i:vnɪŋ]
Nacht	night [naɪt]
nachts	at night [æt naɪt]
Mitternacht	midnight ['mɪdnaɪt]
um Mitternacht	at midnight [æt 'mɪdnaɪt]

Wochentage

Beachten Sie, daß man Wochentage und Monatsnamen mit großen Anfangsbuchstaben schreibt.

Montag	Monday ['mʌndɪ]
Dienstag	Tuesday ['tju:zdɪ]
Mittwoch	Wednesday ['wenzdɪ]
Donnerstag	Thursday ['θɜ:zdɪ]
Freitag	Friday ['fraɪdɪ]
Samstag	Saturday ['sætədɪ]
Sonntag	Sunday ['sʌndɪ]
Wochentag	weekday ['wi:kdeɪ]
Feiertag	(bank) holiday [('bæŋk) 'hɒlədeɪ]
Wochenende	weekend ['wi:kend]

Monate

1 JANUAR January ['dʒænjʊərɪ]	5 MAI May [meɪ]	9 SEPTEMBER September [sep'tembə]
2 FEBRUAR February ['febrʊərɪ]	6 JUNI June [dʒu:n]	10 OKTOBER October [ɒk'təʊbə]
3 MÄRZ March [mɑ:tʃ]	7 JULI July [dʒu:'laɪ]	11 NOVEMBER November [nəʊ'vembə]
4 APRIL April ['eɪprəl]	8 AUGUST August ['ɔ:gəst]	12 DEZEMBER December [dɪ'sembə]

Andere Zeitangaben

Für viele Briten und Iren hat der Tag eine andere Zeiteinteilung als für Deutsche. Beginnt für uns der Abend gegen 18.00 Uhr, so bezieht sich *this evening* oder *tonight* oft schon auf die Zeit ab 16.00 Uhr.

Wann?	**When?** [wen]
vorgestern	the day before yesterday [ðə deɪ bɪ'fɔ: 'jestədeɪ]
gestern	yesterday ['jestədeɪ]
~ morgen	~ morning ['mɔ:nɪŋ]
~ abend	~ evening / last night ['i:vnɪŋ / lɑ:st naɪt]

heute	today [tə'deɪ]
~ morgen	this morning [ðɪs 'mɔːnɪŋ]
~ abend	this evening [ðɪs 'iːvnɪŋ]
morgen	tomorrow [tə'mɒrəʊ]
übermorgen	the day after tomorrow [ðə deɪ 'ɑːftə tə'mɒrəʊ]
in fünf Tagen	in five days [ɪn faɪv deɪz]
letzte Woche	last week [lɑːst wiːk]
vorletzte Woche	the week before last [ðə wiːk bɪ'fɔː lɑːst]
diesen Freitag	this Friday [ðɪs 'fraɪdɪ]
nächsten Monat	next month [nekst mʌnθ]
übernächstes Jahr	the year after next [ðə jɪər ɑːftə nekst]
am Montag	on Monday [ɒn 'mʌndɪ]
am Abend	in the evening [ɪn ðɪ 'iːvnɪŋ]
am Wochenende	at the weekend [æt ðə 'wiːkend]
von Montag bis Freitag	from Monday to Friday [frəm 'mʌndɪ tə 'fraɪdɪ]
von 8.00 bis 10.00 Uhr	from eight to ten [frəm eɪt tə ten]
kürzlich	recently ['riːsntlɪ]
sofort	at once / immediately [æt wʌns / ɪ'miːdjətlɪ]
bald	soon [suːn]
früh	early ['ɜːlɪ]
spät	late [leɪt]
zehn Minuten zu spät	ten minutes late [ten 'mɪnɪts leɪt]
rechtzeitig	on time [ɒn taɪm]
Ab wann?	**From when on?** [frəm wen ɒn]
ab ... Uhr	from ... on [frəm ... ɒn]
ab Montag	from Monday on [frəm 'mʌndɪ ɒn]

1

Seit wann?	**Since when?** [sɪns wen]
seit einer Stunde	for the last / past hour [fə ðə lɑːst / pɑːst 'aʊə]
seit 11 Uhr	since 11 (o'clock) [sɪns ɪ'levn (ə'klɒk)]
seit 1.1.96	since the first of January, 1996 [sɪns ðə fɜːst əv 'dʒænjʊərɪ naɪntiːn'hʌndrəd ənd naɪntɪ'sɪks]
Wie oft?	**How often?** [haʊ 'ɒːfən]
(fast) immer	(nearly) always [('nɪəlɪ) 'ɔːlweɪz]
oft	often ['ɒːfən]
manchmal	sometimes ['sʌmtaɪmz]
selten	rarely / seldom ['reəlɪ / 'seldəm]
nie(mals)	never ['nevə]

Datum & Feiertage

Datum

Für das Datum gibt es einige unterschiedliche Schreibweisen, die nebeneinander existieren und gleichermaßen akzeptabel sind. Für den 13. September 1996 etwa kann man schreiben: *13th September 1996*, *13 September 1996*, *September 13, 1996* oder auch *13 / 9 / 1996*. Die Sprechweise bleibt immer gleich:

Der wievielte ist heute? / Den wievielten haben wir heute?	What date is it? [wɒt deɪt ɪz ɪt]
• The fifth of December. [ðə fɪfθ əv dɪ'sembə]	Der / Den 5. Dezember.

1

• When were you born? [wen wə jʊ bɔːn]	Wann sind Sie / bist du geboren?
Am 16. Juni 1962.	On the sixteenth of June nineteen (hundred and) sixty-two. [ɒn ðə sɪksˈtiːnθ əv dʒuːn ˈnaɪntiːn ˈhʌndrəd ənd sɪkstɪˈtuː]

► Kap. 2, Angaben zur Person S. 43

Fest- & Feiertage

Die relative Eigenständigkeit von Schottland, Wales und Nordirland zeigt sich nicht nur in der Tatsache, daß sie ihre jeweils eigenen Nationalmannschaften haben, sondern auch ihre eigenen Feiertagsregelungen.

Nationale Feiertage

		England Wales	Nordirland	Schottland	Irland
2. / 3.1.	New Year's Day Holiday (Neujahrstag, falls der 1.1. auf einen Samstag oder Sonntag fällt)	X	X	X	X
Tag nach New Year's Holiday	Scotland Holiday (schottischer Nationalfeiertag)	O	O	X	O
17.3.	St. Patrick's Day (irischer Nationalfeiertag)	O	X	O	X
Karfreitag	Good Friday	X	X	X	X
Ostermontag	Easter Monday	X	X	X	X

1. Montag im Mai	May Day Holiday / Spring Holiday (Maifeiertag / Frühlingsfeiertag)	X	X	X	X
letzter Montag im Mai	Spring Holiday (Frühlingswochenende)	X	X	X	O
erster Montag im Juni	Whit Weekend (Pfingstwochenende)	O	O	O	X
12.7.	Orangemen's Day (protestantischer nordirischer Feiertag)	O	X	O	O
erster Montag im August	Summer Holiday (Sommerfeiertag)	O	O	X	O
letzter Montag im August	Summer Holiday (Sommerfeiertag)	X	X	O	X
letzter Montag im Oktober	October Holiday (Oktoberwochenende)	O	O	O	X
25.12.	Christmas Day Holiday (1. Weihnachtsfeiertag)	X	X	X	X
26.12.	Boxing Day (IRL: St. Stephen's Day) (2. Weihnachtsfeiertag)	X	X	X	X

(X = Feiertag, 0 = kein Feiertag)

Die Faschings- oder Karnevalssaison spielt in GB und IRL keine Rolle. Jedoch gibt es eigene Traditionen mit Maskeraden (= *dressing up*), Feuerwerk (= *fireworks*) und Freudenfeuern (= *bonfires*). Am 31. Oktober (= *Hallowe'en*), der mit Gruseligem wie Hexen-, Geister- und Totenkult in Verbindung gebracht wird, verkleiden sich die Kinder und ziehen, um Süßigkeiten bettelnd, von Haus zu Haus. Am

5. November, dem *Guy Fawkes Day*, werden in GB große Feuer entzündet und Guy-Fawkes-Puppen verbrannt. Andere Festtage, die man sich merken sollte, sind der Valentinstag (= *St. Valentine's Day*) am 14. Februar und der Muttertag (= *Mother's Day*), der im Gegensatz zu Deutschland am zweiten Sonntag im März gefeiert wird.

Wetter & Jahreszeiten

Das Wetter ist in GB und IRL ein unerschöpfliches Thema und stets ein willkommener Gesprächsanlaß. Der berühmte Londoner *smog*, eine Mischung aus Rauch (= *smoke*) und Nebel (= *fog*) ist in London selbst sichtlich zurückgegangen, hat sich inzwischen aber – nicht nur sprachlich – auf der ganzen Welt verbreitet.

Jahreszeiten

Frühling	spring [sprɪŋ]
Sommer	summer ['sʌmə]
Herbst	autumn ['ɔːtəm]
Winter	winter ['wɪntə]

Übers Wetter reden

• Nice day today, isn't it? [naɪs deɪ tə'deɪ 'ɪznt ɪt]	Ein schöner Tag heute, nicht wahr?
Ja, wirklich!	Yes, it is, isn't it? [jes ɪt ɪz 'ɪznt ɪt]

▶ Kap. 2, Höflichkeitsformeln S. 47

Wie ist / wird das Wetter heute?	What's the weather (going to be) like today? [wɒts ðə 'weðə ('gəʊɪŋ tə bɪ) laɪk tə'deɪ]
• It's going to stay nice / fine. [ɪts 'gəʊɪŋ tə steɪ naɪs / faɪn].	Es bleibt schön.
Heute ist es (ziemlich)	**It's (quite) ... today.** [ɪts (kwaɪt) ... tə'deɪ]
heiß	hot [hɒt]
warm	warm [wɔ:m]
frisch	nippy ['nɪpɪ]
kühl	cool [ku:l]
kalt	cold [kəʊld]
frostig	chilly ['tʃɪlɪ]
eiskalt	freezing ['fri:zɪŋ]
dunstig	misty ['mɪstɪ]
feucht	damp [dæmp]
nebelig	foggy ['fɒgɪ]
wechselhaft	changeable ['tʃeɪndʒəbl]
windig	windy ['wɪndɪ]
Die Sonne scheint.	The sun is shining. [ðə sʌn ɪz 'ʃaɪnɪŋ]
Es regnet.	It's raining. [ɪts 'reɪnɪŋ]
Es hagelt.	It's hailing. [ɪts 'heɪlɪŋ]
Es schneit.	It's snowing. [ɪts 'snəʊɪŋ]
Es gewittert.	There's a (thunder)storm. [ðeəz ə ('θʌndə)stɔ:m]
Es blitzt.	There's lightning. [ðeəz 'laɪtnɪŋ]
Es ist 21°C (= 70° Fahrenheit).	It's seventy degrees. [ɪts 'sevntɪ dɪ'gri:z]

Dank Insellage und Meeresklima sind die Temperaturschwankungen im Jahresverlauf nicht so extrem wie in Mitteleuropa. Die Winter sind in der Regel milder, und Schneefall (= *snow*) ist gewöhnlich auf die höheren Lagen beschränkt. Im Sommer steigen die Temperaturen meistens nicht über 25 Grad. Besonders in Küstengegenden ist es oft windig bis stürmisch. Wichtig sind für die Inselbewohner die Gezeiten (= *tides*). Man sagt: *The tide is out* (= Es ist Ebbe), und *The tide is in* (= Es ist Flut).

Was sagt der Wetterbericht (für morgen)?	What's the (weather) forecast (for tomorrow)? [wɒts ðə ('weðə) 'fɔːkɑːst (fə tə'mɒrəʊ)]
• **It'll be / stay … .** ['ɪtl bɪ / steɪ]	**Es wird / bleibt … .**
fine [faɪn]	schön
bad [bæd]	schlecht
• The weather will change. [ðə 'weðə wɪl tʃeɪndʒ]	Das Wetter wird umschlagen.

Glossar: Wetterbericht

cold [kəʊld]	kalt, Kälte
hail(stones) ['heɪl(stəʊnz)]	Hagel(körner)
snow [snəʊ]	Schnee
sleet [sliːt]	Schneeregen
frost [frɒst]	Frost
(black) ice [(blæk) aɪs]	(Glatt-)Eis

heat [hiːt]	Hitze
hot [hɒt]	heiß
sun [sʌn]	Sonne
sunny ['sʌnɪ]	sonnig

rain [reın]	Regen
rainbow ['reınbəʊ]	Regenbogen
(scattered) showers [('skætəd) 'ʃaʊəz]	(vereinzelte) Schauer
lightning ['laıtnıŋ]	Blitz
thunder ['θʌndə]	Gewitter / Donner

cloudy ['klaʊdı]	bewölkt
overcast ['əʊvəka:st]	bedeckt
partly cloudy with sunny spells ['pa:tlı 'klaʊdı wıð 'sʌnı spelz]	heiter bis wolkig
fog [fɒg]	Nebel
mist [mıst]	Dunst

wind [wınd]	Wind
moderate ~ ['mɒdərət]	mäßiger ~
fresh ~ [freʃ]	auffrischender ~
gust of wind [gʌst əv wınd]	Bö
gale [geıl]	starker Wind
storm [stɔ:m]	Sturm

Himmelsrichtungen

Norden	north [nɔ:θ]
Süden	south [saʊθ]
Westen	west [west]
Osten	east [i:st]
Nordwesten	north-west [nɔ:θ'west]
Südosten	south-east [saʊθ'i:st]

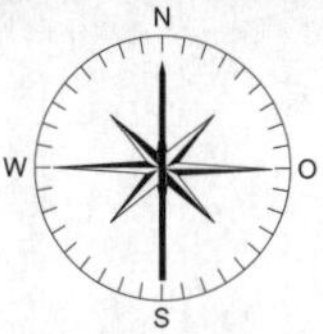

1

Farben

blau	blue [blu:]
hell~	light ~ [laɪt]
dunkel~	dark ~ [dɑ:k]
braun	brown [braʊn]
gelb	yellow ['jeləʊ]
grau	grey [greɪ]
grün	green [gri:n]
lila	mauve / purple [məʊv / 'pɜ:pl]
orange	orange ['ɒrɪndʒ]
rosa	pink [pɪŋk]
rot	red [red]
schwarz	black [blæk]
weiß	white [waɪt]

Purple ist eine Allzweckbezeichnung, die von pupur-, hoch- und dunkelrot über lila und violett zu blaßblau so ziemlich alles abdeckt.

KONTAKTE: TÄGLICHES & NÜTZLICHES

2

Das Allernotwendigste

Ja.	Yes. [jes]
Nein.	No. [nəʊ]
Bitte. (als Bitte)	Please. [pli:z]
Bitte. (als Antwort auf *thanks*, etwa wie „Nichts zu danken!")	That's o.k. / That's alright. / You're welcome. [ðæts əʊ'keɪ / ðæts ɔ:l'raɪt / jɔ: 'welkəm]
Bitte? (wenn Sie etwas nicht verstehen)	Pardon? ['pɑ:dn]
Danke.	Thank you. / Thanks. [θæŋk ju / θæŋks]
Hallo! / Entschuldigen Sie! (wenn Sie die Aufmerksamkeit auf sich lenken wollen)	Excuse me! [ɪks'kju:z mɪ]

Ein einfaches *yes* oder *no* wird oft als kurz angebunden und unhöflich empfunden. Normalerweise fügt man deshalb eine „Verlängerung" an: *Yes, please* oder *No, thank you*, oder auch *Yes, I do* oder *No, Sir*. Zu den grundlegenden Regeln der Höflichkeit im englischsprachigen Raum gehört auch, eine gewisse Distanz einzuhalten. Immer dann, wenn man jemandem „zu nahe tritt", entschuldigt man sich mit einem *sorry*.

Bei Verständigungsschwierigkeiten

Wenn Sie nichts oder wenig verstehen ...

Sprechen Sie / Sprichst du ...?	**Do you speak ...?** [dʊ jʊ spi:k]
Deutsch	German ['dʒɜ:mən]
Französisch	French [frentʃ]
Spanisch	Spanish ['spænɪʃ]

Gibt es hier jemanden, der Deutsch spricht?	Does somebody here speak German? [dəz 'sʌmbədɪ hɪə spiːk 'dʒɜːmən]
Ich spreche leider kein Englisch.	Sorry, I don't speak English. ['sɒrɪ aɪ dəʊnt spiːk 'ɪŋglɪʃ]
Ich spreche leider nur wenig Englisch.	Sorry, I don't speak much English. ['sɒrɪ aɪ dəʊnt spiːk mʌtʃ 'ɪŋglɪʃ]
Ich verstehe leider nicht.	Sorry, I don't understand. ['sɒrɪ aɪ dəʊnt ʌndə'stænd]
Ich brauche einen Übersetzer / Dolmetscher.	I need a translator / an interpreter. [aɪ niːd ə træns'leɪtə / ən ɪn'tɜːprɪtə]

Wenn Sie das eine oder andere nicht verstanden haben ...

Wie bitte?	Pardon? ['pɑːdn]
Etwas langsamer, bitte!	A bit slower, please! [ə bɪt 'sləʊə pliːz]
Würden Sie / Würdest du das bitte wiederholen?	Could you repeat that, please? [kəd jʊ rɪ'piːt ðæt pliːz]
Würden Sie / Würdest du es mir bitte aufschreiben?	Could you write that down for me, please? [kəd jʊ raɪt ðæt daʊn fə mɪ pliːz]
Was heißt „Tisch" auf englisch?	What is „Tisch" in English? [wɒt ɪz tɪʃ ɪn 'ɪŋglɪʃ]
Was bedeutet das?	What does that mean? [wɒt dəz ðæt miːn]
Wie spricht man dieses Wort aus?	How do you pronounce this word? [haʊ dʊ jʊ prə'naʊns ðɪs wɜːd]

Begrüßung & Verabschiedung

2

Sich begrüßen

Die Deutschen sind im englischsprachigen Europa als die „Händeschüttler" bekannt. Dort gibt man sich die Hände nur bei besonderen Gelegenheiten, z. B. beim ersten Kennenlernen, bei Empfängen, Geschäftsabschlüssen oder zu Neujahr.

Guten Tag / Hallo.	Hello. [hə'ləʊ]
Guten Morgen.	Good morning. [gʊd 'mɔːnɪŋ]
Guten Abend.	Good evening. [gʊd 'iːvnɪŋ]
Gute Nacht.	Good night. [gʊd naɪt]
Viele Grüße von Monika.	Monika sends her regards / love. ['mɒnɪkə sendz hə rɪ'gaːdz / lʌv]

How are you? [haʊ aː jʊ] Wie geht es *Ihnen / dir*?	Danke, und *Ihnen / dir*? Fine, thanks, and you? [faɪn θæŋks ən jʊ] (Sehr) Gut / Schlecht. (Very) Good / Bad. [('verɪ) gʊd / bæd] Einigermaßen. Soso / Okay. [səʊ'səʊ / əʊ'keɪ] Wie immer. As always. [əz 'ɔːlweɪz]

In den letzten Jahren hat sich im Schriftverkehr bei der Anrede von Frauen durchgesetzt, statt *Miss* [mɪs] (= Fräulein) und *Mrs* ['mɪsɪz] (= verheiratete Frau) für alle Frauen die allgemeine „Kompromißformel" *Ms* (ausgesprochen als [mɪz] mit stimmhaftem, weichem *s*) zu benutzen.

Sich vorstellen

• What's your name? [wɒts jɔ: neɪm]	Wie heißen Sie / heißt du?
Ich heiße / Mein Name ist	I'm / My name is ... . [aɪm / maɪ neɪm ɪz]
Darf ich Ihnen / dir ... vorstellen?	**May I introduce you to ... .** [meɪ aɪ ɪntrə'dju:s jʊ tʊ]
Herrn / Frau Martin	Mr / Mrs Martin ['mɪstə / 'mɪsɪz 'ma:tən]
meine Frau / meinen Mann	my wife / husband [maɪ waɪf / 'hʌzbənd]
..., einen Freund / eine Freundin von mir	..., a friend of mine [ə frend əv maɪn]
..., meinen Kollegen / meine Kollegin	... , a colleague of mine [ə 'kɒlɪ:g əv maɪn]
meinen Bruder / meine Schwester	my brother / sister [maɪ 'brʌðə / 'sɪstə]

Beachten Sie, daß die Wörter für „Mann" und „Frau" als die zwei Geschlechter *man* bzw. *woman* sind. „Mann" im Sinne von „Ehemann" heißt *husband*, „Ehefrau" heißt *wife*. „Ein Freund / eine Freundin" ist *a friend of mine*, „mein Freund" ist *my boyfriend*, „meine Freundin" ist *my girlfriend*. Bei reiferen Altersstufen spricht man wohl eher – wie auch im Deutschen – von *my partner* (= mein/e Partner/in).

Sehr erfreut / Angenehm.	Pleased to meet you. [pli:zd tə mi:t jʊ]
Willkommen in	Welcome to ... . [welkəm tə]

2

Die Antwort auf *Pleased to meet you* ist *Pleased to meet you, too.* Gelegentlich hört man auch an Stelle des deutschen „Angenehm" *How do you do?* mit gleichlautender Antwort.

Sich verabschieden

Auf Wiedersehen!	Good bye! [gʊd baɪ]
Tschüs!	Bye! [baɪ]
Bis später!	See you (later)! [si: jʊ ('leɪtə)]
Es ist schon spät.	It's getting late. [ɪts 'getɪŋ leɪt]
Ich muß jetzt leider gehen.	I have to leave now, I'm afraid. [aɪ hæv tə li:v naʊ aɪm ə'freɪd]
Es war wirklich ein schöner Abend.	I've enjoyed the evening very much. [aɪv ɪn'dʒɔɪd ðɪ 'ɪ:vnɪŋ 'verɪ mʌtʃ]
Ich habe mich gefreut, dich / Sie kennenzulernen.	It was nice meeting you. [ɪt wəz naɪs 'mi:tɪŋ jʊ]
• It was nice meeting you, too. [ɪt wəz naɪs 'mi:tɪŋ jʊ tu:]	Ganz meinerseits.
Grüßen Sie / Grüß bitte ... von mir!	Give my regards / love to ... , please! [gɪv maɪ rɪ'gɑ:dz / lʌv tə ... pli:z]

Bei Freunden und guten Bekannten sagt man *Give my love to ...* , ist das Verhältnis etwas distanzierter, so heißt es *Give my regards to ...* .

Alles Gute!	All the best! [ɔ:l ðə best]
Komm / Kommt gut nach Hause!	Get home safe! [get həʊm seɪf]
Gute Reise!	Have a good / safe trip! [hæv ə gʊd / seɪf trɪp]
Schönes Wochenende!	Have a good weekend! [hæv ə gʊd 'wi:kend]
Viel Spaß!	Enjoy yourself / yourselves! / Have fun! [ɪn'dʒɔɪ jɔ:'self / jɔ:'selvz / hæv fʌn]

Angaben zur Person

Auskunft geben

• What's your name? [wɒts jɔ: neɪm]	Wie heißen Sie / heißt du?
Ich heiße	I'm / My name is ... . [aɪm / maɪ neɪm ɪz]
• Where do you come from? [weə dʊ jʊ kʌm frɒm]	Woher kommen Sie / kommst du?
Ich komme aus Berlin.	I'm from Berlin. [aɪm frəm bɜ:'lɪn]
Ich bin ... . Deutsche/r Schweizer/in Österreicher/in	**I'm ... .** [aɪm] German ['dʒɜ:mən] Swiss [swɪs] Austrian ['ɒstrɪən]
• Where do you live? [weə dʊ jʊ lɪv]	Wo wohnen Sie / wohnst du?

2

Hier in der Nähe, in der Fleet Street.	Nearby, in Fleet Street. [nɪə'baɪ ɪn fli:t stri:t]
• How old are you? [haʊ əʊld ə jʊ]	Wie alt sind Sie / bist du?
Ich bin 32.	I'm thirty-two. [aɪm θɜ:tɪ'tu:]
• When / Where were you born? [wen / weə wə jʊ bɔ:n]	Wann / Wo sind Sie geboren?
Ich bin am 7. Juli 1967 in Köln geboren.	I was born on the seventh of July nineteen sixty-seven in Cologne. [aɪ wəz bɔ:n ɒn ðə 'sevənθ əv dʒʊ'laɪ 'naɪnti:n sɪkstɪ'sevn ɪn kə'ləʊn]

Glossar: Personalien

name / surname [neɪm / 'sɜ:neɪm]	Nachname
first / Christian name [fɜ:st / 'krɪstʃən neɪm]	Vorname
address [ə'dres]	Adresse
street (Abk.: St.) [stri:t]	Straße
house number [haʊs 'nʌmbə]	Hausnummer
postcode ['pəʊstkəʊd]	Postleitzahl
place of residence [pleɪs əv 'rezɪdəns]	Wohnort
county ['kaʊntɪ]	Grafschaft
country ['kʌntrɪ]	Land
telephone number (Abk.: No.) ['telɪfəʊn 'nʌmbə]	Telefonnummer
citizenship ['sɪtɪznʃɪp]	Staatsangehörigkeit
age [eɪdʒ]	Alter
date of birth [deɪt əv bɜ:θ]	Geburtsdatum

place of birth [pleɪs əv bɜ:θ]	Geburtsort
sex [seks]	Geschlecht
male / female [meɪl / 'fi:meɪl]	männlich / weiblich
marital status ['mærɪtl 'steɪtəs]	Familienstand
single ['sɪŋgl]	ledig
married ['mærɪd]	verheiratet
separated ['sepəreɪtɪd]	getrennt
divorced [dɪ'vɔ:st]	geschieden
widowed ['wɪdəʊd]	verwitwet
occupation [ɒkjə'peɪʃən]	Beruf
documents ['dɒkjʊmənts]	Ausweispapiere
passport ['pɑ:spɔ:t]	Reisepaß
identity card [aɪ'dentɪtɪ kɑ:d]	Personalausweis
... number ['nʌmbə]	...-Nummer
issued on ['ɪʃu:d ɒn]	ausgestellt am
valid until ['vælɪd ən'tɪl]	gültig bis

Berufstätigkeit

- What's your occupation? [wɒts jɔ:r ɒkjə'peɪʃən] — Was machen Sie / machst du beruflich?

Ich bin ... . — **I'm ... .** [aɪm]

arbeitslos — unemployed [ʌnɪm'plɔɪd]

Auszubildende/r — an apprentice [ən ə'prentɪs]

Handwerker/in — a craftsman / craftswoman [ə 'krɑ:ftsmən / 'krɑ:ftswʊmən]

Hausfrau — a housewife [ə 'haʊswaɪf]

Rentner/in — a pensioner [ə 'penʃənə]

selbstständig — self-employed [''selfɪmplɔɪd]

Student/in — a student [ə 'stju:dənt]

Ich arbeite … .	**I work … .** [aɪ wɜːk]
bei einer Bank	in a bank [ɪn ə bæŋk]
im Büro	in an office [ɪn ən 'ɒfɪs]
in der Fabrik	in a factory [ɪn ə 'fæktərɪ]
im Krankenhaus	in a hospital [ɪn ə 'hɒspɪtl]
im Öffentlichen Dienst	in the public service [ɪn ðə 'pʌblɪk 'sɜːvɪs]
Ich gehe noch zur Schule.	I'm still at school. [aɪm stɪl ət skuːl]
Ich bin beim Bund.	I'm in the army. [aɪm ɪn ðɪ 'ɑːmɪ]
Ich mache Zivildienst.	I'm doing community service. [aɪm 'dʊɪŋ kə'mjuːnɪtɪ 'sɛːvɪs]

► Wörterbuch

Studium

Ich habe zwei Jahre in Bonn studiert.	I studied in Bonn for two years. [aɪ 'stʌdɪd ɪn bɒn fə tuː 'jɪəz]
Ich studiere … .	**I study … .** [aɪ 'stʌdɪ]
Naturwissenschaften	science ['saɪəns]
Geisteswissenschaften	arts [ɑːts]
Architektur	architecture ['ɑːkɪtektʃə]
Geographie	geography [dʒɪ'ɒgrəfɪ]
Kunstgeschichte	art history [ɑːt 'hɪstərɪ]
Medizin	medicine ['medsɪn]
Sprachen	languages ['læŋgwɪdʒɪz]
Wirtschaftswissenschaften	economics [ɪkə'nɒmɪks]
Jura	law [lɔː]

► Wörterbuch

Höflichkeitsformeln

Höflichkeit besteht in der Kunst, die richtige Distanz zum Gegenüber zu finden. Man sollte im englischen Sprachraum nicht allzu direkt sein – die Wahrheit läßt sich auch weich verpacken.

2

Komplimente machen

Wie freundlich (von Ihnen)!	That's very kind (of you)! [ðæts 'verı kaınd (əv jʊ)]
Was für ein schönes Haus!	What a lovely house! [wɒt ə 'lʌvlı haʊs]

angenehm	pleasant [''pleznt]
eindrucksvoll	impressive [ım'presıv]
gut	good [gʊd]
hübsch	pretty [''prıtı]
interessant	interesting [''ıntrəstıŋ]
originell	original [ə'rıdʒənl]
sympathisch	nice [naıs]
toll	great [greıt]
wunderschön	wonderful [''wʌndəfʊl]

Anfragen & etwas erbitten

Darf ich? / Gestatten Sie?	May I? [meı aı]
Darf ich Sie / dich um einen Gefallen bitten?	May I ask you a favour? [meı aı a:sk jʊ ə 'feıvə]

Können Sie / Kannst du mir bitte helfen?
Could you help me, please?
[kəd jʊ help mɪ pliːz]

Kann ich ... haben?
Could I have ...?
[kəd aɪ həv]

2

Könnten Sie uns bitte fotografieren?
Could you take a photo of us, please?
[kəd jʊ teɪk ə 'fəʊtəʊ əv əs pliːz]

- Of course. / No problem. [əv kɔːs / nəʊ 'prɒbləm]
Aber natürlich.

Sich bedanken

Danke. Thank you. ['θæŋk jʊ]	You're welcome. [jɔː 'welkəm] Bitte sehr.
Vielen Dank. Thanks a lot. ['θæŋks ə lɒt]	That's okay. / Don't mention it. [ðæts əʊ'keɪ / dəʊnt 'menʃən ɪt] Nichts zu danken.
Das ist nett, danke. That's very kind, thank you. [ðæts 'verɪ kaɪnd θæŋk jʊ]	

Sich entschuldigen

Entschuldigung!
Sorry! ['sɒrɪ]

Es tut mir (wirklich) leid.
I'm (very) sorry. [aɪm ('verɪ) 'sɒrɪ]

Es war keine Absicht.
I didn't mean it. [aɪ 'dɪdnt miːn ɪt]

Entschuldigen Sie bitte die Unannehmlichkeiten.
Sorry for (all) the trouble.
['sɒrɪ fər (ɔːl) ðə 'trʌbl]

- That's okay. [ðæts əʊ'keɪ] — Das macht nichts.
- Nothing has happened. ['nʌθɪŋ həz 'hæpənd] — Es ist nichts passiert.
- It was my fault. [ɪt wəz maɪ fɔːlt] — Es war meine Schuld.

Bedauern, Freude & Begeisterung ausdrücken

Es tut mir sehr leid!	I'm very sorry! [aɪm 'verɪ 'sɒrɪ]
Wie schade!	What a pity! [wɒt ə 'pɪtɪ]
Was für ein Pech / Glück!	Such bad luck / good luck! [sʌtʃ bæd lʌk / gʊd lʌk]
Klasse!	Great! [greɪt]

Glückwünsche

Bei Geburtstagen – falls sie überhaupt gefeiert werden – ist es üblich, das Geburtstagskind zu einem Drink einzuladen. Es ist nicht üblich, daß der / die Feiernde den anderen einen ausgibt.

(Herzlichen) Glückwunsch!	Congratulations! [kəngrætjʊ'leɪʃənz]
Frohes Neues Jahr!	Happy New Year! ['hæpɪ njuː jɪə]
Frohe Weihnachten!	Merry Christmas! ['merɪ 'krɪsməs]
Frohe Ostern!	Happy Easter! ['hæpɪ 'iːstə]
Viel Glück!	Good luck! [gʊd lʌk]
Gute Besserung!	Get well soon! [get wel suːn]

Einladungen & Verabredungen

Das Zentrum des geselligen Lebens sind die *pubs*. Dort trifft man Freunde und Bekannte, trinkt und redet miteinander. Weniger üblich ist es, sich gegenseitig nach Hause einzuladen. In der Kneipe gilt das Rundensystem. Wenn man mit einer kleinen Gruppe von Leuten in den *pub* geht, besorgt eine Person die Getränke für die anderen. Dies ist sinnvoll, weil man die Getränke an der oft dicht umlagerten Theke meist selbst abholen und sofort bezahlen muß. Es wird erwartet, daß jeder eine Runde ausgibt. Wer dies nicht anbietet, gilt als unhöflicher Geizhals.

Sich verabreden

• Have you got plans for tomorrow? [hæv jʊ gɒt plænz fə tə'mɒrəʊ]	Haben Sie / Hast du morgen schon etwas vor?
• How about going to a concert? [haʊ ə'baʊt 'gəʊɪŋ tʊ ə ''kɒnsət]	Was halten Sie / hältst du davon, zu einem Konzert zu gehen?
• Would you like to meet tonight? [wəd jʊ laɪk tə miːt tə'naɪt]	Wollen wir uns heute abend treffen?
• We could go to the cinema. [wɪ kəd gəʊ tə ðə 'sɪnəmə]	Wir könnten (zusammen) ins Kino gehen.
Einverstanden / Gern.	I'd love to. [aɪd lʌv tuː]
Es tut mir leid, aber … .	**I'm sorry but … .** [aɪm 'sɒrɪ bət]
ich kann nicht	I can't [aɪ kɑːnt]
ich habe schon etwas vor	I've something planned [aɪv 'sʌmθɪŋ plænd]
Vielleicht ein andermal.	Maybe another time. ['meɪbɪ ə'nʌðə taɪm]

Wann / Wo treffen wir uns?	When / Where are we going to meet? [wen / weə ə wɪ 'gəʊɪŋ tə mi:t]
• Let's meet at 7 at the cinema! [lets mi:t ət 'sevn ət ðə 'sɪnəmə]	Treffen wir uns doch um sieben Uhr am Kino!
• I'll pick you up at eight (at your hotel). Is that alright with you? [aɪl pɪk jʊ ʌp ət eɪt (ət jɔ: həʊ'tel) ɪz ðæt ɔ:l'raɪt wɪð jʊ]	Ich hole Sie / dich um acht Uhr (im Hotel) ab, einverstanden?
Gut, dann bis um acht Uhr.	Alright, see you at 8 o'clock! [ɔ:l'raɪt si: jʊ ət eit ə'klɒk]

2

Einladungen

Die Einladung nach Hause ist stets ein Ausdruck besonderer Wertschätzung.

• I'd like to invite you to my house. [aɪd laɪk tə ɪn'vaɪt jʊ tə maɪ haʊs]	Ich würde Sie / dich gerne zu mir nach Hause einladen.
Danke für die Einladung. Das ist sehr freundlich von Ihnen.	Thank you for the invitation. That's very kind of you. [θæŋk jʊ fə ðɪ ɪnvɪ'teɪʃn ðæts 'verɪ kaɪnd əv jʊ]
Ich komme gern.	I'd love to come. [aɪd lʌv tə kʌm]
• **Why don't you stay ...?** [waɪ dəʊnt jʊ steɪ]	**Bleiben Sie / Bleib doch ...!**
for lunch [fə lʌntʃ]	zum Mittagessen
for dinner [fə 'dɪnə]	zum Abendessen
a little longer [ə lɪtl 'lɒŋgə]	noch ein bißchen

Gerne, wenn es nicht zu viele Umstände macht. — I'd love to if it isn't too much trouble.
[aɪd lʌv tuː ɪf ɪt 'ɪznt tuː mʌtʃ 'trʌbl]

2

Sie können zu einer Einladung einen Blumenstrauß (= *a bunch of flowers*) und/oder eine Flasche Wein (= *a bottle of wine*) mitbringen. Auch Pralinen (= *chocolates*) sind willkommen.

Empfang & Bewirtung

- Come in! [kʌm ɪn] — Kommen Sie / Komm herein!
- Have a seat! [hæv ə siːt] — Nehmen Sie / Nimm Platz!
- **Can I offer you ...?** [kən aɪ 'ɒfə jʊ] — **Darf ich Ihnen / dir ... anbieten?**
  a cup of tea / coffee [ə kʌp əv tiː / 'kɒfɪ] — eine Tasse Tee / Kaffee
  an aperitif [ən ə'perətɪf] — einen Aperitif

Wie gut das riecht! — This smells very nice! [ðɪs smelz 'verɪ naɪs]

- Help yourself! [help jɔː'self] — Greifen Sie zu!
- Enjoy your meal! [ɪn'dʒɔɪ jɔː miːl] — Guten Appetit!

Es schmeckt ausgezeichnet / köstlich! — This tastes lovely / delicious! [ðɪs teɪsts 'lʌvlɪ / dɪ'lɪʃəs]

- Please have some more! [pliːz hæv sʌm mɔː] — Bitte nehmen Sie / nimm doch noch (etwas)!

Nein danke, ich bin satt. — No, I've had enough, thank you. [nəʊ aɪv həd ɪ'nʌf θæŋk jʊ]

► Kap. 2, Sich verabschieden S. 42

Small talk

Im Bus, im Pub, im Café – ein Anlaß zum Gespräch ist schnell gefunden: die Unbilden des Wetters, Politik, Sport, der neueste Film ...

2

Meinungen äußern

Ja / Nein.	Yes / No. [jes / nəʊ]
Einverstanden.	I agree. [aɪ ə'gri:]
Selbstverständlich.	Of course. [əv kɔ:s]
Sie haben / Du hast recht.	You're right. [jʊə raɪt]
In der Tat.	Indeed. [ɪn'di:d]
Das stimmt.	That's true. [ðæts tru:]
Wahrscheinlich.	Probably. ['prɒbəblɪ]
Ich weiß (noch) nicht.	I don't know (yet). [aɪ dəʊnt nəʊ (jet)]
Vielleicht.	Maybe. ['meɪbɪ]
Ich glaube nicht.	I don't think so. [aɪ dəʊnt θɪŋk səʊ]
Das bezweifle ich.	I doubt that. [aɪ daʊt ðæt]
Da bin ich anderer Meinung.	I disagree. [aɪ dɪsə'gri:]
Ich denke / glaube, daß	I think / believe that ... . [aɪ θɪŋk / bɪ'li:v ðæt]
Meiner Meinung nach	In my opinion ... . [ɪn maɪ ə'pɪnjən]
Ich habe den Eindruck, daß	I've the impression that ... . [aɪv ðɪ ɪm'preʃən ðət]

Ausrufe

Kraftausdrücke wie *fuck, hell(fire)* und *shit* sind auch in Deutschland weithin bekannt. Man sollte sie als Ausländer jedoch lieber nicht benutzen. Harmloser sind folgende Ausrufe:

2

- That's incredible! [ðæts ɪn'kredɪbl] — Das gibt's doch nicht!
- I don't believe it! [aɪ dəʊnt bɪ'li:v ɪt] — Unglaublich!
- (Just) Imagine! [(dʒʌst) ɪ'mædʒɪn] — Stell dir / Stellen Sie sich vor!
- You don't say! [jʊ dəʊnt seɪ] — Was du nicht sagst!
- Really? ['rɪəlɪ] — Wirklich?
- Damn it! [dæm ɪt] — Verdammt noch mal!

Gefallen äußern

Wenn Ihnen etwas gefällt, so steht Ihnen mit dem Verb *to like* (= mögen, gern haben) ein vielseitiges Ausdrucksmittel zur Verfügung. Als Steigerung benutzt man *to love* (= sehr gern mögen). Apropos: Das Wort *beautiful* (= schön) wendet man auch für den Geschmackssinn an.

- **Do you like ...?** [dʊ jʊ laɪk] — **Gefällt Ihnen / dir ...?**
  the car [ðə kɑ:] — das Auto
  Wales [weɪlz] — Wales

Ja, es gefällt mir sehr. — Yes, I like it very much. [jes aɪ laɪk ɪt 'verɪ mʌtʃ]

Ich mag Glasgow / Guinness sehr gern. — I love Glasgow / Guinness. [aɪ lʌv 'glɑ:zgəʊ / 'gɪnɪs]

2

- How do you like the painting? [haʊ dʊ jʊ laɪk ðə 'peɪntɪŋ] — Wie gefällt Ihnen / dir das Bild?

Es gefällt mir nicht so sehr. — I don't like it too much. [aɪ dəʊnt laɪk ɪt tuː mʌtʃ]

Es ist ... . — **It's ... .** [ɪts]
wunderschön — wonderful ['wʌndəfʊl]
interessant — interesting ['ɪntrəstɪŋ]

▶ Kap. 2, Komplimente machen S. 47

Kontakte knüpfen

Mit den Engländern, Schotten, Walisern und Iren gibt es ganz verschiedene Menschentypen, die sich auch in der Art, wie sie mit Fremden Kontakt aufnehmen, voneinander unterscheiden. Allen gemeinsam ist jedoch, daß sie die Kunst des *small talk* in der Regel gut beherrschen. Oft findet man ein Interesse an Neulingen vor, das nach deutschen Begriffen fast an Neugierde grenzt und den Einstieg in ein Gespräch meist sehr einfach macht.

- What are you doing here? [wɒt ə jʊ 'duːɪŋ hɪə] — Was machen Sie / machst du hier?

Ich mache Urlaub. — I'm on holiday. [aɪm ɒn 'hɒlɪdeɪ]

Ich bin geschäftlich hier. — I'm here on a business trip. [aɪm hɪər ɒn ə 'bɪznɪs trɪp]

- How long have you been here? [haʊ lɒŋ həv jʊ bɪn hɪə] — Wie lange sind Sie / bist du schon hier?

Seit zwei Tagen / Wochen. — For two days / weeks. [fə tuː deiz / wiːks]

Seit gestern. — Since yesterday. [sɪns 'jestədɪ]

2

• How long are you staying? [haʊ lɒŋ ə jʊ 'steɪɪŋ]	Wie lange bleiben Sie / bleibst du noch?
Noch eine Woche.	Another week. [ə'nʌðə wi:k]
Bis Montag.	Til Monday. [tɪl 'mʌndeɪ]
• Is this your first time here? [ɪz ðɪs jɔ: fɜ:st taɪm hɪə]	Sind Sie / Bist du zum ersten Mal hier?
• Are you on your own? [ə jʊ ɒn jɔ:r əʊn]	Sind Sie / Bist du allein hier?
• Are you married? [ə jʊ 'mærɪd]	Sind Sie / Bist du verheiratet?
• I'd like to meet you again. [aɪd laɪk tə mi:t jʊ ə'gen]	Ich würde Sie / dich gerne wiedersehen.
• Do you have children? [dʊ jʊ hæv 'tʃɪldrən]	Haben Sie / Hast du Kinder?

▶ Kap. 2, Angaben zur Person S. 43

UNTERWEGS: VON A NACH Z

3

Allgemein

3

Der Linksverkehr in GB und IRL ist gewöhnungsbedürftig. Als Fußgänger sollten Sie grundsätzlich in beide Richtungen schauen, bevor Sie die Straße überqueren. Für Autofahrer ist speziell beim Überholen größte Vorsicht angesagt. In GB existiert keine allgemeine Vorfahrtsregel; die Vorfahrt wird an jeder Kreuzung durch Schilder oder Straßenaufmalungen gekennzeichnet. In IRL gilt – trotz Linksverkehr – die Regel „Rechts vor Links"!

gehen (zu Fuß)	to walk [tə wɔ:k]
fahren (ein Fahrzeug lenken)	to drive [tə draɪv]
mit dem / der ... fahren	to go by ... [tə gəʊ baɪ]
Auto	car [kɑ:]
Bus	bus [bʌs]
Eisenbahn / Zug	train [treɪn]
Fahrrad	bicycle / bike ['baɪsɪkl / baɪk]
Motorrad	(motor)bike [('məʊtə) baɪk]
Schiff	boat [bəʊt]
Straßenbahn	tram [træm]
U-Bahn	underground ['ʌndəgraʊnd]
fliegen	to fly [tə flaɪ]
trampen	to hitchhike ['hitʃhaɪk]

Wegbeschreibungen

Wo ist / Wo sind ...?	Where's / Where are ...? [weəz / weər ɑ:]
Ich suche	I'm looking for ... . [aɪm 'lʊkɪŋ fə]

Wie komme ich am schnellsten ...?	**What's the quickest way ...?** [wɒts ðə 'kwɪkəst weɪ]
zur Autobahn	to the motorway [tə ðə 'məʊtəweɪ]
zum Bahnhof	to the train station [tə ðə treɪn 'steɪʃn]
zum Flughafen	to the airport [tə ðɪ 'eəpɔ:t]
zum Hafen	to the harbour / port [tə ðə 'hɑ:bə / pɔ:t]
zum Krankenhaus	to the hospital [tə ðə 'hɒspɪtl]
ins Zentrum	to the centre [tə ðə 'sentə]
• Sorry, I don't know. ['sɒrɪ aɪ dəʊnt nəʊ]	Ich weiß es leider nicht.
• **Go ... .** [gəʊ]	**Fahren / Gehen Sie ... .**
straight on [streɪt ɒn]	geradeaus
as far as the crossroads [əz fɑ:r əz ðə 'krɒsrəʊdz]	bis zur Kreuzung
• **Turn left / right ... .** [tɜ:n left / raɪt]	**Biegen Sie ... links / rechts ab.**
after the second set of traffic lights ['ɑ:ftə ðə 'sekənd set əv 'træfɪk laɪts]	nach der zweiten Ampel
at the next corner [ət ðə nekst 'kɔ:nə]	an der nächsten Ecke
• **The museum is ... .** [ðə mju:'zɪəm ɪz]	**Das Museum ist ... .**
over there ['əʊvə ðeə]	dort drüben
at the end of this street [ət ðɪ end əv ðɪs stri:t]	am Ende dieser Straße
near the train station [nɪə ðə treɪn 'steɪʃn]	in der Nähe des Bahnhofs
opposite the post office ['ɒpəzɪt ðə pəʊst 'ɒfɪs]	gegenüber der Post

• Follow me, I'll take you there. ['fɒləʊ mɪ aɪl teɪk jʊ ðeə]	Fahren Sie mir nach, ich führe Sie hin.
• Take the number 11 bus / the 11 as far as Canterbury Street. [teɪk ðə 'nʌmbər ɪ'levn bʌs / ðɪ ɪ'levn əz fɑːr əz 'kæntəbərɪ striːt]	Nehmen Sie die Buslinie 11 / die 11 bis Canterbury Street.
• Follow the „City Centre" signs. ['fɒləʊ ðə 'sɪtɪ 'sentə saɪnz]	Folgen Sie der Beschilderung „Stadtmitte".
Ist das hier der Weg nach / zum ...?	Is this the way to ...? [ɪz ðɪs ðə weɪ tə]
Bin ich hier richtig nach Holyhead?	Am I on the right way to Holyhead? [əm aɪ ɒn ðə raɪt weɪ tə 'hɒlɪhed]
• You're going the wrong way, you have to turn around. [jʊə 'gəʊɪŋ ðə rɒŋ weɪ jʊ hæv tə tɜːn ə'raʊnd]	Sie sind hier falsch, Sie müssen umdrehen.
• This road goes to Fishguard. [ðɪs rəʊd gəʊz tə 'fɪʃgɑːd]	Diese Straße führt nach Fishguard.

▶ Kap. 4, Orientierung: Wo ist …? S. 106

to cross [tə krɒs]	überqueren
to follow [tə 'fɒləʊ]	folgen, nachfahren
to get off [tə get ɒf]	aussteigen
to get on [tə get ɒn]	einsteigen
to go [tə gəʊ]	gehen, fahren
to take [tə teɪk]	nehmen
to turn [tə tɜːn]	abbiegen

(to the) left [(tə ðə) left]	(nach) links
(to the) right [(tə ðə) raɪt]	(nach) rechts
straight on [streɪt ɒn]	geradeaus
(on the) left (hand side) [(ɒn ðə) left (hænd saɪd)]	links, auf der linken Seite
(on the) right (hand side) [(ɒn ðə) raɪt (hænd saɪd)]	rechts, auf der rechten Seite
(set of) traffic lights [(set əv) 'træfɪk laɪts]	Verkehrsampel
crossroads *pl.* / junction ['krɒsrəʊdz / 'dʒʌŋkʃən]	Kreuzung
roundabout ['raʊndəbaʊt]	Kreisverkehr
square [skweə]	Platz
T-junction ['ti:dʒʌŋkʃən]	T-Kreuzung

Ortspräpositionen

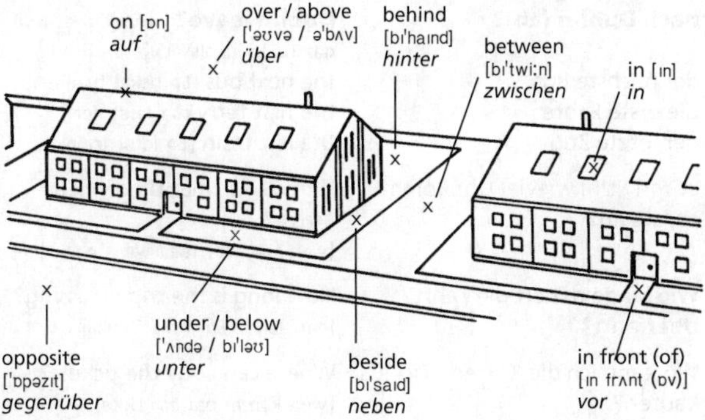

3

Entfernungen erfragen

Wie weit ist es (bis ins Stadtzentrum)?	How far is it (to the city centre)? [haʊ fɑːr ɪz ɪt (tə ðə 'sɪtɪ 'sentə)]
Wie lange braucht man von hier bis zum Flughafen?	How long does it take from here to the airport? [haʊ lɒŋ dəz ɪt teɪk frəm hɪə tə ðɪ 'eəpɔːt]
• About fifteen minutes. [ə'baʊt fɪf'tiːn 'mɪnɪts]	Etwa fünfzehn Minuten.
Ist es noch weit bis ...?	Is it far to ...? [ɪz ɪt fɑː tʊ]
• It's ten kilometers / six miles from here. [ɪts ten 'kɪləmiːtəz / sɪks maɪlz frəm hɪə]	Von hier aus sind es zehn Kilometer / sechs Meilen.

Verkehrsverbindungen

Wann / Wo geht / fährt ... nach Dublin (ab)?	**When / From where does ... to Dublin leave?** [wen / frəm weə dəz ... tə 'dʌblɪn liːv]
der nächste Bus	the next bus [ðə nekst bʌs]
die erste Fähre	the first ferry [ðə fɜːst 'ferɪ]
der letzte Zug	the last train [ðə lɑːst treɪn]
Wann / Um wieviel Uhr kommt er / sie an?	When / At what time will it arrive? [wen / ət wɒt taɪm wɪl ɪt ə'raɪv]
Wie lange dauert die Fahrt / Überfahrt?	How long is the trip / crossing? [haʊ lɒŋ ɪz ðə trɪp / 'krɒsɪŋ]
Wo kann ich die Karten / Tickets kaufen?	Where can I buy the tickets? [weə kən aɪ baɪ ðə 'tɪkɪts]

An der Grenze

Für den Grenzübertritt nach GB und IRL genügt ein gültiger Paß oder Personalausweis. In GB sind die Grenzkontrollen durch die Einwanderungsbehörden immer noch verhältnismäßig gründlich.

Personalausweis	identity card [aɪ'dentɪtɪ kɑ:d]
Kinderpaß	child's passport [tʃaɪldz 'pɑ:spɔ:t]
Reisepaß	passport ['pɑ:spɔ:t]
Visum	visa ['vi:zə]
Impfpaß	vaccination certificate [væksɪ'neɪʃn sə'tɪfɪkət]
Zoll	customs *pl.* ['kʌstəmz]
zollfrei	duty-free [dju:tɪ'fri:]
(nicht) zollpflichtig	(not) to be declared [(nɒt) tə bɪ dɪ'kleəd]
Spirituosen	spirits ['spɪrɪts]
Tabakwaren	tobacco [tə'bækəʊ]

Paßkontrolle

- Your documents, please! [jɔ: 'dɒkjʊmənts pli:z] — Ihre Papiere, bitte!
- Your passport has expired / is out of date. [jɔ: 'pɑ:spɔ:t həz ɪks'paɪəd / ɪz aʊt əv deɪt] — Ihr Paß ist abgelaufen.
- How long are you going to stay in Britain? [haʊ lɒŋ ə jʊ 'gəʊɪŋ tə steɪ ɪn 'brɪtn] — Wie lange bleiben Sie in Großbritannien?

Ich weiß es noch nicht.	I don't know yet. [aɪ dəʊnt nəʊ jet]
Ich bleibe ein paar Tage / einen Monat.	I'm going to stay for a few days / one month. [aɪm 'gəʊɪŋ tə steɪ fər ə fjuː deɪz / wʌn mʌnθ]
• What's the reason for your trip? [wɒts ðə 'riːzn fə jɔː trɪp]	Was ist der Grund Ihrer Reise?
Ich bin hier	**I'm here ... .** [aɪm hɪə]
(nur) auf der Durchreise nach ...	(just) on the way to ... [(dʒʌst) ɒn ðə weɪ tə]
auf Geschäftsreise	on a business trip [ɒn ə 'bɪznɪs trɪp]
auf Urlaubsreise	for a holiday [fər ə 'hɒlɪdeɪ]

▶ Kap. 2, Angaben zur Person S. 43

Zollangelegenheiten

• Do you have goods to declare? [dʊ jʊ həv gʊdz tə dɪ'kleə]	Haben Sie etwas zu verzollen?
Nein, nichts.	No, nothing. [nəʊ 'nʌθɪŋ]
Ja, ich habe ... dabei.	**Yes, I have ... .** [jes aɪ hæv]
Zigaretten	cigarettes [sɪgə'rets]
zwanzig Flaschen / Liter ...	twenty bottles / litres of ... ['twentɪ 'bɒtlz / 'liːtəz əv]
• Open your boot / suitcase, please! ['əʊpən jɔː buːt / 'suːtkeɪs pliːz]	Öffnen Sie bitte den Kofferraum / Koffer!
• You have to pay import duty on this. [jʊ hæv tə peɪ 'ɪmpɔːt 'djuːtɪ ɒn ðɪs]	Sie müssen dafür Einfuhrzoll bezahlen.

Unterwegs mit Tieren

Zum Urlaub in GB und IRL können Sie keine Haustiere mitnehmen. Bei der Einfuhr von Tieren muß man nämlich einen sechsmonatigen Quarantäneaufenthalt in Kauf nehmen – im wahrsten Sinne des Wortes, denn die Quarantäne ist nicht nur lang, sondern auch kostspielig. Die Bestimmungen sind deswegen so streng, weil dieser Teil Europas noch frei von Tollwut (= *rabies*) ist.

3

• The veterinary certificate, please! [ðə 'vetərɪnərɪ sə'tɪfɪkət pliːz]	Das amtstierärztliche Gesundheitszeugnis, bitte!
• Could I have a look at the certificate for the rabies vaccination? [kəd aɪ həv ə lʊk ət ðə sə'tɪfɪkət fə ðə 'reɪbɪz væksɪ'neɪʃn]	Könnte ich bitte die Tollwutimpfbescheinigung sehen?

Mit dem Auto oder Motorrad

Ein charakteristisches Merkmal für den Straßenbau und die Verkehrsführung in GB und IRL ist die Häufigkeit von Kreisverkehren (= *roundabouts*). Im Fall einer Panne helfen Ihnen die Autofahrerclubs (*AA* für *Automobile Association* und *RAC* für *Royal Automobile Club*).

Straßen

motorway ['məʊtəweɪ]	Autobahn
dual carriageway ['djuːəl 'kærɪdʒweɪ]	vierspurig ausgebaute Schnellstraße
bypass ['baɪpɑːs]	Umgehungsstraße

Im Englischen gibt es für das deutsche Wort „Straße" zwei Entsprechungen. *Street* ist eine Straße im inneren Ortsbereich, die zwischen Häuserzeilen verläuft; sie wird wie ein abgeschlossener Raum empfunden, deshalb sagt man auch *in the street*. Die zweite Entsprechung ist *road*. Das ist eine breitere, nicht von Häusern eingerahmte Straße; wenn man sie benutzt, ist man *on the road*.

Fahrzeuge

Fahrzeug	vehicle ['viːɪkl]
Auto (Pkw)	(motor)car [('məʊtə)kɑː]
Motorrad	motorbike ['məʊtəbaɪk]
Wohnwagen	caravan ['kærəvæn]
Anhänger	trailer ['treɪlə]
Kastenwagen, Lieferwagen	van [væn]
Lastwagen (Lkw)	truck / lorry [trʌk / 'lɒrɪ]

Das Tempolimit auf Autobahnen beträgt 70 Meilen (etwa 115 km) pro Stunde. Auf Landstraßen darf man nicht schneller als 60 Meilen (ca. 100 km) fahren. In geschlossenen Ortschaften und bebauten Gebieten ist die Geschwindigkeit auf 30 Meilen (entspricht etwa 50 km) beschränkt. Wohnwagen unterliegen außerhalb von Ortschaften einer Beschränkung von 50 Meilen (ca. 80 km), auf Autobahnen und autobahnähnlichen Straßen 60 Meilen.

▶ Kap. 3, Wegbeschreibungen S. 58

Auf der Autobahn

Nach Rastplätzen sucht man auf britischen und irischen Autobahnen vergebens. Nur an Raststätten darf angehalten werden.

breakdown service ['breɪkdaʊn 'sɜːvɪs]	Pannendienst
emergency telephone [ɪ'mɜːdʒənsɪ 'telɪfəʊn]	Notrufsäule
exit ['eksɪt]	Ausfahrt
maximum speed ['mæksɪməm spiːd]	Höchstgeschwindigkeit
medical help ['medɪkəl help]	ärztliche Hilfe
services ['sɜːvɪsɪz]	Raststätte

Tanken & Service

In GB wird das Benzin in Oktangehalt eingeteilt: *two star* bedeutet die niedrigste Qualität, *four star* die höchste. Apropos: Von Autos spricht man in der „sie"-Form. „Volltanken!" heißt daher oft auch: *Fill her up.*

Gibt es hier in der Nähe eine Tankstelle?	Is there a filling / petrol / service station nearby? [ɪz ðeər ə 'fɪlɪŋ / 'petrəl / 'sɜːvɪs 'steɪʃn nɪə'baɪ]
Wo ist die nächste Tankstelle?	Where's the nearest filling / petrol / service station? [weəz ðə 'nɪərɪst 'fɪlɪŋ / 'petrəl / 'sɜːvɪs 'steɪʃn]
Volltanken, bitte.	Fill her up, please. [fɪl ər ʌp pliːz]
Für £20 Diesel, bitte.	Twenty pounds worth of diesel, please. ['twentɪ paʊndz wɜːθ əv 'diːzl pliːz]
Ich möchte zwei Liter Öl.	I'd like two litres of oil. [aɪd laɪk tuː 'liːtəz əv ɔɪl]

Normalbenzin	regular ['regjʊlə]
Super	super ['su:pə]
Diesel	diesel ['di:zl]
Gemisch	mixture ['mɪkstʃə]
bleifrei	unleaded [ʌn'ledɪd]
verbleit	leaded ['ledɪd]

3

• **Would you like me to check ...?** [wəd jʊ laɪk mɪ tə tʃek]	**Soll ich nach ... schauen?**
the oil [ðɪ ɔɪl]	dem Ölstand
the radiator [ðə 'reɪdɪeɪtə]	dem Kühler
the tires [ðə 'taɪəz]	den Reifen

Könnten Sie ...?	**Could you ...?** [kəd jʊ]
die Windschutzscheibe reinigen	clean the windscreen [kli:n ðə 'wɪndskri:n]
einen Ölwechsel machen	change the oil [tʃeɪndʒ ðɪ ɔɪl]
den Reifen wechseln	change the tyres [tʃeɪndʒ ðə 'taɪəz]
die Scheibenwischanlage auffüllen	fill the screen-wash water [fɪl ðə 'skri:nwɒʃ 'wɔ:tə]

▶ Kap. 9, Autopanne S. 237

Autowäsche

vacuum cleaner ['vækjʊəm 'kli:nə]	Staubsauger
carwash ['kɑ:wɒʃ]	Waschanlage
chip [tʃɪp]	Münze
full wash [fʊl wɒʃ]	Vollwäsche
wax [wæks]	wachsen
pull in the aerial [pʊl ɪn ðɪ 'eərɪəl]	Antenne einziehen

close windows [kləʊz 'wɪndəʊz]	Fenster schließen
turn / switch off engine [tɜːn / swɪtʃ ɒf 'endʒɪn]	Motor abstellen
put gear into neutral [pʊt gɪər ɪntə 'njuːtrəl]	Leerlauf einlegen
put on handbrake [pʊt ɒn 'hændbreɪk]	(Hand-) Bremse anziehen

Parken

Gelbe Linien am Straßenrand bedeuten Parkverbot. Die Parkregelungen sind von Stadt zu Stadt verschieden; es gibt Parkuhren, Parkscheinautomaten, käufliche Parkscheiben (für Kurzzeitparken), Parkzonen-Systeme. Am besten erkundigen Sie sich bei einem Polizisten oder einer Polizistin. Wie überall ist der Parkraum in britischen und irischen Großstädten knapp. Zudem ziehen abgestellte Touristenwagen Autoknacker an. Deshalb empfiehlt es sich, das Auto in einem Parkhaus stehenzulassen.

Ist hier in der Nähe ein Parkhaus / Parkplatz?	Is there a carpark nearby? [ɪz ðeər ə 'kɑːpɑːk nɪə'baɪ]
Wo kann ich meinen Wagen abstellen?	Where can I park my car? [weə kən aɪ pɑːk maɪ kɑː]
Wie hoch ist die Gebühr pro Stunde / Tag?	What's the charge per hour / day? [wɒts ðə tʃɑːdʒ pə 'aʊə / deɪ]
Ist das Parkhaus / der Parkplatz die ganze Nacht geöffnet?	Is the carpark open all night? [ɪz ðə 'kɑːpɑːk 'əʊpən ɔːl naɪt]
Wo ist der Parkscheinautomat?	Where's the ticket machine? [weəz ðə 'tɪkɪt mə'ʃiːn]

(no) parking [(nəʊ) 'pɑ:kɪŋ]	Parken (verboten)
parking space ['pɑ:kɪŋ speɪs]	Parklücke / Parkplatz
multi-story carpark [mʌltɪ'stɔ:rɪ 'kɑ:pɑ:k]	Parkhaus
parking disc ['pɑ:kɪŋ dɪsk]	Parkscheibe
parking meter ['pɑ:kɪŋ 'mi:tə]	Parkuhr
parking assistant ['pɑ:kɪŋ ə'sɪstənt]	Parkwächter

3

Autovermietung

Ein Autoverleih (= *car rental*) ist am einfachsten am Flughafen oder in Bahnhofsnähe zu finden. Je nach Verleihgesellschaft beträgt das Mindestalter zwischen 21 und 25 Jahren, und man sollte den Führerschein mindestens schon seit einem Jahr besitzen. Bei manchen Firmen besteht eine Altershöchstgrenze zwischen 70 und 75 Jahren.

Ich möchte ein/en ... (für eine Woche) mieten.	**I'd like to rent / hire ... (for one week).** [aɪd laɪk tə rent / 'haɪər ... (fə wʌn wi:k)]
Auto / Wagen	a car [ə kɑ:]
~ für sechs Personen	~ for six persons [fə sɪks 'pɜ:snz]
~ mit Kindersitz	~ with a child's seat [wɪð ə tʃaɪldz si:t]
~ mit Automatik	an automatic [ən ɔ:tə'mætɪk]
Kabriolet	a convertible [ə kən'vɜ:təbl]
Motorrad	a motorbike [ə 'məʊtəbaɪk]
Wieviel kostet dieses Modell pro Tag / Woche?	How much is this type of car per day / week? [haʊ mʌtʃ ɪz ðɪs taɪp əv kɑ: pə deɪ / wi:k]

Gilt dieser Tarif inklusive ...?	**Does this price include ...?** [dəz ðɪs praɪs ɪn'klu:d]
unbegrenzte Kilometerzahl / Meilenzahl	unlimited kilometres / mileage [ʌn'lɪmɪtəd 'kɪləmi:təz / 'maɪlɪdʒ]
Personenhaftpflichtversicherung	personal liability cover ['pɜ:sənl laɪə'bɪlətɪ 'kʌvə]
Rechtsschutzversicherung	legal cover ['li:gəl 'kʌvə]
Unfallversicherung	accident insurance ['æksɪdənt ɪn'ʃɔ:rəns]
Diebstahlversicherung	theft insurance [θeft ɪn'ʃɔ:rəns]
Mehrwertsteuer	VAT [vi:eɪ'ti:]
• Would you like additional insurance? [wəd jʊ laɪk ə'dɪʃənl ɪn'ʃɔ:rəns]	Möchten Sie eine Zusatzversicherung?
Wo / Wann soll ich den Wagen abgeben?	Where / When do I have to return the car? [weə / wen dʊ aɪ hæv tə rɪ'tɜ:n ðə kɑ:]
• Your driving licence and identification, please! [jɔ: 'draɪvɪŋ 'laɪsns ənd aɪdentɪfɪ'keɪʃn pli:z]	Ihren Führerschein und Ausweis, bitte!
• Sign here, please! [saɪn hɪə pli:z]	Unterschreiben Sie hier, bitte!

Wichtige Verkehrshinweise

Caution	Vorsicht
Closed to Traffic	Für den Verkehr gesperrt
Concealed Exit	Verdeckte Ausfahrt
Cross Winds	Seitenwind
Crossroads	Kreuzung

Cul-de-Sac	Sackgasse
Damaged Surface	Straßenschäden
Danger	Gefahr
Dangerous Bend	Gefährliche Kurve
Diversion	Umleitung
Driving School	Fahrschule
Exit	Ausfahrt
Level Crossing	Bahnübergang
Loose Chippings	Rollsplitt
No Entry	Durchfahrt verboten
No Hard Shoulder	Kein befestigter Seitenstreifen
No Overtaking	Überholen verboten
One-Way	Einbahnstraße
Pedestrian Crossing	Fußgängerüberweg
Reduce Speed	Geschwindigkeit herabsetzen
Road Closed	Straße gesperrt
Road Narrows	Verengte Fahrbahn
Road Works	Straßenbauarbeiten
School Children	Schulkinder
Slow	Langsam
Stop	Halt!
U-turn	Wendemöglichkeit
Yield	Vorfahrt beachten

► Verkehrsschilder, Abb. 4 im Anhang

Verkehrskontrolle

Es gilt Gurt- und Helmpflicht (= *safety belts*, *crash helmets*). Was Alkohol am Steuer angeht, entsprechen die britischen und irischen Regelungen den gängigen europäischen Normen.

• Your driving licence, please. ['jɔː 'draɪvɪŋ 'laɪsəns pliːz]	Ihren Führerschein, bitte.
• **You haven't observed … .** [jʊ 'hævnt əb'zɜːvd]	**Sie haben … nicht beachtet.**
the right of way [ðə raɪt əv weɪ]	die Vorfahrt
the continuous line [ðə kən'tɪnjʊəs laɪn]	die durchgezogene Linie
• **You've ignored … .** [jʊv ɪg'nɔːd]	**Sie sind … gefahren.**
the speed limit [ðə spiːd 'lɪmɪt]	zu schnell
the red lights [ðə red laɪts]	bei Rot über die Ampel

3

vehicle documents ['viːɪkl 'dɒkjʊmənts]	Fahrzeugpapiere
driving licence ['draɪvɪŋ 'laɪsəns]	Führerschein
car owner [kaːr 'əʊnə]	Fahrzeughalter/in
driver ['draɪvə]	Fahrer/in
nationality plate [næʃə'nælɪtɪ pleɪt]	Nationalitätenkennzeichen
registration (plate) [redʒɪ'streɪʃən pleɪt]	Nummernschild
ticket ['tɪkɪt]	Strafzettel / Bußgeldbescheid

Mit dem Zug

Großstädte haben oft mehrere Bahnhöfe (= *railway stations*); London allein hat acht Großbahnhöfe, von denen aus man in unterschiedliche Richtungen abreist. Informieren Sie sich genau, auf welchem Sie sich einfinden müssen, und planen Sie genügend Zeit ein, falls Sie beim Umsteigen evtl. auch den Bahnhof wechseln müssen.

British Rail ist inzwischen privatisiert und entmonopolisiert worden. Die irische Eisenbahngesellschaft heißt *Iarnród Éireann.* Für Zugreisende gibt es in beiden Ländern sehr preiswerte Fahrausweise an, die man allerdings schon im Heimatland besorgen muß.

Wo ist der Bahnhof?	Where's the train station? [weəz ðə treɪn 'steɪʃn]

Zugverbindungen erfragen

Wann fährt der nächste Zug nach ...?	When's the next train to ...? [wenz ðə nekst treɪn tə]
Welche Züge fahren morgen vormittag / nachmittag nach Kent?	What trains go to Kent tomorrow morning / afternoon? [wɒt treɪnz gəʊ tə kent tə'mɒrəʊ 'mɔːnɪŋ / ɑːftə'nuːn]
Ich möchte gegen 10.00 Uhr in Newcastle sein.	I'd like to be in Newcastle by about 10 a.m. [aɪd laɪk tə bɪ ɪn 'njuːkɑːsl baɪ ə'baʊt ten eɪ'em]
Wann kommt der Zug in ... an?	When will the train arrive in ...? [wen wɪl ðə treɪn ə'raɪv ɪn]
Gibt es noch ...?	**Is there ...?** [ɪz ðeər]
einen früheren / späteren Zug	an earlier / a later train [ən 'ɜːlɪə / ə 'leɪtə treɪn]
eine andere Möglichkeit	another possibility [ə'nʌðə pɒsə'bɪlətɪ]
Hält dieser Zug in ...?	Does this train stop in ...? [dəz ðɪs treɪn stɒp ɪn]
Geht dieser Zug direkt nach ...?	Does this train go to ... directly? [dəz ðɪs treɪn gəʊ tə ... dɪ'rektlɪ]

• No, you'll have to change (trains) in ... . [nəʊ jʊl hæv tə tʃeɪndʒ (treɪnz) ɪn]	Nein, Sie müssen in ... umsteigen.
Gibt es dort Anschluß nach ...?	Is there a connection to ...? [ɪz ðeər ə kə'nekʃən tə]
Was für ein Zug ist das?	What / Which kind of train is this? [wɒt / wɪtʃ kaɪnd əv treɪn ɪz ðɪs]
Hat der Zug einen ...?	**Does the train have a ...?** [dəz ðə treɪn hæv ə]
Liegewagen	couchette [ku:'ʃet]
Schlafwagen	sleeping car ['sli:pɪŋ kɑ:]
Speisewagen	dining car ['daɪnɪŋ kɑ:]
Kann man in diesem Zug auch ein Fahrrad mitnehmen?	Can you take a bicycle on this train? [kən jʊ teɪk ə 'baɪsɪkl ɒn ðɪs treɪn]

3

Fahrkarten kaufen

Fahrkarten bekommen Sie am Schalter (= *ticket issue desk*) und in Reisebüros. Platzreservierungen sind in GB nur bis zum Vorreisetag möglich, in IRL überhaupt nicht.

Eine Fahrkarte ... nach Sheffield, bitte.	**A ... ticket to Sheffield, please.** [ə ... 'tɪkɪt tə 'ʃefɪ:ld pli:z]
zweiter / erster Klasse	second / first class ['sekənd / fɜ:st klɑ:s]
einfach	single ['sɪŋgl]
hin und zurück	return [rɪ'tɜ:n]
Gibt es Ermäßigungen für ...?	Are there special rates for ...? [ɑ: ðeə 'speʃl reɪts fə]

3

Ich hätte gerne eine Platzkarte	**I'd like to reserve a seat ... .** [aɪd laɪk tə rɪ'zɜːv ə siːt]
für den Zug um zehn Uhr nach ...	on the ten o'clock train to ... [ɒn ðə ten ə'klɒk treɪn tə]
im (Nicht-)Raucherabteil	in a (non-)smoking compartment [ɪn ə (nɒn) 'sməʊkɪŋ kəm'pɑːtmənt]
für einen Fensterplatz	at the window [ət ðə 'wɪndəʊ]
Und einen Zuschlag für den Transport eines Fahrrads.	And a supplement for the transport of a bicycle. [ənd ə 'sʌplɪmənt fə ðə 'træːnspɔːt əv ə 'baɪsɪkl]

Wochenkarte	weekly ticket ['wiːklɪ 'tɪkɪt]
Monatskarte	monthly ticket ['mʌnθlɪ 'tɪkɪt]
Kinderfahrkarte	child's ticket [tʃaɪldz 'tɪkɪt]
Gruppenfahrkarte	group ticket [gruːp 'tɪkɪt]
Platzkarte	seat reservation [siːt rezə'veɪʃən]
Zuschlag	supplement ['sʌplɪmənt]

Am Bahnhof: Orientierung

Wo ist / sind ...?	**Where is / are ...?** [weər ɪz / ɑː]
die Gepäckaufbewahrung	the left-luggage office [ðə left'lʌgɪdʒ ''ɒfɪs]
die Schließfächer	the luggage lockers [ðə 'lʌgɪdʒ 'lɒkəz]
der Wartesaal	the waiting room [ðə 'weɪtɪŋ rʊm]
der Fahrkartenschalter	the ticket issue desk [ðə 'tɪkɪt 'ɪʃuː desk]
Gleis 11	platform 11 ['plætfɔːm ɪ'levn]
die Toiletten	the toilets [ðə 'tɔɪlɪts]

Von welchem Bahnsteig / Gleis fährt der Zug nach ... ab?	Which platform does the train to ... leave from? [wɪtʃ 'plætfɔːm dəz ðə treɪn tə ... liːv frɒm]
Ist das der Zug nach / aus ...?	Is this the train to / from ...? [ɪz ðɪs ðə treɪn tʊ / frɒm]
Auf welchem Bahnsteig / Gleis kommt der Zug aus ... an?	Which platform does the train from ... arrive at? [wɪtʃ 'plætfɔːm dəz ðə treɪn frəm ... ə'raɪv æt]
Hat der Zug aus ... Verspätung?	Is the train from ... delayed? [iz ðə treɪn frəm ... dɪ'leɪd]

3

Schilder & Durchsagen

ARRIVALS	**DEPARTURES**
Ankunftszeiten	Abfahrtszeiten

• The train from Leeds going on to Sheffield is now arriving at platform 2. [ðə treɪn frəm liːds 'gəʊɪŋ ɒn tə 'ʃefiːld ɪz naʊ ə'raɪvɪŋ ət 'plætfɔːm tuː]	Der Zug aus Leeds zur Weiterfahrt nach Sheffield fährt jetzt auf Gleis 2 ein.
• The Intercity to London is running ten minutes late. [ðɪ ɪntə'sɪtɪ tə 'lʌndən ɪz 'rʌnɪŋ ten 'mɪnɪts leɪt]	Der Intercity nach London hat zehn Minuten Verspätung.
• Would all passengers please board the train for Edinburgh! [wəd ɔːl 'pæsɪndʒəz pliːz bɔːd ðə treɪn fər 'edinbərə]	Nach Edinburgh, bitte einsteigen!

Im Zug

Beim Aussteigen werden Sie in manchen Zügen vergebens nach einem Türgriff suchen. Kein Grund zur Panik, die Prozedur ist folgende: Warten Sie, bis der Zug angehalten hat, öffnen Sie dann das Fenster, und benutzen Sie zum Öffnen den Türgriff an der Außenseite.

3

Entschuldigung, wo ist der Wagen Nummer ...?	Excuse me, where is carriage number ...? [ɪks'kju:z mɪ weər ɪz 'kærɪdʒ 'nʌmbə]
Ist der Platz besetzt?	Is this seat taken? [ɪz ðɪs si:t 'teɪkən]
Entschuldigen Sie bitte, das ist mein Platz, ich habe reserviert.	Excuse me, please, that's my seat, I have a reservation. [ɪks'kju:z mɪ pli:z ðæts maɪ si:t aɪ hæv ə rezə'veɪʃən]
Stört es Sie, wenn ich das Fenster öffne / schließe?	Would you mind me opening / closing the window? [wəd jʊ maɪnd mɪ 'əʊpənɪŋ / 'kləʊzɪŋ ðə 'wɪndəʊ]
• Tickets, please. ['tɪkɪts pli:z]	Die Fahrkarten, bitte.
Wann kommen wir in Galway an?	When will we arrive in Galway? [wen wɪl wɪ ə'raɪv ɪn 'gɔ:lweɪ]
Bekomme ich noch den Anschluß nach ...?	Will I make the connection to ...? [wɪl aɪ meɪk ðə kə'nekʃən tə]

Hinweise im Zug

(no) drinking water	(kein) Trinkwasser
push / pull	drücken / ziehen
Do not lean out!	Nicht hinauslehnen!

emergency break	Notbremse
vacant / engaged	frei / besetzt
emergency exit	Notausstieg

Gepäck

In Nordirland gibt es an Bus- und Zugbahnhöfen wegen der Angst vor Bombenanschlägen keine Gepäckaufbewahrung und keine Schließfächer. Dies wird sich im Falle eines dauerhaften Friedens sicherlich schnell ändern.

luggage ['lʌgɪdʒ]	Gepäck
left-luggage office [left'lʌgɪdʒ 'ɒfɪs]	Gepäckaufbewahrung
luggage lockers ['lʌgɪdʒ 'lɒkəz]	Schließfächer
registering of luggage ['redʒɪstərɪŋ əv 'lʌgɪdʒ]	Gepäckabfertigung
luggage claim ['lʌgɪdʒ kleɪm]	Gepäckausgabe
luggage check-in ['lʌgidʒ tʃek'ɪn]	Gepäckaufgabe
luggage ticket ['lʌgɪdʒ 'tɪkɪt]	Gepäckschein

Kann ich mein Gepäck hierlassen?	Can I leave my luggage here? [kən aɪ liːv maɪ 'lʌgɪdʒ hɪə]
Ich möchte mein Gepäck aufgeben / abholen.	I'd like to check in / claim my luggage. [aɪd laɪk tə tʃek ɪn / kleɪm maɪ 'lʌgɪdʒ]

► Kap.9, Diebstahl & Verlust S. 240

Mit dem Bus

Eine kostengünstige Reisealternative bieten die Überlandbusse, die zwischen den großen Städten pendeln und auch solche Strecken erschließen, die per Bahn nicht oder nur schlecht zu erreichen sind. Fahrkarten gibt es im Reisebüro und am Schalter der Busgesellschaft.

3

Gibt es noch freie Plätze im nächsten Bus nach ...?	Are there seats available on the next bus to ...? [ɑ: ðeə si:ts ə'veɪləbl ɒn ðə nekst bʌs tə]
• Sorry, it's fully booked. ['sɒrɪ ɪts 'fʊlɪ bʊkt]	Er ist leider voll besetzt.
Von wo fährt der Bus nach ...?	Where does the bus to ... leave from? [weə dəz ðə bʌs tə ... li:v frɒm]
Wie lange halten wir hier?	How long are we going to stop here? [haʊ lɒŋ ə wɪ 'gəʊɪŋ tə stɒp hɪə]

▶ Kap. 3, Fahrkarten kaufen S. 75

Mit dem Flugzeug

Entschuldigung, wie komme ich zum Flughafen?	Excuse me, how do I get to the airport? [ɪks'kju:z mɪ haʊ dʊ aɪ get tə ðɪ 'eəpɔ:t]
Gibt es einen Bus zum Flughafen?	Is there a bus to the airport? [ɪz ðeər ə bʌs tə ðɪ 'eəpɔ:t]

Bordkarte	boarding card ['bɔ:dɪŋ kɑ:d]
Flug	flight [flaɪt]
Fluggesellschaft	airline ['eəlaɪn]
Flughafen	airport ['eəpɔ:t]
Flugnummer	flight number [flaɪt 'nʌmbə]
Flugticket	flight ticket [flaɪt 'tɪkɪt]
Flugzeug	(aero)plane [('eərə)pleɪn]
Passagier	passenger ['pæsɪndʒə]
Pilot/in	pilot ['paɪlət]
Steward	steward ['stjʊəd]
Stewardeß	stewardess / air hostess [stjʊə'des / eə 'həʊstɪs]

Orientierung

Wo ist der Schalter von British Airways?	Where's the British Airways desk? [weəz ðə 'brɪtɪʃ 'eəweɪz desk]
Wo ist der Terminal 4?	Where's terminal four? [weəz 'tɜ:mɪnəl fɔ:]
Hat die Maschine aus / nach ... Verspätung?	Is the flight from / to ... delayed? [ɪz ðə flaɪt frəm / tʊ ... dɪ'leɪd]
Ist die Maschine aus ... schon gelandet?	Has the flight from ... arrived? [həz ðə flaɪt frəm ... ə'raɪvd]

INTERNATIONAL FLIGHTS	**DOMESTIC FLIGHTS**
Internationale Flüge	Inlandsflüge

3

arrivals [ə'raɪvlz]	Ankunft
car rental [kaː 'rentəl]	Mietwagenverleih
customs *pl.* ['kʌstəmz]	Zoll
connecting flight [kə'nektɪŋ flaɪt]	Anschlußflug
departures [dɪ'pɑːtʃəz]	Abflug
delay [dɪ'leɪ]	Verspätung
luggage claim ['lʌgɪdʒ kleɪm]	Gepäckausgabe
security check [sɪ'kjʊərətɪ tʃek]	Sicherheitskontrolle
terminal ['tɛːmɪnəl]	Flughalle

Buchungen & Stornierungen

Wann geht der nächste Flug nach ...?	When is the next flight to ...? [wen ɪz ðə nekst flaɪt tʊ]
Ist das ein ...?	**Is that a ...?** [ɪz ðæt ə]
Charterflug	charter flight ['tʃɑːtə flaɪt]
Linienflug	scheduled flight ['ʃedjuːld flaɪt]
Direktflug	direct flight [dɪ'rekt flaɪt]
Flug mit Zwischenlandung in ...	flight with a stopover in ... [flaɪt wɪð ə 'stɒpəʊvər ɪn]
Ich möchte einen Hin- und Rück- / einfachen Flug nach Belfast buchen.	I'd like to book a return / single flight to Belfast. [aɪd laɪk tə bʊk ə rɪ'tɜːn / 'sɪŋgl flaɪt tə 'belfɑːst]
Ich möchte diesen Flug	**I'd like to ... that flight.** [aɪd laɪk tə ... ðæt flaɪt]
stornieren	cancel [''kænsl]
umbuchen	change [tʃeɪndʒ]
bestätigen	confirm [kən'fɜːm]

Um wieviel Uhr startet die Maschine?	At what time does the flight depart? [ət wɒt taɪm dəz ðə flaɪt dɪ'pɑ:t]
Wann muß ich am Flughafen sein?	When do I have to be at the airport? [wen dʊ aɪ həv tə bɪ ət ðɪ 'eəpɔ:t]

Einchecken

• Your ticket, please. [jɔ: 'tɪkɪt pli:z]	Ihren Flugschein, bitte.
• How many pieces of luggage have you got? [haʊ 'menɪ 'pi:səz əv 'lʌgɪdʒ hæv jʊ gɒt]	Wie viele Gepäckstücke haben Sie dabei?
Kann ich das als Handgepäck mitnehmen?	Can I take this as hand luggage? [kən aɪ teɪk ðɪs əz hænd 'lʌgɪdʒ]
• Smoking or non-smoking? ['sməʊkɪŋ ɔ: 'nɒnsməʊkɪŋ]	Raucher oder Nichtraucher?
Ich möchte gern ... sitzen.	**I'd like to sit ... .** [aɪd laɪk tə sɪt]
am Fenster	by the window [baɪ ðə 'wɪndəʊ]
am Gang	at the aisle [ət ðɪ aɪl]
Wir möchten gern zusammen sitzen.	We'd like to sit together. [wɪd laɪk tə sɪt tə'geðə]
• Here you are, your boarding card. [hɪə jʊ ɑ: jɔ: 'bɔ:dɪŋ kɑ:d]	Bitte sehr, Ihre Bordkarte.
• Boarding at 17.45, Gate 8. Have a good flight. ['bɔ:dɪŋ ət 'sevnti:n fɔ:tɪ'faɪv geɪt eɪt hæv ə gʊd flaɪt]	Einstieg am Flugsteig 8 um 17.45 Uhr. Angenehmen Flug.

Lautsprecherdurchsagen

- Last call. [lɑːst kɔːl] — Letzter Aufruf.
- Passengers for flight number 7346 to Berlin, please proceed to gate number eight. ['pæsɪndʒəz fə flaɪt 'nʌmbə 'sevn θriː fɔː sɪks tə bɛː'lɪn pliːz prə'siːd tə geɪt 'nʌmbə eɪt] — Die Passagiere des Fluges 7346 nach Berlin werden gebeten, sich zum Flugsteig acht zu begeben.

3

An Bord

Please, … . [pliːz] — **Bitte, … .**

fasten your seatbelts ['fɑːsn jɔː 'siːtbelts] — schnallen Sie sich an

stop smoking [stɒp 'sməʊkɪŋ] — stellen Sie das Rauchen ein

put your seat upright [pʊt jɔː siːt 'ʌpraɪt] — bringen Sie die Rückenlehne in senkrechte Position

▶ Kap. 5, Bestellen S. 144

Mit Schiff & Fähre

Zwischen GB/IRL und dem Festland gibt es eine ganze Reihe von Fährgesellschaften mit zahlreichen Verbindungen. Für die Reisesaison empfiehlt sich eine frühzeitige Buchung.

Entschuldigung, wie komme ich am schnellsten zum (Fähr-) Hafen? — Excuse me, which is the quickest way to the (ferry)port / harbour? [ɪks'kjuːz mɪ wɪtʃ ɪz ðə 'kwɪkəst weɪ tə ðə ('ferɪ)pɔːt / 'hɑːbə]

Hafen	port / harbour [pɔːt / 'hɑːbə]
anlaufen	to call at [tə kɔːl ət]
auslaufen	to sail [tə seɪl]
Schiff	ship [ʃɪp]
Boot	boat [bəʊt]
Luftkissen~	hovercraft ['hɒvəkrɑːft]
Motor~	motorboat ['məʊtəbəʊt]
Rettungs~	lifeboat ['laɪfbəʊt]
Fähre	ferry (boat) ['ferɪ (bəʊt)]
Deck	deck [dek]
Kreuzfahrt	cruise [kruːz]
seekrank	seasick ['siːsɪk]
Schiffsarzt	ship's doctor [ʃɪps 'dɒktə]
Rettungsring	lifebelt ['laɪfbelt]
Schwimmweste	life-jacket ['laɪfdʒækɪt]

Informationen erfragen

Welches ist die beste Schiffsverbindung nach ...?	Which is the best way to get to ... by boat? [wɪtʃ ɪz ðə best weɪ tə get tə ... baɪ bəʊt]
Wann / Wo fährt das nächste Schiff / die nächste Fähre nach ... ab?	When / From where is the next ship / ferry to ... sailing? [wen / frəm weər ɪz ðə nekst ʃɪp / 'ferɪ tə ... 'seɪlɪŋ]
Wie lange dauert die Überfahrt?	How long will the crossing take? [haʊ lɒŋ wɪl ðə 'krɒsɪŋ teɪk]
Wann legen wir in ... an?	When do we dock in ...? [wen dʊ wɪ dɒk ɪn]

Schiffskarten

Gibt es noch Plätze für die Überfahrt nach ...?	Are there places available for the crossing to ...? [ɑː ðeə 'pleɪsɪz ə'veɪləbl fə ðə 'krɒsɪŋ tʊ]
Ich möchte eine Karte für zwei Erwachsene, ein Kind und ein Auto, bitte!	I'd like a ticket for two adults, a child, and a car, please! [aɪd laɪk ə 'tɪkɪt fə tuː 'ædʌlts ə tʃaɪld ənd ə kɑː pliːz]
Ich hätte gern eine	**I'd like a ... .** [aɪd laɪk ə]
Einzelkabine / -kajüte	single cabin ['sɪŋgl 'kæbɪn]
Zweipersonenkabine	double cabin ['dʌbl 'kæbɪn]
Kabine erster / zweiter Klasse	first / second class cabin [fɜːst / 'sekənd klɑːs 'kæbɪn]

Apropos: Schiffe sind im englischen Sprachgebrauch weiblich, seltsamerweise auch dann, wenn sie einen männlichen Namen tragen.

Mit dem Fahrrad

In GB und IRL sind die Landschaften zum Teil wie für Radfahrer geschaffen, besonders auf Nebenstrecken ist das Verkehrsaufkommen sehr gering. Allerdings sind die Autofahrer oft nicht auf Radfahrer eingestellt. In größeren Städten sollte man als Radfahrer, will man sein Leben nicht riskieren, keinesfalls auf seinen Rechten bestehen!

Fahrrad	bicycle / bike ['baɪsɪkl / baɪk]
~ mit 3 / 18 Gängen	3- / 18-gear bicycle [θriː / eɪ'tiːn gɪə 'baɪsɪkl]
Rennrad	racing bike ['reɪsɪŋ baɪk]
Mountainbike	mountain bike ['maʊntɪn baɪk]

Gibt es hier eine/n ...?	**Is there a ...?** [ɪz ðeər ə]
Fahrradladen	bicycle shop ['baɪsɪkl ʃɒp]
Fahrradwerkstatt	bicycle repair shop ['baɪsɪkl rɪ'peə ʃɒp]
Wo kann man hier ein Fahrrad mieten?	Where can I rent a bicycle around here? [weə kən aɪ rent ə 'baɪsɪkl ə'raʊnd hɪə]
An meinem Fahrrad sind die Bremsen kaputt.	The brakes are broken on my bike. [ðə breɪks ə 'brəʊkən ɒn maɪ baɪk]
Ich habe einen Platten.	I've got a flat tyre. [aɪv gɒt ə flæt 'taɪe]
Haben Sie Fahrradkarten?	Do you have cycle maps? [dʊ jʊ hæv 'saɪkl mæps]

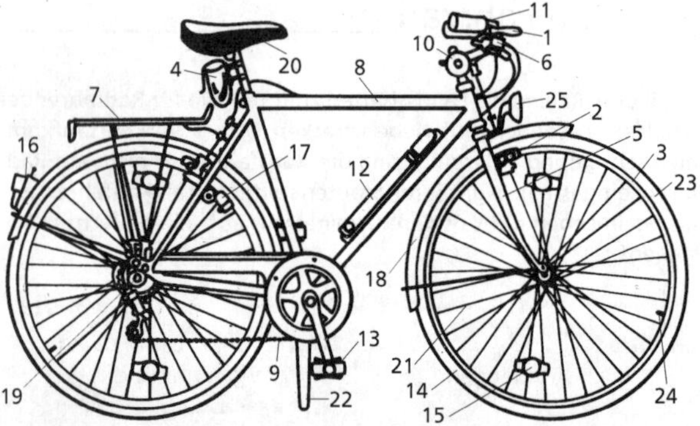

1	Bremse	brake [breɪk]
2	Dynamo	dynamo ['daɪnəməʊ]
3	Felge	rim [rɪm]
4	Flickzeug	repair kit [rɪ'peə kɪt]
5	Gabel	fork [fɔːk]
6	Gangschaltung	gears *pl.* [gɪəz]
7	Gepäckträger	carrier ['kærɪə]
8	Gestell / Rahmen	frame [freɪm]
9	Kette	chain [tʃeɪn]
10	Klingel	bell [bel]
11	Lenkstange	handlebars *pl.* ['hændlbɑːz]
12	Luftpumpe	pump [pʌmp]
13	Pedal	pedal ['pedl]
14	Rad	wheel [wiːl]
15	Reflektor	reflector [rɪ'flektə]
16	Rücklicht	rear light [rɪə laɪt]
17	Schloß	lock [lɒk]
18	Schutzblech	mudguard ['mʌdgɑːd]
19	Nabe	hub [hʌb]
20	Sattel	saddle ['sædl]
21	Speiche	spoke [spəʊk]
22	Ständer	(bicycle) stand [('baɪsɪkl) stænd]
23	Reifen (Mantel / Schlauch)	tyre (outer tyre / tube) ['taɪə ('aʊtə 'taɪə / tjuːb)]
24	Ventil	valve [vælv]
25	Vorderlicht	front light [frʌnt laɪt]

Öffentliche Verkehrsmittel vor Ort

U-Bahnen (= *underground / tube*) finden Sie in London, Manchester und Newcastle, Straßenbahnen in London (*Docklands Light Rail*) sowie in Sheffield, Manchester, Blackpool und bald (wieder) in Dublin.

Bus	bus [bʌs]
Straßenbahn	tram / light railway [træm / laɪt ˈreɪlweɪ]
U-Bahn	underground / tube [ˈʌndəgraʊnd / tjuːb]
Taxi	taxi / cab [ˈtæksɪ / kæb]

3

Informationen erfragen

Entschuldigung, wo ist die nächste Bushaltestelle / U-Bahn-station?	Excuse me, where is the nearest bus-stop / underground station? [ɪksˈkjuːz mɪ weər ɪz ðə ˈnɪərɪst ˈbʌsstɒp / ˈʌndəgraʊnd ˈsteɪʃn]
Welcher Bus / Welche U-Bahn fährt nach ...?	Which bus / underground goes to ...? [wɪtʃ bʌs / ˈʌndəgraʊnd gəʊz tə]
Ist das der Bus nach ...?	Is this the bus to ...? [ɪz ðɪs ðə bʌs tə]
Wo muß ich umsteigen?	Where do I have to change? [weə dʊ aɪ hæv tə tʃeɪndʒ]
Können Sie mir Bescheid geben, wann ich aussteigen muß?	Could you tell me when to get off? [kəd jʊ tel mɪ wen tə get ɒf]

Für IRL: Zeigen Sie an der Haltestelle dem nahenden Busfahrer per Handzeichen an, daß Sie einsteigen möchten. Sonst fährt er womöglich ohne Sie weiter.

Fahrkarten kaufen

3

Einzelfahrkarten für Stadtbusse können Sie beim Fahrer kaufen, Mehrfahrtenkarten gibt es in vielen Zeitungs- und Papierwarengeschäften (= *newsagents*) oder an Fahrkartenautomaten.

Wo bekommt man Fahrscheine?	Where does one get tickets? [weə dəz wʌn get 'tɪkɪts]
Eine Fahrkarte nach ..., bitte.	A ticket to ..., please. [ə 'tɪkɪt tʊ ... pli:z]
Welche Karte brauche ich für die Fahrt nach / zu ...?	What kind of ticket do I need for the trip to ...? [wɒt kaɪnd əv 'tɪkɪt dʊ aɪ ni:d fə ðə trɪp tə]
Kann ich diese Fahrkarte für den Bus / die U-Bahn benutzen?	Is this ticket valid for the bus / the underground? [ɪz ðɪs 'tɪkɪt 'vælɪd fə ðə bʌs / ðɪ 'ʌndəgraʊnd]
Gibt es hier Mehrfahrtenkarten / Touristenfahrkarten?	Are there multiple trip / tourist tickets? [ɑ: ðeə 'mʌltɪpl trɪp / 'tʊərɪst 'tɪkɪts]
Gibt es Ermäßigungen für ...?	**Are there reductions for ...?** [ɑ: ðeə rɪ'dʌkʃənz fə]
Arbeitslose	unemployed ['ʌnɪmplɔɪd]
Kinder	children ['tʃɪldrən]
Rentner	old age pensioners [əʊld eɪdʒ 'penʃənəz]
Senioren	senior citizens ['si:njə 'sɪtɪznz]
Studenten	students ['stju:dənts]

Fahrkarte	ticket ['tɪkɪt]
Mehrfahrtenkarte	tickets for multiple trips ['tɪkɪts fə 'mʌltɪpl trɪps]
Monatskarte	monthly ticket ['mʌnθlɪ 'tɪkɪt]
Wochenkarte	weekly ticket ['wi:klɪ 'tɪkɪt]
Zeitkarte	season ticket ['si:zn 'tɪkɪt]
erhöhte Beförderungsgebühr	penalty fare ['penəltɪ feə]

Taxis

In manchen Städten ist die Zahl der Taxis (= *taxis / cabs*) geringer, als man dies aus Mitteleuropa gewohnt ist. Besonders zu den Schließungszeiten der *pubs* kommt es daher oft zu Engpässen und sehr langen Wartezeiten. Ein möglicher Ausweg sind die Bestelltaxis (= *hackneys*), die nur auf Bestellung kommen und – ohne Taxi-Schild – wie Privatautos aussehen.

Wo bekomme ich ein Taxi?	Where can I get a taxi / cab? [weə kən aɪ get ə 'tæksɪ / kæb]
Können Sie mir ein Taxi bestellen?	Could you order a taxi for me, please? [kəd jʊ 'ɔ:dər ə 'tæksɪ fə mɪ pli:z]
Zum Bahnhof / Ins Stadtzentrum, bitte.	To the train station / city centre, please. [tə ðə treɪn 'steɪʃn / 'sɪtɪ 'sentə pli:z]
Wieviel kostet es nach ...?	How much is it to ...? [haʊ mʌtʃ ɪz ɪt tə]
Ich habe es sehr eilig.	I'm in a hurry. [aɪm ɪn ə 'hʌrɪ]
Halten Sie hier, bitte!	Stop here, please! [stɒp hɪə pli:z]

Warten Sie bitte hier, ich bin gleich zurück.	Wait here, please, I'll be straight back. [weɪt hɪə pli:z aɪl bɪ streɪt bæk]
Was macht das?	How much is that? [haʊ mʌtʃ ɪz ðæt]
Eine Quittung, bitte.	Could I have a receipt, please. [kəd aɪ hæv ə rɪ'si:t pli:z]
Stimmt so.	You can keep the change. [jʊ kən ki:p ðə tʃeɪndʒ]

UNTERKUNFT 4

Allgemein

Hotels werden von den Fremdenverkehrsorganisationen regelmäßig inspiziert. Sie können sich je nach Einrichtungen und Dienstleistungen, die sie bieten, zwischen einer Krone (in IRL Stern) für einfachsten und fünf Kronen für höchsten Komfort verdienen.

BED & BREAKFAST	**VACANCIES**
Fremdenzimmer	Zimmer frei

In den Haupttouristengebieten empfiehlt sich für die Zeit der Sommerferien frühzeitiges Buchen.

Unterkunftsmöglichkeiten erfragen

Typisch für GB und IRL sind die *B&B* (= *Bed and Breakfast*)-Unterkünfte. Wenn Sie ein *B&B*-Schild sehen, können Sie einfach hingehen und anklopfen, um nachzufragen, ob es eine Übernachtungsgelegenheit gibt. Unterkünfte werden gegen eine geringe Gebühr auch von den örtlichen Fremdenverkehrsämtern (= *Tourist Information*) vermittelt.

Unterkünfte

youth hostel [juːθ ˈhɒstəl]	Jugendherberge (im Jugendherbergsverband)
independent hostel [ˌɪndɪˈpendənt ˈhɒstəl]	Jugendherberge (ohne Herbergsausweis zu benutzen)
camping site [ˈkæmpɪŋ saɪt]	Campingplatz
Bed & Breakfast (B&B) [bed ən ˈbrekfəst (biː ən biː)]	Fremdenzimmer

inn [ɪn]	Gasthof
guesthouse ['gesthaʊs]	Pension
farmhouse accommodation ['fɑːmhaʊs əkɒmə'deɪʃən]	Bauernhof mit Fremdenzimmern
hotel [həʊ'tel]	Hotel
apartment hotel [ə'pɑːtmənt həʊ'tel]	Apartmenthotel
motel / lodge [məʊ'tel / lɒdʒ]	Motel
country house ['kʌntrɪ haʊs]	Landsitz mit B&B, oft auch Gelegenheit für ein feierliches Dinner
self-catering accommodation [self'keɪtərɪŋ əkɒmə'deɪʃən]	Unterkunft mit Selbstversorgung
cottage ['kɒtɪdʒ]	Häuschen (mit ländlichem Charakter)
chalet ['ʃæleɪ]	Ferienhäuschen

Könnten Sie mir ein/e ... empfehlen?	**Could you recommend ...?** [kəd jʊ rekə'mend]
Fremdenzimmer	a B&B [ə biː ən biː]
ruhige Pension	a quiet guesthouse [ə 'kwaɪət 'gesthaʊs]
preiswertes Hotel (im Zentrum)	a moderately priced hotel (in the centre) [ə 'mɒdərətlɪ praɪst həʊ'tel (ɪn ðə 'sentə)]
Wie komme ich dorthin?	How do I get there? [haʊ dʊ aɪ get ðeə]

Gibt es hier (in der Nähe) ...?	**Is there a / an ... (nearby)?** [ɪz ðeər ə / ən ... (nɪə'baɪ)]
eine Jugendherberge	youth hostel [juːθ 'hɒstəl]
einen Campingplatz	campsite ['kæmpsaɪt]
einen Gasthof	inn [ɪn]

Wo ist das Hotel „Anglers' Rest"?	Where's the Hotel „Angler's Rest"? [weəz ðə həʊ'tel 'æŋgləz rest]
Haben Sie noch ... frei?	**Do you have ... available?** [dʊ jʊ hæv ... ə'veɪləbl]
Zimmer	rooms [ru:mz]
Stellplätze	spaces ['speɪsɪz]
Wir suchen ein Zimmer	**We're looking for a room ... .** [wɪə 'lʊkɪŋ fər ə ru:m]
für eine Nacht	for a night [fər ə naɪt]
mit Dusche und WC	with shower and toilet [wɪð 'ʃaʊər ən 'tɔɪlət]
für vier Personen	for four [fə fɔ:]
• **Sorry, ...** ['sɒrɪ]	**Tut mir leid, ...**
we're (fully) booked [wɪə ('fʊlɪ) bʊkt]	wir sind (völlig) ausgebucht
all rooms are taken [ɔ:l ru:mz ə teɪkən]	es ist alles vermietet

4

Fragen zum Preis

Was kostet ein ...?	**How much is a ...?** [haʊ mʌtʃ ɪz ə]
Doppelzimmer mit Bad und WC	double room with bathroom and toilet ['dʌbl ru:m wɪð 'bɑ:θru:m ən 'tɔɪlət]
Ferienhaus in der Hauptsaison	a chalet / cottage at high season [ə 'ʃæleɪ / 'kɒtɪdʒ ət haɪ 'si:zn]
Das ist der Preis für ..., nicht wahr?	**That's the price for ..., isn't it?** [ðæts ðə praɪs fə ... 'ɪznt ɪt]
zwei Personen	two persons [tu: 'pɜ:sənz]
eine Übernachtung	one night [wʌn naɪt]

Ist der Preis inklusive ...?	**Does the price include ...?** [dəz ðə praɪs ɪn'klu:d]
Frühstück	breakfast ['brekfəst]
Halb- / Vollpension	half / full board [hɑ:f / fʊl bɔ:d]
Nebenkosten	extra costs ['ekstrə kɒsts]
Gibt es einen Preisnachlaß ...?	**Is there a reduction ...?** [ɪz ðeər ə rɪ'dʌkʃən]
außerhalb der Saison	for off-season occupation [fər 'ɒfsi:zn ɒkjʊ'peɪʃən]
bei längerem Aufenthalt	for long-term occupation [fə 'lɒŋtɜ:m ɒkjʊ'peɪʃən]
für Kinder	for children [fə 'tʃɪldrən]
Gibt es einen Preisaufschlag ...?	**Is there an extra charge ...?** [ɪz ðeər ən 'ekstrə tʃɑ:dʒ]
zu Weihnachten / Silvester	at Christmas / New Year's Eve [ət 'krɪsməs / nju: jɪəz i:v]
für die Hauptsaison	during the high season ['djʊrɪŋ ðə haɪ 'si:zən]
• What price range are you thinking of? [wɒt praɪs reɪndʒ ə jʊ 'θɪŋkɪŋ əv]	An welche Preiskategorie haben Sie gedacht?
Bis zu ... Pfund.	Up to ... pounds. [ʌp tʊ ... paʊndz]

high season [haɪ 'si:zn]	Hochsaison
off-peak season [''ɒfpi:k 'si:zn]	Vor- / Nachsaison
price per person [praɪs pə'pɜ:sən]	Preis pro Person
reduction [rɪ'dʌkʃən]	Ermäßigung
deposit [dɪ'pɒzɪt]	Anzahlung
pre-payment [prɪ'peɪmənt]	Bezahlung im voraus

▶ Kap. 1, Rund ums Geld S. 20

4

Aufenthaltsdauer festlegen

Ich möchte ein Zimmer vom ... bis zum ... reservieren / mieten.	I'd like to book / rent a room from ... to ... . [aɪd laɪk tə bʊk / rent ə ruːm frəm ... tə]

4

For when? [fə wen] Für wann?	Für morgen und übermorgen. For tomorrow and the day after tomorrow. [fə tə'mɒrəʊ ən ðə deɪ 'ɑːftə tə'mɒrəʊ] Vom 2. bis zum 4. Mai. From the second to the fourth of May. [frəm ðə 'sekənd tə ðə fɔːθ əv meɪ]

How long are you going to stay? [haʊ lɒŋ ə jʊ 'gəʊɪŋ tə steɪ] Wie lange bleiben Sie? For how long? [fə haʊ lɒŋ] Wie lange?	Nur *eine / diese* Nacht. Just *one night / tonight*. [dʒʌst wʌn naɪt / tə'naɪt] Zwei *Tage / Wochen*. Two *days / weeks*. [tuː deɪz / wiːks]

• When will you arrive? [wen wɪl jʊ ə'raɪv]	Wann kommen Sie an?
Ich komme / Wir kommen ... an.	**I'll / We'll arrive ... .** [aɪl / wɪl ə'raɪv]
am 12. Juni	on the twelfth of June [ɒn ðə twelfθ əv dʒuːn]
gegen 17.00 Uhr	around 5 p.m. [ə'raʊnd faɪv piː'em]

• When will you be leaving? [wen wɪl jʊ bɪ 'liːvɪŋ]	Wann fahren Sie ab?
Ist es möglich, den Aufenthalt zu verlängern?	Is it possible to stay on? [ɪz ɪt 'pɒsɪbl tə steɪ ɒn]

day of arrival [deɪ əv ə'raɪvəl]	Anreisetag
day of departure [deɪ əv dɪ'pɑːtʃə]	Abreisetag
duration of stay [djʊ'reɪʃən əv steɪ]	Aufenthaltsdauer
from ... [frɒm]	vom ...
until / to ... [ən'tɪl / tʊ]	(bis) zum ...

▶ Kap. 1, Zeiten S. 22, Datum S. 29

Art der Unterkunft

Ist das Hotel ...?	**Is it ... hotel?** [ɪz ɪt ... həʊ'tel]
preiswert	an inexpensive [ən 'ɪnɪkspensɪv]
teuer	an expensive [ən ɪks'pensɪv]
luxuriös	a luxurious [ə lʌg'zʊərɪəs]
neu	a new [ə njuː]
Liegt / Ist die Unterkunft ...?	**Is the accommodation ...?** [ɪz ðɪ əkɒmə'deɪʃən]
in Strandnähe	near the beach [nɪə ðə biːtʃ]
in den Bergen	in the mountains [ɪn ðə 'maʊntɪnz]
im Zentrum	in the centre [ɪn ðə 'sentə]
in einer ruhigen Lage	in a quiet situation [ɪn ə 'kwaɪət sɪtjʊ'eɪʃən]

Ich möchte ein Zimmer mit Blick … .	**I'd like to have a room overlooking … .** [aɪd laɪk tə hæv ə ru:m əʊvə'lʊkɪŋ]
aufs Meer / auf den See	the sea / lake [ðə si: / leɪk]
auf die Berge	the mountains [ðə 'maʊntɪnz]
Gibt es (ein/e/n) …?	**Is / Are there (a) …?** [ɪz / ɑ: ðeər (ə)]
Garage	garage space ['gærɪdʒ speɪs]
Sportanlage	sports facilities [spɔ:ts fə'sɪlɪtɪz]
Swimmingpool	swimming pool ['swɪmɪŋ pu:l]
Tennisplatz	tennis court ['tenɪs kɔ:t]
Transfer (vom Hotel zum Flughafen)	transfer service (from the hotel to the airport) ['trænsfɜ: 'sɜ:vɪs (frəm ðə həʊ'tel tə ðɪ 'eəpɔ:t)]
… -Verleih	… hire ['haɪə]
(spezielle) Einrichtungen für Behinderte	(special) facilities for the disabled [('speʃəl) fə'sɪlɪtɪz fə ðə dɪs'eɪbld]

▶ Wörterbuch

Beanstandungen

Das Wort „Fairneß" hat nicht umsonst seinen Ursprung im englischsprachigen Bereich. Auch gegenüber Reisenden in GB und IRL gilt *fairness* als oberstes Gebot. Falls Sie dennoch einmal Beschwerden haben sollten, so ist ein freundliches *Excuse me* als Einleitung für Ihre Beschwerde meist erfolgreicher als ein polterndes Auftreten.

Ich hatte … reserviert.	**I had booked … .** [aɪ həd bʊkt]
ein Zimmer mit Meeresblick	a room overlooking the sea [ə ru:m əʊvə'lʊkɪŋ ðə si:]
ein ruhiges Zimmer	a quiet room [ə 'kwaɪət ru:m]

Die Dusche funktioniert nicht.	The shower isn't working. [ðə 'ʃaʊə 'ɪznt 'wɜːkɪŋ]
Der Schlüssel paßt nicht.	The key doesn't fit. [ðə kiː 'dʌznt fɪt]
Die Tür / Das Fenster läßt sich nicht öffnen / schließen.	The door / window doesn't open / close. [ðə dɔː / 'wɪndəʊ 'dʌznt 'əʊpən / kləʊz]
Das Licht brennt nicht.	The light doesn't work. [ðə laɪt 'dʌznt wɜːk]
Der Wasserhahn tropft.	The tap is dripping. [ðə tæp ɪz 'drɪpɪŋ]
Der Abfluß ist verstopft.	The drains are blocked. [ðə dreɪnz ə blɒkt]
Das Zimmer ist zu laut.	The room is too noisy. [ðə ruːm ɪz tuː 'nɔɪzɪ]
• Sorry about that. We'll see to that straight away. ['sɒrɪ ə'baʊt ðæt wɪl siː tə ðæt streɪt ə'weɪ]	Entschuldigen Sie bitte. Wir kümmern uns sofort darum.
• We'll have it repaired as soon as possible. [wɪl hæv ɪt rɪ'peəd əz suːn əz 'pɒsɪbl]	Wir lassen das so rasch wie möglich reparieren.

4

Hotels & Pensionen

In manchen Hotels wird bei schriftlicher Vorausbuchung eine Kaution (= *deposit*) verlangt, die im Falle einer Stornierung nicht rückzahlbar ist. Treffen Sie am besten bei der Buchung eindeutige Absprachen.

MANAGEMENT TAKES NO RESPONSIBILITY FOR PERSONAL BELONGINGS

Für persönliche Gegenstände wird keine Haftung übernommen

Einrichtung & Ausstattung

Die Bezeichnung *en suite* bedeutet, daß Ihr Zimmer mit Dusche, meist auch mit WC, ausgestattet ist.

4

Hat das Zimmer ...?	**Has the room got ...?** [həz ðə ru:m gɒt]
Bad und WC	a bathroom and toilet [ə 'bɑ:θru:m ən 'tɔɪlət]
Dusche und WC	a shower and toilet [ə 'ʃaʊər ən 'tɔɪlət]
einen Balkon	a balcony [ə 'bælkənɪ]
Telefon	telephone ['telɪfəʊn]
einen (Farb-)Fernseher	a (colour) TV [ə ('kʌlə) ti:'vi:]
(Zentral-)Heizung	(central) heating [('sentrəl) 'hi:tɪŋ]
einen Safe	a safe [ə seɪf]

▶ Wörterbuch

Glossar: Zimmer & Betten

Einzelzimmer	single room [''sɪŋgl ru:m]
Doppelzimmer	double room [''dʌbl ru:m]
Zweibettzimmer	twin room [twɪn ru:m]

Dreibettzimmer	room with three beds [ruːm wɪð θriː bedz]
Zimmer für Rollstuhlfahrer	room for wheelchair users [ruːm fə 'wiːltʃeə 'juːzəz]
Zimmer für Nichtraucher	non-smoking room [''nɒnsməʊkɪŋ ruːm]
Doppelbett	double bed ['dʌbl bed]
getrennte Betten	single beds ['sɪŋgl bedz]
Kinderbett	cot [kɒt]
Zusatzbett	additional bed [ə'dɪʃənəl bed]

4

Telefonische Reservierung

Bin ich mit dem Hotel ... verbunden?	Is this the hotel ...? [ɪz ðɪs ðə həʊ'tel]
Ich möchte gern ein Doppelzimmer ... reservieren.	**I'd like to book a double room ... .** [aɪd laɪk tə bʊk ə 'dʌbl ruːm]
auf den Namen ...	under the name of ... [''ʌndə ðə neɪm əv]
vom ... bis zum ...	from ... to ... [frɒm ... tʊ]
für den 13. Juni	for the thirteenth of June [fə ðə θɜː'tiːnθ əv dʒuːn]
Haben Sie (für heute nacht) noch ein Zimmer frei?	Do you have a room available (for tonight)? [dʊ jʊ hæv ə ruːm ə'veɪləbl (fə tə'naɪt)]
• What's the name? [wɒts ðə neɪm]	Auf welchen Namen?
• How do you spell that? [haʊ dʊ jʊ spel ðæt]	Wie schreibt man das?

• (For) What date/s? [(fə) wɒt deɪt/s]	Für welche/n Tag/e?
Wieviel kostet das Zimmer ...?	**How much is the room ...?** [haʊ mʌtʃ ɪz ðə ruːm]
pro Nacht	per night [pə naɪt]
inklusive Frühstück	including breakfast [ɪn'kluːdɪŋ 'brekfəst]
Was ist im Preis inbegriffen?	What's included in the price? [wɒts ɪn'kluːdɪd ɪn ðə praɪs]
Ist es möglich, ein Zusatzbett zu bekommen?	Is it possible to get an extra bed? [ɪz ɪt 'pɒsɪbl tə get ən 'ekstrə bed]
Haben Sie auch einen Garagenplatz?	Do you have a garage space? [dʊ jʊ hæv ə 'gærɪdʒ speɪs]
• Are you travelling by car? [ɑː jʊ 'trævəlɪŋ baɪ kɑː]	Reisen Sie mit dem Wagen an?
Nein, wir kommen mit dem Zug.	No, we're coming by train. [nəʊ wɪə 'kʌmɪŋ baɪ treɪn]
• **Would you like to be picked up at ...?** [wəd jʊ laɪk tə bɪ pɪkt ʌp ət]	**Möchten Sie vom ... abgeholt werden?**
the airport [ðɪ 'eəpɔːt]	Flughafen
the train station [ðə treɪn 'steɪʃən]	Bahnhof
• Could you give me your address / phone number? [kəd jʊ gɪv mɪ jɔː ə'dres / fəʊn 'nʌmbə]	Können Sie mir Ihre Adresse / Telefonnummer angeben?
• Could you send me confirmation (by fax)? [kəd jʊ send mɪ kɒnfə'meɪʃən (baɪ fæks)]	Könnten Sie mir (per Fax) eine Bestätigung schicken?

▶ Kap. 4, Allgemein S. 94
▶ Kap. 8, Am Telefon S. 227

4

Zimmersuche vor Ort

Haben Sie ein Doppelzimmer mit Bad?	Do you have a double room with bath? [dʊ jʊ hæv ə 'dʌbl ru:m wɪð bɑ:θ]
• How long are you planning to stay? [haʊ lɒŋ ə jʊ 'plænɪŋ tə steɪ]	Wie lange möchten Sie bleiben?
Was kostet das Zimmer?	How much is the room? [haʊ mʌtʃ ɪz ðə ru:m]
Kann ich das Zimmer ansehen?	Could I have a look at the room? [kəd aɪ hæv ə lʊk ət ðə ru:m]
Haben Sie noch andere Zimmer?	Have you got other rooms? [hæv jʊ gɒt 'ʌðə ru:mz]
Gut, wir nehmen das Zimmer!	Alright, we'll take the room! [ɔ:l'raɪt wɪl teɪk ðə ru:m]

► Kap. 4, Allgemein S. 94,Telefonische Reservierung S. 103

Ankunft & Anmeldung

Wir haben ein Zimmer (auf den Namen ...) reserviert.	We've booked a room (under the name of ...). [wɪv bʊkt ə ru:m ('ʌndə ðə neɪm əv)]
• Excuse me, what was the name? [ɪks'kju:z mɪ wɒt wəz ðə neɪm]	Verzeihung, wie war der Name?
• Yes, that's room number ... . [jes ðæts ru:m 'nʌmbə]	Ja, Zimmer Nr. ... .
• Here you are: your key! [hɪə jʊ a: jɔ: ki:]	Hier der Schlüssel, bitte!

4

• The room will be ready in a moment. [ðə ruːm wɪl bɪ ˈredɪ ɪn ə ˈməʊmənt]	Das Zimmer ist gleich fertig.
• The room is at your disposal from ... . [ðə ruːm ɪz ət jɔː dɪsˈpəʊzəl frəm]	Das Zimmer steht Ihnen ab ... zur Verfügung.
• Could I have your passport / identity (card)? [kəd aɪ hæv jɔː ˈpɑːspɔːt / aɪˈdentɪtɪ (kɑːd)]	Könnten Sie mir Ihren Paß / Ausweis geben?
• Could you fill in this form, please! [kəd jʊ fɪl ɪn ðɪs fɔːm pliːz]	Füllen Sie bitte dieses Formular aus!
• We'll look after your luggage. [wɪl lʊk ˈɑːftə jɔː ˈlʌgɪdʒ]	Wir kümmern uns um Ihr Gepäck.
Kann ich meine Wertsachen bei Ihnen hinterlegen?	Can I leave my valuables with you? [kən aɪ liːv maɪ ˈvæljʊəblz wɪð jʊ]
Wo kann ich den Wagen abstellen?	Where can I park my car? [weə kən aɪ pɑːk maɪ kɑː]

Sign here, please! auf dem Meldezettel heißt: Unterschreiben Sie bitte hier! Unterschrift heißt *signature*.

▶ Kap. 2, Angaben zur Person S. 43

Orientierung: Wo ist ...?

Wo ist ...?	**Where's ...?** [weəz]
der Lift	the lift [ðə lɪft]
das Restaurant	the restaurant [ðə ˈrestrɒnt]
der Speisesaal	the dining room [ðə ˈdaɪnɪŋ ruːm]

Wo ist / sind ...?	**Where's / Where are ...?** [weəz / weər ɑː]
das Faxgerät	the fax machine [ðə fæks məˈʃiːn]
der Konferenzraum	the conference room [ðə ˈkɒnfərəns ruːm]
die Rezeption	the reception [ðə rɪˈsepʃən]
der Swimmingpool	the swimming pool [ðə ˈswɪmɪŋ puːl]
ein Telefon	a telephone [ə ˈtelɪfəʊn]
die Toiletten	the toilets [ðə ˈtɔɪləts]

4

Nachrichten hinterlassen

Ich möchte eine Nachricht für Herrn / Frau ... hinterlassen.	I'd like to leave a message for Mr / Mrs / Ms ... . [aɪd laɪk tə liːv ə ˈmesɪdʒ fə ˈmɪstə / ˈmɪsɪz / mɪz]
Hat jemand eine Nachricht für mich hinterlassen?	Has anybody left a message for me? [həz ˈenɪbʌdɪ left ə ˈmesɪdʒ fə mɪ]
Ist Post oder ein Fax für mich gekommen?	Is there any post or a fax for me? [ɪz ðeər ˈenɪ pəʊst ɔːr ə fæks fə mɪ]
Hat jemand für mich angerufen?	Has there been a phone call for me? [həz ðeə bɪn ə fəʊn kɔːl fə mɪ]

Fragen & Wünsche

Meinen Schlüssel, bitte!	Could I have my key, please. [kəd aɪ hæv maɪ kiː pliːz]
• Which room number? [wɪtʃ ruːm ˈnʌmbə]	Welche Zimmernummer?

4

Wann wird das ... serviert?	**What time is ... being served?** [wɒt taɪm ɪz ... 'biːɪŋ sɜːvd]
Frühstück	breakfast ['brekfəst]
Mittag- / Abendessen	lunch / dinner [lʌntʃ / 'dɪnə]
Ist es möglich, hier ...?	**Is it possible ... here?** [ɪz ɪt 'pɒsɪbl ... hɪə]
Geld zu wechseln	to change money [tə tʃeɪndʒ 'mʌnɪ]
Wertgegenstände zu hinterlegen	to deposit valuables [tə dɪ'pɒzɪt 'væljʊəblz]
ein Auto zu mieten	to hire a car [tə 'haɪər ə kɑː]
Wecken Sie mich bitte morgen früh um 7 Uhr.	Please, call me tomorrow morning at seven. [pliːz kɔːl mɪ tə'mɒrəʊ 'mɔːnɪŋ ət 'sevən]
Könnten Sie mir bitte ...?	**Could you ..., please?** [kʊd jʊ ... pliːz]
das Frühstück aufs Zimmer bringen	serve me breakfast in bed [sɜːv mɪ 'brekfəst ɪn bed]
ein Taxi bestellen	order a taxi for me ['ɔːdər ə 'tæksɪ fə mɪ]
noch ein Handtuch bringen	bring me another towel [brɪŋ mɪ ə'nʌðə 'taʊəl]
diese Kleidungsstücke reinigen / bügeln lassen	have these clothes cleaned / ironed [hæv ðiːz kləʊðz kliːnd / 'aɪənd]
Haben Sie vielleicht ...?	**Do you happen to have ...?** [dʊ jʊ 'hæpən tə hæv]
etwas gegen Insektenstiche	something for insect bites ['sʌmθɪŋ fər 'ɪnsekt baɪts]
einen Kleiderbügel	a hanger [ə 'hæŋə]

▶ Kap. 4, Nachrichten hinterlassen S. 107
▶ Kap. 5, Frühstück S. 128

Zimmertelefon

Erkundigen Sie sich besser vorsorglich, wie teuer die Gebühreneinheiten (= *telephon units*) im Hotel sind!

Was kostet eine Gebühreneinheit?	What's the charge for a telephone unit? [wɒts ðə tʃɑːdʒ fər ə 'telıfəʊn 'juːnıt]
Was kostet ein Ortsgespräch?	How much is a local call? [haʊ mʌtʃ ız ə 'ləʊkəl kɔːl]
Wie funktioniert das Telefon?	How does the telephone work? [haʊ dəz ðə 'telıfəʊn wɜːk]
Welche Nummer muß ich wählen, um ein ... Gespräch zu führen ?	**What number do I have to dial to make ... call?** [wɒt 'nʌmbə dʊ aı hæv tə 'daıəl tə meık ... kɔːl]
Inlands- Auslands- hausinternes	a domestic [ə də'mestık] an international [ən ıntə'næʃənəl] an internal [ən ın'tɜːnl]
• You have to dial 0 (and then ...). [jʊ hæv tə 'daıəl 'zıərəʊ (ən ðen)]	Sie müssen die 0 vorwählen (und dann ...).

▶ Kap. 8, Telefonieren S. 222

Abreise

Waren Sie mit dem Zimmerservice zufrieden, wird man Ihren Dank und ein Trinkgeld zu schätzen wissen. Am besten lassen Sie ein wenig Kleingeld – aber keine Kupfermünzen – im Hotelzimmer liegen. Dem Kofferträger geben Sie das Trinkgeld dagegen direkt in die Hand.

PLEASE VACATE THE ROOM BY 11.30 A.M.
Wir bitten Sie, das Zimmer bis 11.30 Uhr zu räumen.

Ich reise / Wir reisen morgen ab.	I'm / We're leaving tomorrow. [aɪm / wɪə 'li:vɪŋ tə'mɒrəʊ]
Machen Sie mir bitte die Rechnung fertig!	Could you get the bill ready, please! [kəd jʊ get ðə bɪl 'redɪ pli:z]
Hier, der Schlüssel.	Here's the key. [hɪəz ðə ki:]
Kann ich das Gepäck noch bis 14.00 Uhr hier abstellen?	Can I leave my luggage here until two o'clock? [kən aɪ li:v maɪ 'lʌgɪdʒ hɪər ən'tɪl tu: ə'klɒk]
Könnten Sie mir bitte ein Taxi bestellen?	Could you order a taxi for me, please? [kəd jʊ 'ɔ:dər ə 'tæksɪ fə mɪ pli:z]
Bis zum nächsten Mal!	Until next time! [ən'tɪl nekst taɪm]
Vielen Dank und auf Wiedersehen!	Thank you very much and bye-bye! [θæŋk jʊ 'verɪ mʌtʃ ən baɪ'baɪ]

▶ Kap. 1, Bezahlen S. 20

Ferienwohnungen

Reservierung

Ich möchte eine Ferienwohnung (vom ... bis zum ...) mieten / reservieren.	I'd like to rent / book an apartment (from ... to ...). [aɪd laɪk tə rent / bʊk ən ə'pɑ:tmənt frɒm ... tʊ]

- For what date/s? [fə wɒt deɪt/s] — Für welche/n Tag/e?
- What's the name, please? [wɒts ðə neɪm pli:z] — Auf welchen Namen, bitte?
- I'm sorry. Everything is booked out. [aɪm 'sɒrɪ 'evrɪθɪŋ ɪz bʊkt aʊt] — Tut mir leid. Es ist schon alles vermietet.

Wann ist das Haus noch frei? — When's the house / cottage / chalet available? [wenz ðə haʊs / 'kɒtɪdʒ / 'ʃæleɪ ə'veɪləbl]

Haben Sie noch ... Apartment? — **Have you got ... apartment?** [həv jʊ gɒt ... ə'pɑ:tmənt]
ein größeres — a larger [ə 'lɑ:dʒər]
ein preiswerteres — a less expensive [ə les ɪks'pensɪv]
ein ruhigeres — a quieter [ə 'kwaɪətər]
ein anderes — another [ə'nʌðər]

Für wie viele Leute ist Platz? — How many people can it accommodate? [haʊ 'menɪ 'pi:pl kən ɪt ə'kɒmədeɪt]

Ist das Apartment komplett eingerichtet? — Is the apartment fully furnished? [ɪz ðɪ ə'pɑ:tmənt 'fʊlɪ 'fɜ:nɪʃt]

Hat das Apartment ein/e/n ...? — **Is there a ... in the apartment?** [ɪz ðeər ə ... ɪn ðɪ ə'pɑ:tmənt]
Fernseher — TV [ti:'vi:]
Telefon — telephone ['telɪfəʊn]
Waschmaschine — washing machine ['wɒʃɪŋ mə'ʃi:n]
Spülmaschine — dishwasher ['dɪʃwɒʃə]

Wie hoch ist der Mietpreis für einen Monat inklusive Nebenkosten? — What's the rent per month including extras? [wɒts ðə rent pə mʌnθ ɪn'klu:dɪŋ 'ekstrəz]

Gut, ich nehme es. — Alright, I'll take it. [ɔ:l'raɪt aɪl teɪk ɪt]

4

Wir kommen am 4. Juli gegen Abend an.	We'll arrive on the fourth of July some time in the evening. [wɪl ə'raɪv ɒn ðə fɔːθ əv dʒuː'laɪ sʌm taɪm ɪn ðɪ 'iːvnɪŋ]
Wo können wir die Schlüssel abholen?	Where can we pick up the keys? [weə kən wɪ pɪk ʌp ðə kiːz]

▶ Kap. 4, Allgemein S. 94

Bei der Ankunft

4

Ich habe eine Ferienwohnung gemietet / reserviert.	I've rented / booked an apartment. [aɪv 'rentəd / bʊkt ən ə'pɑːtmənt]
Von wem bekomme ich die Schlüssel?	Who will I get the keys from? [huː wɪl aɪ get ðə kiːz frɒm]
Wann / Wo finde ich den / die ...?	**When / Where can I contact the ...?** [wen / weə kən aɪ 'kɒntækt ðə]
Hausmeister/in	caretaker ['keəteɪkə]
Hausverwalter/in	manager ['mænɪdʒə]
Hausbesitzer/in	owner / landlord / landlady ['əʊnə / 'lændlɔːd / 'lændleɪdɪ]
Wo sind die ...?	**Where are ...?** [weər ɑː]
Gebrauchsanweisungen für ...	the instructions for ... [ðɪ ɪn'strʌkʃənz fə]
Mülltonnen	the dust / rubbish bins [ðə dʌst / 'rʌbɪʃ bɪnz]
Können Sie mir zeigen, wie die Waschmaschine funktioniert?	Could you show me how to use the washing machine? [kəd jʊ ʃəʊ mɪ haʊ tə juːz ðə 'wɒʃɪŋ mə'ʃiːn]

Räumlichkeiten & Einrichtung

Allgemein	
Eingang	entrance ['entrəns]
Fenster	window ['wɪndəʊ]
Flur	hall [hɔ:l]
Keller	basement ['beɪsmənt]
Rolläden	blinds [blaɪndz]
Treppe	stairs *pl.* ['steəz]
Treppenhaus	staircase ['steəkeɪs]
Tür	door [dɔ:]
Bad	**bathroom** ['bɑ:θru:m]
Abfluß	drainage ['dreɪnɪdʒ]
Badewanne	bath tub [bɑ:θ tʌb]
Bidet	bidet ['bi:deɪ]
Dusche	shower ['ʃaʊə]
Waschbecken	washbasin ['wɒʃbeɪsn]
Wasserhahn	tap [tæp]
WC	toilet ['tɔɪlət]
Küche	**kitchen** ['kɪtʃən]
Herd	cooker ['kʊkə]
Elektro~	electric ~ [ɪ'lektrɪk]
Gas~	gas ~ [gæs]
Kühlschrank	fridge [frɪdʒ]
Spülmaschine	dishwasher ['dɪʃwɒʃə]
Wäschetrockner	tumble-drier [tʌmbl'draɪə]
Waschmaschine	washing machine ['wɒʃɪŋ mə'ʃi:n]
Schlafzimmer	**bedroom** ['bedru:m]
Bett	bed [bed]
Decke	cover ['kʌvə]
Kopfkissen	pillow ['pɪləʊ]

4

Nachttisch	bedside table ['bedsaɪd 'teɪbl]
Schrank	wardrobe ['wɔ:drəʊb]
Wohnzimmer	**living room** ['lɪvɪŋ ru:m]
Couch / Sofa	couch / sofa [kaʊtʃ / 'səʊfə]
Sessel	armchair ['ɑ:mtʃeə]
Stuhl	chair [tʃeə]
Regal	shelves *pl.* [ʃelvz]
Tisch	table ['teɪbl]
Haushaltswäsche	**linen** ['lɪnɪn]
Bettwäsche	bed-linen ['bedlɪnɪn]
Bettbezug	bedcover ['bedkʌvə]
Bettlaken	sheet [ʃi:t]
Kissenbezug	pillow cover ['pɪləʊ 'kʌvə]
Geschirrtuch	tea towel [ti: 'taʊəl]
Handtuch	towel ['taʊəl]
Tischtuch	tablecloth ['teɪblklɒθ]
Geschirr	**crockery** ['krɒkərɪ]
Glas	glass [glɑ:s]
Tasse	cup [kʌp]
Unter~	saucer ['sɔ:sə]
Teller	plate [pleɪt]
Suppen~	soup bowl [su:p bəʊl]
Sieb	sieve [sɪv]
Topf	pan / pot [pæn / pɒt]
Pfanne	(frying) pan [('fraɪɪŋ) pæn]
Schüssel	bowl [bəʊl]
Besteck	**cutlery** ['kʌtlərɪ]
Messer	knife [naɪf]
Gabel	fork [fɔ:k]
Löffel	spoon [spu:n]
Kaffee~	tea~ ['ti:]

Dosenöffner	tin-opener ['tɪnəʊpənə]
Flaschenöffner	bottle-opener ['bɒtl 'əʊpənə]
Korkenzieher	corkscrew ['kɔːkskruː]

▶ Wörterbuch

Apropos: Stecker haben nicht nur zwei Pole, sondern außerdem einen Erdungsstift (= *three-pin plug*). Mit einem *adapter* – in allen Elektrogeschäften und Kaufhäusern erhältlich – ist die Umstellung problemlos und kostengünstig zu bewerkstelligen.

4

Abreise

Wo soll ich die Schlüssel lassen?	Where should I leave the keys? [weə ʃəd aɪ liːv ðə kiːz]
Soll ich den ... abstellen?	**Should I turn off ...?** [ʃəd aɪ tɜːn ɒf]
Wasserhaupthahn	the water mains [ðə 'wɔːtə meɪnz]
Gashaupthahn	the gas mains [ðə gæs meɪnz]
Leider ist eine Vase kaputtgegangen.	A vase broke, I'm afraid. [ə vɑːz brəʊk aɪm ə'freɪd]
Könnten Sie mir meine Post nachschicken?	Could you forward my mail? [kəd jʊ 'fɔːwəd maɪ meɪl]
Wir würden (nächstes Jahr) gern wiederkommen.	We'd like to come again (next year). [wɪd laɪk tə kʌm ə'gen (nekst jɪə)]

▶ Kap. 1, Bezahlen S. 20
▶ Kap. 4, Fragen zum Preis S. 96, Beanstandungen S. 100

Camping

Campen auf öffentlichem Grund und Boden ist in GB für eine Nacht, in IRL unbegrenzt überall da erlaubt, wo es nicht ausdrücklich verboten ist. Es gibt natürlich auch überall Campingplätze, deren Lage und Ausstattung Sie einem der gängigen Campingführer entnehmen können.

4

Kann man ... hier stehen lassen?	**Would it be possible to park the ... here?** [wəd ɪt bɪ 'pɒsɪbl tə pɑːk ðə ... hɪə]
das Wohnmobil	dormobile ['dɔːməbiːl]
den Wohnwagen	caravan ['kærəvæn]
Können wir hier unser Zelt aufbauen?	May we pitch our tent here? [meɪ wɪ pɪtʃ 'aʊə tent hɪə]
Darf man hier zelten?	Is it permitted to camp here? [ɪz ɪt pə'mɪtɪd tə kæmp hɪə]
Ist es ungefährlich?	Is it safe? [ɪz ɪt seɪf]

Anmeldung

Haben Sie noch einen Stellplatz für ...?	**Do you have a space available for ...?** [dʊ jʊ hæv ə speɪs ə'veɪləbl fər]
einen Wohnwagen	a caravan [ə "kærəvæn]
ein Zelt	a tent [ə tent]
Könnten wir einen Platz ... haben?	**Could we have a space ...?** [kəd wɪ hæv ə speɪs]
am Rand	on the outside [ɒn ðɪ 'aʊtsaɪd]
im Schatten	in the shade [ɪn ðə ʃeɪd]

Hätten Sie noch einen anderen freien Platz?	Have you got another space available? [həv jʊ gɒt əˈnʌðə speɪs əˈveɪləbl]
Wie teuer ist eine Übernachtung?	How much is it per night? [haʊ mʌtʃ ɪz ɪt pə naɪt]

▶ Kap. 4, Allgemein S. 94

Einrichtungen vor Ort

INSERT COIN FOR HOT SHOWER

Für Warmwasserdusche Münze einwerfen

Wo ist / sind ...?	**Where's / Where are ...?** [weəz / weər ɑː]
die Duschen	the showers [ðə 'ʃaʊəz]
ein Kinderspielplatz	a playground [ə 'pleɪgraʊnd]
ein Supermarkt	a supermarket [ə 'suːpəmɑːkɪt]
die Toiletten	the toilets [ðə 'tɔɪləts]
die Waschräume	the washing rooms [ðə 'wɒʃɪŋ ruːmz]
Wo kann man ...?	**Where is it possible to ...?** [weər ɪz ɪt 'pɒsɪbl tə]
einkaufen	do the shopping [dʊ ðə 'ʃɒpɪŋ]
Wäsche waschen	do the washing [dʊ ðə 'wɒʃɪŋ]
telefonieren	make phone calls [meɪk fəʊn kɔːlz]
sich duschen	have a shower [hæv ə 'ʃaʊə]

▶ Wörterbuch

Ausrüstung

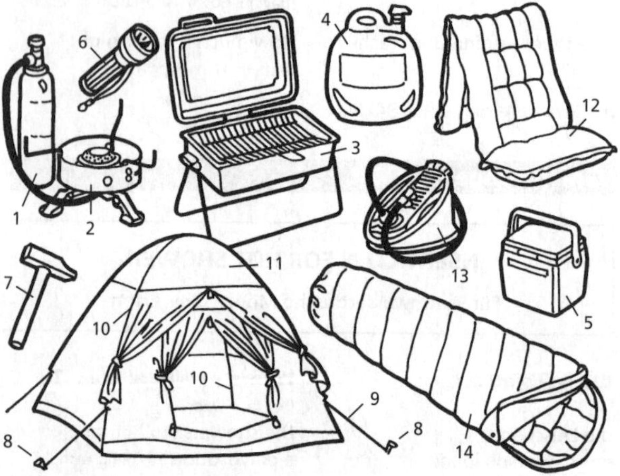

1	Campinggas	camping gas ['kæmpɪŋ gæs]
2	Gaskocher	gas cooker [gæs 'kʊkə]
3	Grill	grill [grɪl]
4	Kanister	canister ['kænɪstə]
5	Kühltasche	cooler ['kuːlə]
6	Taschenlampe	torch [tɔːtʃ]
7	Hammer	hammer ['hæmə]
8	Heringe	pegs [pegz]
9	Zeltschnur	tent string [tent strɪŋ]
10	Zeltstange	tent pole [tent pəʊl]
11	Zelt	tent [tent]
12	Luftmatratze	air mattress / lilo [eə 'mætrəs / 'laɪləʊ]
13	Blasebalg	pump [pʌmp]
14	Schlafsack	sleeping bag ['sliːpɪŋ bæg]

▶ Wörterbuch

ESSEN & TRINKEN 5

Allgemein

Entgegen ihrem Ruf hat die britische und auch die irische Gastronomie nach langen Jahren der Stagnation vielerlei zu bieten: wohlschmeckende natürliche Zutaten, Einfallsreichtum in ihrer Zusammenstellung, Experimentierfreudigkeit bei der Kreation der Gerichte. Allerdings trifft es zu, daß die englische Küche stark an der französischen Haute Cuisine ausgerichtet ist. Doch selbst traditionelle Hausmannskost erlebt eine einzigartige Renaissance, wird verfeinert und phantasievoll gestaltet. Zu beachten ist, daß die wenigsten Restaurants, mit Ausnahme chinesischer und indischer, eine Schankkonzession für Bier besitzen. Essen und Trinken verlaufen oft noch gesondert.

Wann & wo?

Fr hst ck
breakfast

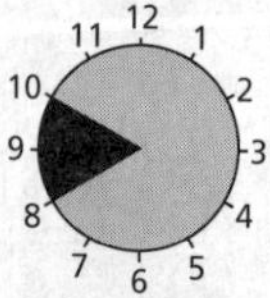

zweites Fr hst ck
elevenses

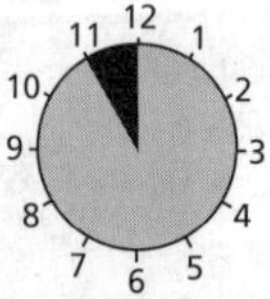

Mittagessen
lunch / midday meal

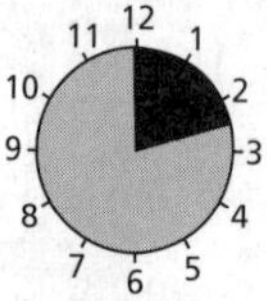

Nachmittagsimbi§
afternoon / five o'clock tea

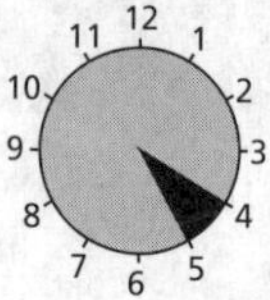

Abendessen
dinner / evening meal

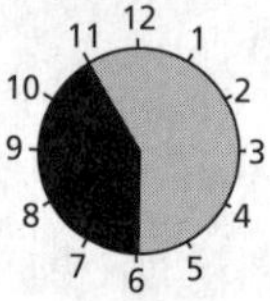

sp tes Abendbrot
supper

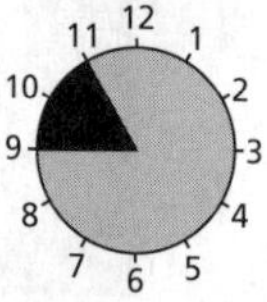

Wenn Sie nicht im Hotel frühstücken, gehen Sie am besten in ein *café* oder in einen *tea-room*. Mittags bieten viele *restaurants* preiswerte Menüs an. Seit längerer Zeit gehen immer mehr *pubs* dazu über, zu günstigen Preisen komplette Mahlzeiten zu servieren. Cafés wie in Deutschland mit überreichem Kuchen- und Tortenangebot sind eher unbekannt. Statt dessen gibt es in den obengenannten *cafés* süße Brötchen, Gebäck und Törtchen. Vor allem aber offerieren sie Pommes frites mit Hamburgern, Würstchen, Spiegelei, weiße Bohnen in Tomatensoße etc. Hotels im englischen Südwesten pflegen die Tradition des *cream tea*, bei dem zum Tee Rosinenküchlein (= *scones*) mit dicker Sahne und Erdbeerkonfitüre gereicht werden.

Können Sie mir sagen, wo man hier essen kann?	Could you tell me if there's somewhere to eat? [kəd jʊ tel mɪ ɪf ðeəz 'sʌmweə tʊ iːt]
Gibt es hier in der Nähe ein ... Restaurant?	**Is there a ... restaurant nearby?** [ɪz ðər ə ... 'restrɒnt nɪə'baɪ]
gutes	good [gʊd]
günstiges	reasonably priced ['riːznəblɪ praɪst]

5

Lokalitäten

bar [bɑː]	Bar
bistro ['biːstrəʊ]	kleines Lokal im französischen Stil
brasserie ['bræsərɪ]	Bierlokal
café / coffee house / coffee shop ['kæfeɪ / 'kɒfɪhaʊs / 'kɒfɪʃɒp]	Café / Imbißlokal
cake-shop ['keɪkʃɒp]	Konditorei
diner ['daɪnə]	Hamburgerrestaurant
eatery ['iːtərɪ]	billiges Eßlokal
fast food [fɑːst fuːd]	Schnellimbiß

fish & chip shop / chipper / chippy [fɪʃ ən tʃɪp ʃɒp / 'tʃɪpə ə / 'tʃɪpɪ]	Fischbraterei
grill-room ['grɪlrʊm]	Grillrestaurant
hot-dog stall / stand ['hɒt'dɒg stɔ:l / stænd]	Imbißbude
inn [ɪn]	Landgasthof / Gastwirtschaft
pizzeria / pizza parlour [pi:tsə'ri:ə / 'pi:tsə 'pɑ:lə]	Pizzeria
pub (= public house) [pʌb]	das typisch englische und irische Wirtshaus
restaurant ['restrɒnt]	Restaurant / Speiselokal
seafood restaurant ['si:fu:d 'restrɒnt]	auf Meeresfrüchte spezialisiertes Restaurant
self-service [self'sɜ:vɪs]	Selbstbedienung
snack-bar ['snækbɑ:]	Imbißstube
tea-room(s) ['ti:rʊm(z)]	Teestube
wine bar [waɪn bɑ:]	Weinlokal

5

Getränke

Tee, das englische Nationalgetränk, in dessen Verbrauch sich die Briten nur noch von den Iren übertreffen lassen, wird meist mit Milch aus einem Henkelbecher (= *mug*) getrunken.

Zwei Portionen Tee, bitte!	Tea for two, please! [ti: fə tu: pli:z]
Einen Becher Tee, bitte!	A mug of tea, please! [ə mʌg əv ti: pli:z]
Ich nehme eine Karaffe von Ihrem Hauswein.	I'll have a carafe of your house wine. [aɪl hæv ə kə'ræf əv jɔ: 'haʊswaɪn]

Mengen

1 Liter ...	a litre of ... [ə 'li:tər əv]
½ Liter ...	half a litre of ... [hɑ:f ə 'li:tər əv]
¼ Liter ...	a quarter litre of ... [ə 'kwɔ:tə 'li:tər əv]
1 Pint	a pint of ... [ə paɪnt əv]
ein Becher ...	a mug of ... [ə mʌg əv]
ein Glas ...	a glass of ... [ə glɑ:s əv]
eine Flasche ...	a bottle of ... [ə 'bɒtl əv]
eine Karaffe ...	a carafe of ... [ə kə'ræf əv]
eine Tasse ...	a cup of ... [ə kʌp əv]

Tee, Kaffee & andere heiße Getränke

cocoa ['kəʊkəʊ]	Kakao
coffee ['kɒfɪ]	Kaffee
white ~ [waɪt]	Milch~
~ with cream [wɪð kri:m]	~ mit Sahne
black ~ [blæk]	schwarzer ~
decaff ['di:kæf]	koffeinfreier ~
Irish ~ ['aɪrɪʃ]	~ mit Whiskey, Zucker und Sahnehäubchen
hot chocolate [hɒt 'tʃɒklət]	heiße Schokolade
hot milk [hɒt mɪlk]	heiße Milch
tea [ti:]	Tee
~ with lemon [wɪð 'lemən]	~ mit Zitrone
~ with milk [wɪð mɪlk]	~ mit Milch
herb(al) ~ ['hɜ:b(l)]	Kräuter~

Erfrischungsgetränke

fizzy lemonade ['fɪzɪ lemə'neɪd]	Brauselimonade
juice [dʒu:s]	Saft
apple ~ ['æpl]	Apfel~
grape ~ [greɪp]	Trauben~
grapefruit ~ ['greɪpfru:t]	Grapefruit~
orange ~ ['ɒrɪndʒ]	Orangen~
tomato ~ [tə'mɑ:təʊ]	Tomaten~
lemonade [lemə'neɪd]	(Zitronen-)Limonade
lime [laɪm]	Limonensaft
milk shake ['mɪlk ʃeɪk]	Milchmixgetränk
strawberry ~ ['strɔ:bərɪ]	Erdbeer-~
mineral water ['mɪnrəl 'wɔ:tə]	Mineralwasser
still ~ [stɪl]	stilles ~
sparkling ~ ['spɑ:klɪŋ]	kohlensäurehaltiges ~
orange squash ['ɒrɪndʒ skwɒʃ]	Orangensaftgetränk aus Konzentrat
pop [pɒp]	Brause
slush puppie [slʌʃ 'pʌpɪ]	Erfrischungsgetränk mit zerstoßenen Eisstückchen
soda water ['səʊdə 'wɔ:tə]	Soda(wasser)

Alkoholische Getränke

Vor dem Essen im Restaurant, sei es an der Bar oder am Tisch, trinken Engländer gerne einen Aperitif. Zu den einzelnen Gängen wird Wein oder Bier getrunken. Dabei stößt man nur in den seltensten Fällen an, eher hebt man die Gläser zu einem fröhlichen Prosit (= *Cheers!*, in IRL auch gälisch *Sláinte!*). Zu Hause dagegen ist es durchaus üblich, zum Essen Tee mit Milch zu trinken.

Beliebtestes alkoholisches Getränk in GB und IRL ist eindeutig das Bier (= *beer*). Die allgegenwärtigen *pubs* sind in erster Linie Bierlokale, in denen man in den seltensten Fällen guten Wein bestellen kann. Die Auswahl ist meist auf je eine Sorte billigsten *white* und *red* beschränkt. Exportbiere (= *lager*) werden zunehmend beliebter, obwohl die Anhänger der *Real Ale Campaign* (*ale* ist das traditionell gebraute englische Bier) nach wie vor jedes Bier, das unter Einsatz von Kohlensäure gezapft wird, verabscheuen.

Biere

ale [eɪl]	obergäriges Bier
pale ~ [peɪl]	helles ~
mild ~ [maɪld]	mildes ~
brown ~ [braʊn]	halbdunkles ~
barley wine ['bɑːlɪ waɪn]	feines Gerstenbier mit hohem Alkoholgehalt
beer [bɪə]	Bier
non-alcoholic ~ [nɒnælkə'hɒlɪk]	alkoholfreies ~
bitter ['bɪtə]	halbdunkles, obergäriges ~ mit bitterem Geschmack
draught ~ [drɑːft]	gezapftes ~
lager ['lɑːgə]	helles Export~
stout [staʊt]	starkes Dunkel~

Man beachte, daß das Reinheitsgebot nicht gilt, was nach allzu reichlichem Chemiegenuß mitunter zu Kopfschmerzen führt. Auch die Kunst des Pilszapfens ist weitgehend unbekannt, so daß Biere fast immer ohne Schaumkrone serviert werden und oft schal schmecken. Ein Hochgenuß ist ein seidig-samtenes *stout*, das sich erst zehn Minuten setzen muß, bevor man das Glas an die Lippen führt. Zum Bier werden gerne Erdnüsse (= *peanuts*) verzehrt.

▶ Kap. 5, Der Pub S. 127

5

Weine

wine [waɪn]	Wein
red ~ [red]	Rot~
white ~ [waɪt]	Weiß~
rosé ['rəʊzeɪ]	Rosé
champagne [ʃæm'peɪn]	Champagner / Sekt
Burgundy ['bɜːgəndɪ]	Burgunder
cider ['saɪdə]	Apfel~
claret ['klærət]	Bordeaux
house ~ [haʊs]	Haus~
mulled ~ [mʌld]	Glüh~
Moselle [məʊ'zel]	Mosel~
muscatel [mʌskə'tel]	Muskateller
port [pɔːt]	Port~
hot ~ [hɒt]	heißer ~ mit Nelken, Zucker und Zitronenscheibe
sparkling ~ ['spɑːklɪŋ]	Schaum~
table ~ [teɪbl]	Tafel~
mellow (Rotwein) ['meloʊ] / sweet (Weißwein) [swiːt]	lieblich
semi-dry [semɪ'draɪ]	halbtrocken
dry [draɪ]	trocken

Andere alkoholische Getränke

brandy ['brændɪ]	Weinbrand
cognac ['kɒnjæk]	Kognak
liqueur [lɪ'kjʊə]	Likör
poteen [pɒ'tiːn]	illegaler irischer Kartoffelschnaps
punch [pʌntʃ]	Punsch
schnapps [ʃnæps]	Klarer
spirit ['spɪrɪt]	Schnaps
vodka ['vɒdkə]	Wodka

whisk(e)y ['wɪskɪ]	Whisk(e)y
~ neat / straight [niːt / streɪt]	~ ohne Eis / pur
~ on the rocks [ən ðə rɒks]	~ mit Eis
double ~ ['dʌbl]	doppelter ~

▶ Kap. 7, Nachtleben S. 209

Der Pub

Der wichtigste Treffpunkt ist der *pub*. Gegen Abend füllen sich die in *bar* und *lounge bar* (= komfortablere Salonbar) unterteilten Schankstuben, und es herrscht reger und lautstarker Betrieb. Hier tauscht man sich aus, tätigt Geschäfte und kommentiert das Weltgeschehen. Zutiefst bedauerlich sind die frühen Schließungszeiten, die von den Wirten mit dem Ruf *time up, ladies & gentlemen*, mit Glockenschlägen oder durch wiederholtes Lichtausknipsen angekündigt werden: in GB sonntags um 22.30 Uhr (Schottland 23.00 Uhr), werktags um 23.00 Uhr, in IRL im Winter um 23.00 Uhr, im Sommer um 23.30 Uhr. In fast allen Lokalen finden Sie, deutlich ausgeschildert und stets getrennt nach *Ladies* und *Gents*, Hinweise auf die Toiletten (= *WCs / toilets / lavatories)*. Andernfalls erkundigen Sie sich an der Theke: *Where are the toilets, please?* (= Wo, bitte, sind die Toiletten?)

Bestellen & bezahlen

In den wenigsten Pubs wird man am Tisch bedient. Vielmehr muß man sich meist zwischen den Barhockern zur Theke hindurchzwängen, die Getränke selber bestellen und zum Tisch schaffen. Gerade in irischen Kneipen werden jedoch immer häufiger junge Kellner und Serviermädchen eingesetzt, die einen etwa fragen:

5

• Are you alright? [ə jʊ ɔːl'raɪt]	Werden Sie schon bedient?
• What would you like? [wɒt wəd jʊ laɪk]	Was darf's sein?
• **Would you like ...?** [wəd jʊ laɪk] another coffee [ə'nʌðə 'kɒfɪ] anything else ['enɪθɪŋ els]	**Möchten Sie ...?** noch einen Kaffee sonst noch etwas
Ja, noch einen Kaffee bitte.	Yes, another / one more coffee, please. [jes ə'nʌðə / wʌn mɔː 'kɒfɪ pliːz]
Zwei Irish Coffee und ein Glas Limonade, bitte!	Two Irish coffees and a glass of lemonade, please! [tuː 'aɪrɪʃ 'kɒfɪz ənd ə glɑːs əv lemə'neɪd pliːz]
Das gleiche noch mal, bitte! [ðə seɪm ə'gen pliːz]	The same again, please!

Bezahlt wird bei Entgegennahme der Getränke. Ein Trinkgeld (= *tip)* zu geben ist unüblich, es sei denn, man möchte aufrunden.

Frühstück

Im Vergleich zu Mitteleuropa fällt ein traditionelles englisches oder irisches Frühstück aus der Pfanne (= *fried breakfast / fry-up*) recht herzhaft und üppig aus: Eier, Speck, Würstchen, Champignons, Tomaten, Räucherhering, Blutwurst usw. werden da aufgehäuft. Da ein solches *full breakfast* aufwendiger ist als ein *continental breakfast* aus Brot, Butter und Orangenmarmelade, hebt man es sich im häuslichen Bereich zumeist fürs Wochenende auf.

Könnte ich bitte (etwas) ... haben?	Could I have (a little) ..., please? [kəd aɪ hæv (ə 'lɪtl) ... pliːz]

Frühstücksliste

Blutwurst	black pudding [blæk 'pʊdɪŋ]
Brot	bread [bred]
Vollkorn~	wholemeal ~ ['həʊlmi:l]
Weiß~	white ~ [waɪt]
(eine Scheibe) Toast	(a slice of) toast [(ə slaɪs əv) təʊst]
Brötchen	bread-roll / bun ['bredrəʊl / bʌn]
Butter	butter ['bʌtə]
Champignons	mushrooms ['mʌʃrʊmz]
Ei(er)	egg(s) [eg(z)]
Rühr~	scrambled ~ ['skræmbld]
Spiegel~	fried ~ [fraɪd]
(hart / weich) gekochtes ~	(hard / soft) boiled ~ [(ha:d / sɒft) bɔɪld]
Frühstücksspeck	bacon ['beɪkən]
Getreideflocken	cereal *sg.* ['sɪərɪəl]
Haferbrei	porridge ['pɒrɪdʒ]
Honig	honey ['hʌnɪ]
Hörnchen	croissant ['krwɑ:sɒŋ]
Joghurt	yoghurt ['jɒgət]
Kondensmilch	condensed milk [kən'denst mɪlk]
Margarine	margarine [ma:dʒə'ri:n]
Marmelade	jam [dʒæm]
Orangen~	marmalade ['ma:məleɪd]
Milch	milk [mɪlk]
Müsli	muesli ['mju:zlɪ]
Obst	fruit [fru:t]
Orangensaft	orange juice ['ɒrɪndʒ dʒu:s]
frisch gepreßter ~	freshly squeezed ~ ['freʃlɪ skwi:zd]
Räucherhering / Bückling	kipper ['kɪpə]

Salz	salt [sɔ:lt]
Süßstoff	(artifical) sweetener [(a:tɪ'fɪʃl) 'swi:tnə]
Tomate	tomato [tə'mɑ:təʊ]
Würstchen	sausage ['sɒsɪdʒ]
Zucker	sugar ['ʃʊgə]

► Kap. 5, Tee, Kaffee & andere heiße Getränke S. 123
► Kap. 6, Käse & Wurstwaren S. 161

Snacks & Sandwiches

5

Ein *sandwich* ist in GB und IRL eine zusammengeklappte dreieckige Brotschnitte mit unterschiedlichem Belag, auf die sich die *sandwich bars* spezialisieren. Man bestellt, je nach Brotteig, *white* oder *brown sandwiches*. Daneben sind aber zu allen Tageszeiten oft auch knuspriges Stangenbrot und Brötchen (= *filled bread rolls*) erhältlich.

Ich möchte ein Sandwich / Brötchen / Baguette mit	**I'd like a sandwich / roll / baguette with ... .** [aɪd laɪk ə 'sænwɪdʒ / rəʊl / bə'get wɪð]
Ei	egg [eg]
Huhn	chicken ['tʃɪkɪn]
Käse	cheese [tʃi:z]
Rindfleisch	beef [bi:f]
Salat	salad ['sæləd]
Schinken	ham [hæm]
Thunfisch	tuna(-fish) ['tju:nə(fɪʃ)]
Tomaten	tomatoes [tə'mɑ:təʊz]

In vielen *cafés* erhält man neben Tee, Kaffee, Gebäck und Sandwiches auch einen warmen Imbiß oder eine warme Mahlzeit:

(beef / bun) burger [(biːf / bʌn) 'bɜːgə]	Hamburger
chicken curry ['tʃɪkɪn 'kʌrɪ]	Hühnerfleisch mit Currysauce
chili con carne ['tʃɪlɪ kɒn 'kɑːnɪ]	scharf gewürztes Hackfleisch mit Feuerbohnen
Cornish pasty ['kɔːnɪʃ 'pæstɪ]	mit Fleisch und Kartoffeln gefüllte Blätterteigpastete
hot dog [hɒt dɒg]	heißes Frankfurter / Wiener Würstchen mit Senf (= *mustard*) und / oder Ketchup
kebab [kə'bæb]	gegrillter Fleischspieß
omelette ['ɒmlɪt]	Omelette
poached eggs [pəʊtʃt egz]	verlorene Eier
roasted chicken ['rəʊstɪd 'tʃɪkɪn]	Grillhähnchen
steak and kidney pie [steɪk ən 'kɪdnɪ paɪ]	Rindfleisch-Nieren-Pastete

Der Fish & Chip Shop

Eine besondere Einrichtung sind die *fish & chip shops*, vor denen sich abends, nach Kneipen- oder Kinoschluß, oft lange Schlangen bilden. Die Sache ist denkbar einfach: Sie verlangen Ihre bevorzugte Fischsorte, dazu etwa Zwiebelringe. All das befindet sich in einem knusprigen Schlafrock aus Teig und wird mit Pommes frites (= *chips*), Salz und Essig (= *vinegar*) in braunen Tüten (früher in Zeitungspapier) serviert. Es wird aus der fetttriefenden Hand gegessen. Im Volksmund heißt es liebevoll, man geht zum *local chipper* oder *chippy*, übrigens oft ein Italiener.

Eine große / kleine Portion ..., bitte!	A large / small portion of ..., please! [ə laːdʒ / smɔːl ˈpɔːʃn əv ... pliːz]
Ich hätte gern	**Could I have ..., please!** [kəd aɪ hæv ... pliːz]
Kabeljau	cod [kɒd]
Schellfisch	haddock [ˈhædək]
Zwiebelringe	onion rings [ˈʌnjən rɪŋz]
Scholle	plaice [pleɪs]
Rochen	ray [reɪ]
Wittling	whiting [ˈwaɪtɪŋ]

Eine weitere feste Institution sind die Restaurantbetriebe mit Straßenverkauf, bei denen man oft auch telefonisch vorbestellen kann. Das Wort *take-away* bezieht sich dabei sowohl auf derartige Restaurants als auch auf die mitgenommene warme Mahlzeit. Die meisten *take-aways* sind fest in chinesischer, indischer oder italienischer Hand.

Im Restaurant: Genüßlich essen gehen

Auswärts essen zu gehen wird immer beliebter und hat einen ungeheuren Aufschwung in der Gastronomie zur Folge. Dabei ist zu unterscheiden zwischen einem Gang zum Eßlokal, der lediglich dazu dient, den Magen zu füllen, und einem Restaurantbesuch, der einer Festlichkeit gleicht und dementsprechend teuer zu stehen kommt. Informieren Sie sich anhand der aushängenden Speisekarte über das Preisniveau. Achten Sie auch darauf, ob Bedienung (= *service*) und Mehrwertsteuer (= *VAT*) im Preis enthalten (= *included*) sind. Übrigens heißt „Speisekarte" auf englisch *menu*, während das deutsche „Menü" (= Gedeck) dem englischen *set meal* oder *fixed-price meal* entspricht.

Reservieren & Platz nehmen

Ich möchte gern einen Tisch für ... reservieren.	**I 'd like to book a table for ... .** [aɪd laɪk tə bʊk ə 'teɪbl fə]
vier Personen	four [fɔː]
heute abend	tonight [tə'naɪt]
• What's the name? [wɒts ðə neɪm]	Auf welchen Namen?
Auf den Namen	(The name is) ... . [ðə neɪm ɪz]

In vielen Restaurants ist es üblich, daß man am Eingang auf einen Kellner wartet und ihm signalisiert, wie viele Personen zu essen wünschen.

Guten Abend, wir sind zu dritt.	Good evening, there are three of us. [gʊd 'iːvnɪŋ ðər ə θriː əv əs]
Wir haben reserviert auf den Namen	We booked a table for ... . [wɪ bʊkt ə 'teɪbl fə]

• Is this table alright for you? [ɪz ðɪs 'teɪbl ɔːl'raɪt fə jʊ]	Ist Ihnen dieser Tisch recht?
Entschuldigung, ist dieser Tisch / Stuhl noch frei?	Excuse me, is this table / chair available? [ɪk'skjuːz mɪ ɪz ðɪs 'teɪbl / tʃeər ə'veɪləbl]
• No, it's been taken. [nəʊ ɪts bɪn 'teɪkən]	Nein, der ist besetzt.
Herr Ober / Fräulein, dürfte ich bitte die Speisekarte sehen!	Excuse me, may I see the menu, please! [ɪk'skjuːz mɪ meɪ aɪ siː ðə 'menjuː pliːz]

Die Speisekarte: Ein Überblick

Zum kompletten Menü gehören ein oder zwei Vorspeisen (= *hors d'œuvre*), darunter möglicherweise eine Suppe (= *broth / soup*), ein Fleisch- oder Fischgericht (= *main course*) mit einer Auswahl an Gemüsen sowie eine Nachspeise (= *dessert*), oft vom Dessertwagen. Kaffee ist im Preis manchmal inbegriffen. Viele Restaurants führen ein Touristenmenü (= *tourist menu*) zu relativ niedrigen Preisen. Apropos: Es ist nicht unbedingt üblich, einander »Guten Appetit« zu wünschen (wenn überhaupt, dann auf französisch *Bon Appetit!*), doch kommt es häufig vor, daß der Kellner oder die Kellnerin sagt: *Enjoy your meal!*

Hors d'œuvres / starters / appetizers [ɔː 'dɜːvrə / 'stɑːtəz / 'æpɪtaɪzəz]	Vorspeisen
soups [suːps]	Suppen
salads ['sælədz]	Salate
fish and seafood [fɪʃ ən 'siːfuːd]	Fisch und Meeresfrüchte

meat dishes [miːt 'dɪʃɪz]	Fleischgerichte
poultry ['pəʊltrɪ]	Geflügel
vegetarian dishes [vedʒɪ'teərɪən 'dɪʃɪz]	vegetarische Gerichte
side-dishes ['saɪddɪʃɪz]	Beilagen
vegetables *pl.* ['vedʒtəblz]	Gemüse
side-salads ['saɪdsælədz]	Salatbeilagen
desserts / sweets / puddings / afters [dɪ'zɜːts / swiːts / 'pʊdɪŋz / 'ɑːftəz]	Nachspeisen
beverages / drinks ['bevərɪdʒɪz / drɪŋks]	Getränke

Hinweise auf der Speisekarte

cold dishes	kalte Gerichte
home-made	hausgemacht
today's special	Tagesgericht
service not included / at your discretion	Bedienung nicht inbegriffen
specialities of the house	Spezialitäten des Hauses
to be ordered in advance	nur auf Vorbestellung
VAT & service included	Mehrwertsteuer und Bedienung inbegriffen

Zubereitungsarten

baked [beɪkt]	im Ofen gebacken
barbecued / grilled ['bɑːbɪkjuːd / grɪld]	gegrillt

5

boiled [bɔɪld]	gekocht
braised / stewed [breɪzd / stju:d]	geschmort
deep-fried [di:p'fraɪd]	fritiert
filled / stuffed [fɪld / stʌft]	gefüllt
fried [fraɪd]	gebraten / geröstet
roasted ['rəʊstɪd]	gebraten

Vorspeisen, Suppen & Salate

5

Starters	**Vorspeisen**
corn-on-the-cob [kɔ:nənðə'kɒb]	Maiskolben
egg mayonnaise [eg meɪə'neɪz]	Russische Eier
garlic mushrooms ['gɑ:lɪk 'mʌʃrʊmz]	fritierte Champignons in Knoblauchsauce
liver paté ['lɪvə 'pæteɪ]	Leberpastete
melon ['melən]	Melone
mussels ['mʌslz]	Miesmuscheln
oysters ['ɔɪstəz]	Austern
prawn cocktail [prɔ:n 'kɒkteɪl]	Garnelencocktail
smoked salmon [sməʊkt 'sæmən]	Räucherlachs
vol-au-vent ['vɒləʊvɒŋ]	Blätterteigpastete

Soups	**Suppen**
consommé [kən'sɒmeɪ]	Kraftbrühe / Bouillon
chowder ['tʃaʊdə]	Fisch- oder Muscheleintopf
cream of ... soup [kri:m əv ... su:p]	... cremesuppe
asparagus [ə'spærəgəs]	Spargel-
chicken ['tʃɪkɪn]	Hühner-
mushroom ['mʌʃrʊm]	Champignon-

soup [su:p]	Suppe
lentil ~ ['lentıl]	Linsen~
onion ~ ['ʌnjən]	Zwiebel~
oxtail ~ ['ɒksteıl]	Ochsenschwanz~
pea ~ [pi:]	Erbsen~
potato ~ [pə'teıtəʊ]	Kartoffel~
vegetable ~ ['vedʒtəbl]	Gemüse~
Scotch broth [skɒtʃ brɒθ]	dicke Gemüsesuppe mit Fleischeinlage
Salad	**Salat**
cucumber ~ ['kju:kʌmbə]	Gurken~
green ~ [gri:n]	grüner ~
mixed ~ [mıkst]	gemischter ~
sweetcorn ~ ['swi:tkɔ:n]	Mais~
tomato ~ [tə'mɑ:təʊ]	Tomaten~
coleslaw ['kəʊlslɔ:]	Kraut~

5

Der Salat wird entweder als Vorspeise (= *starter*) oder als Beilage (= *side-salad*) gereicht. Wenn er angemacht ist (= *tossed*), was keineswegs als selbstverständlich gilt, besteht die Salatsauce (= *dressing)* meist entweder aus Essig und Öl oder aus Mayonnaise.

Fisch & Meeresfrüchte

anchovy ['æntʃəvı]	Sardelle
clam [klæm]	Venusmuschel
cockle ['kɒkl]	Herzmuschel
cod [kɒd]	Kabeljau
dried ~ [draıd]	Stockfisch

crab [kræb]	Krebs
crayfish ['kreɪfɪʃ]	Flußkrebs
eel [i:l]	Aal
haddock ['hædək]	Schellfisch
halibutt ['hælɪbət]	Heilbutt
hake [heɪk]	Seehecht
herring ['herɪŋ]	Hering
lobster ['lɒbstə]	Hummer
spiny ~ ['spaɪnɪ]	Languste
mackerel ['mækrəl]	Makrele
monkfish ['mʌŋkfɪʃ]	Seeteufel
mussel ['mʌsl]	Miesmuschel
mullet ['mʌlɪt]	Barbe
perch [pɜ:tʃ]	Flußbarsch
pike [paɪk]	Hecht
plaice [pleɪs]	Scholle
prawn [prɔ:n]	Krabbe / Garnele
ray [reɪ]	Rochen
rose-fish ['rəʊzfɪʃ]	Goldbarsch
salmon ['sæmən]	Lachs
farmed ~ [fɑ:md]	gezüchteter ~
wild ~ [waɪld]	wilder ~
sardine [sɑ:'di:n]	Sardine
seafood platter ['si:fu:d 'plætə]	verschiedene Meeresfrüchte
shellfish ['ʃelfɪʃ]	Schalentier
shrimp [ʃrɪmp]	Krabbe / Garnele
sole [səʊl]	Seezunge
squid [skwɪd]	Tintenfisch
trout [traʊt]	Forelle
tuna ['tju:nə]	Thunfisch
turbot ['tɜ:bət]	Steinbutt
whiting ['waɪtɪŋ]	Wittling

Fleisch & Geflügel

Meat [mi:t]	**Fleisch**
beef [bi:f]	Rind
lamb [læm]	Lamm
mutton ['mʌtn]	Hammel
pork [pɔ:k]	Schwein
rabbit ['ræbɪt]	Kaninchen
veal [vi:l]	Kalb
venison ['venɪzn]	Wildbret (Reh / Hirsch)
chop / cutlet [tʃɒp / 'kʌtlɪt]	Kotelett
escalope [e'skælɒp]	Schnitzel
fillet ['fɪlɪt]	Filet
gammon steak ['gæmən steɪk]	Schinkensteak
hash [hæʃ]	Ragout
liver [''lɪvə]	Leber
meat balls [mi:t bɔ:lz]	Fleischbällchen
mince [mɪns]	Hackfleisch
mixed grill [mɪkst grɪl]	Grillplatte
sirloin steak ['sɜ:lɔɪn steɪk]	Rumpsteak
sweetbread ['swi:tbred]	Bries
tongue [tʌŋ]	Zunge
tripe *sg.* [traɪp]	Kutteln
wild boar [waɪld bɔ:]	Wildschwein
Poultry ['pəʊltrɪ]	**Geflügel**
chicken ['tʃɪkɪn]	Hähnchen
~ breast [brest]	Hühnerbrust
~ drumstick ['drʌmstɪk]	Hühnerkeule
duck(ling) ['dʌk(lɪŋ)]	Ente
goose [gu:s]	Gans
grouse [graʊs]	Birkhuhn

5

guinea-fowl ['gɪnɪfaʊl]	Perlhuhn
partridge ['pɑ:trɪdʒ]	Rebhuhn
pheasant ['feznt]	Fasan
quail [kweɪl]	Wachtel
turkey ['tɜ:kɪ]	Pute / Truthahn

Typische Fleisch- und Geflügelgerichte

chicken Kiev ['tʃɪkɪn 'ki:ev]	paniertes Hähnchen mit Knoblauchfüllung
haggis [''hægɪs]	gefüllter Schafsmagen (schottisches Nationalgericht)
Irish stew ['aɪrɪʃ stju:]	Eintopf aus Hammelfleisch, Kartoffeln und Zwiebeln
pork pie [pɔ:k paɪ]	Pastete mit Schweinefleisch
roast duckling and orange [rəʊst 'dʌklɪŋ ən 'ɒrɪndʒ]	Pekingente
roast leg of lamb with mint sauce [rəʊst leg əv læm wɪð mɪnt sɔ:s]	Lammbraten mit Pfefferminzsauce
roast beef and Yorkshire pudding [rəʊst bi:f ən 'jɔ:kʃə 'pʊdɪŋ]	Rinderbraten mit einem gebackenen Eierteig
Scottish game pie ['skɒtɪʃ geɪm paɪ]	mit Rotwein und Rum verfeinerte Wildpastete
shepherd's pie ['ʃepədz paɪ]	Auflauf aus Hackfleisch und Kartoffelbrei
steak and kidney pie [steɪk ən 'kɪdnɪ paɪ]	Rindfleisch-Nieren-Pastete
turkey and ham ['tɜ:kɪ ən hæm]	Putenbrust mit gekochtem Schinken und Füllung
veal and ham pie [vi:l ən hæm paɪ]	Kalbfleisch-Schinken-Pastete

5

Beilagen

chips / French fries [tʃɪps / frentʃ fraɪz]	Pommes frites
croquettes [krɒ'kets]	Kroketten
rice [raɪs]	Reis
noodles ['nu:dlz]	Nudeln
pasta *sg.* ['pæstə]	Teigwaren
potatoes [pə'teɪtəʊz]	Kartoffeln
~ au gratin / dauphinois [əʊ 'grætæŋ / 'dɔ:fɪnwa:z]	Kartoffelgratin
baked / jacket ~ [beɪkt / 'dʒækɪt]	Folien~
boiled ~ [bɔɪld]	Salz~
fried ~ [fraɪd]	Brat~
mashed / puréed ~ [mæʃt / 'pjʊəreɪd]	Kartoffelbrei / -püree
sautéed ~ ['səʊteɪd]	Schwenk~

vegetables *pl.* ['vedʒtəblz]	**Gemüse**
artichoke ['ɑ:tɪtʃəʊk]	Artischocke
asparagus [ə'spærəgəs]	Spargel
beans [bi:nz]	Bohnen
baked ~ [beɪkt]	weiße Bohnen in Tomaten-soße
broad ~ [brɔ:d]	Sau~
butter ~ ['bʌtə]	Wachs~
haricot ~ ['hærɪkəʊ]	Garten~
kidney ~ ['kɪdnɪ]	Feuer~
green / French ~ [gri:n / frentʃ]	grüne ~

5

beetroot ['bi:tru:t]	Rote Beete
Brussels sprouts *pl.* ['brʌslz sprautsʊ]	Rosenkohl
cabbage ['kæbɪdʒ]	Kohl
green ~ [gri:n]	Grün~
red ~ [red]	Rot~
white ~ [waɪt]	Weiß~
carrots ['kærəts]	Karotten
cauliflower ['kɒlɪflaʊə]	Blumenkohl
celery ['seləri]	Sellerie
chicory ['tʃɪkəri]	Chicorée
corn-on-the-cob [kɔ:nənðə'kɒb]	Maiskolben
courgette [kɔ:'ʒət]	Zucchino
cress [kres]	Kresse
fennel ['fenl]	Fenchel
leek [li:k]	Lauch
lentils ['lentɪlz]	Linsen
marrow ['mærəʊ]	Speisekürbis
mushrooms ['mʌʃrʊmz]	Champignons
olives ['ɒlɪvz]	Oliven
onion ['ʌnjən]	Zwiebel
parsnip ['pɑ:snɪp]	Pasternake
peas [pi:z]	Erbsen
pepper ['pepə]	Paprikaschote
pumpkin ['pʌmkɪn]	Kürbis
savoy [sə'vɔɪ]	Wirsing
spinach ['spɪnɪdʒ]	Spinat
swede / turnip [swi:d / 'tɜ:nɪp]	Kohl- / Steckrübe
tomato [tə'mɑ:təʊ]	Tomate

► Kap. 6, Glossar: Gemüse S. 164

5

Nachspeisen

apple pie ['æpl paɪ]	warmer gedeckter Apfelkuchen
bakewell tart ['beɪkwəl tɑ:t]	eine Art warme Linzer Torte
bread-and-butter pudding [bredən'bʌtə 'pʊdɪŋ]	Auflauf aus Brot und Rosinen
cream [kri:m]	Sahne
whipped ~ [wɪpt]	Schlag~
clotted ~ ['klɒtɪd]	„geklumpte" ~
custard ['kʌstəd]	Vanillesoße
crumble ['krʌmbl]	Auflauf
apple ~ ['æpl]	Apfel~
rhubarb ~ ['ru:bɑ:b]	Rhabarber~
fruit salad [fru:t 'sæləd]	Obstsalat
jelly ['dʒelɪ]	Grütze / Wackelpudding
mixed ice-cream [mɪkst aɪs'kri:m]	gemischtes Eis
pancake ['pæŋkeɪk]	Pfannkuchen
parfait ['pɑ:feɪ]	Halbgefrorenes
peach melba [pi:tʃ 'melbə]	Pfirsisch Melba
rice pudding [raɪs 'pʊdɪŋ]	Milchreis
sherry trifle ['ʃerɪ 'traɪfl]	Löffelbiskuit mit Sherry, Früchten, Vanillesoße und Sahne
spotted dick ['spɒtɪd dɪk]	Pudding mit getrockneten Früchten
stewed fruit [stju:d fru:t]	Obstkompott
strawberries with cream ['strɔ:bərɪz wɪð kri:m]	Erdbeeren mit Schlagsahne
sundae ['sʌndeɪ]	Eisbecher
treacle tart ['tri:kl tɑ:t]	Siruptorte

► Kap. 5, In der Bäckerei S. 147, In der Eisdiele S. 149
► Kap. 6, Glossar: Obst S. 165, Glossar: Käse S. 162

5

Bestellen

Zwar werden in eleganteren Restaurants viele Speisen mit ihren französischen Namen bezeichnet, darunter findet sich aber meist eine englische Erläuterung. Wenn nicht, scheuen Sie sich nicht, den Kellner um eine Erklärung zu bitten. Sie können auch nach den Spezialitäten des Hauses oder nach besonderen Tagesgerichten fragen: *What would you recommend?* (= Was empfehlen Sie?)

5

• There you are, the menu. [ðeə jʊ ɑː ðə 'menjuː]	Bitte sehr, die Speisekarte!
• Today / Tonight we can also recommend ... . [tə'deɪ / tə'nait wɪ kən 'ɔːlsəʊ rekə'mend]	Heute haben wir außerdem ... .
• What would you like to eat? [wɒt wəd jʊ laɪk tʊ iːt]	Was möchten Sie essen?
• And to drink? [ən tə drɪŋk]	Und zu trinken?
• Would you like an aperitif? [wəd jʊ laɪk ən ə'perətɪf]	Möchten Sie einen Aperitif?
• Have you chosen / decided? [həv jʊ 'tʃəʊzn / dɪ'saɪdɪd]	Haben Sie gewählt / sich entschieden?
Wir brauchen noch ein bißchen.	No, we need a little longer. [nəʊ wɪ niːd ə 'lɪtl 'lɒŋgə]
• **What would you like for ...?** [wɒt wəd jʊ laɪk fə]	**Was nehmen Sie als ...?**
starters ['stɑːtəz]	Vorspeise
your main dish [jɔː meɪn dɪʃ]	Hauptgericht
dessert [dɪ'zɜːt]	Nachtisch
Ich nehme / Wir nehmen	I'm / We're having ... . [aɪm / wɪə 'hævɪŋ]

Für mich ..., bitte!	For me ..., please! [fə mɪ ... pli:z]
Ich nehme das gleiche.	I'll have the same, please. [aɪl hæv ðə seɪm pli:z]
• How would you like / prefer your steak? [haʊ wəd jʊ laɪk / prɪ'fɜ: jɔ: steɪk]	Wie möchten Sie das Steak?
Blutig / Englisch / Medium / Gut durchgebraten.	Very rare / Rare / Medium rare / Well done. ['verɪ reə / reə / 'mi:djəm reə / wel dʌn]
Könnte ich bitte Pommes frites statt Kartoffelpüree haben?	Could I have French fries instead of mashed potatoes? [kəd aɪ hæv frentʃ fraɪz ɪn'sted əv mæʃt pə'teɪtəʊz]
Haben Sie ...?	**Do you have ...?** [dʊ jʊ həv]
ein vegetarisches Gericht	a vegetarian dish [ə vedʒɪ'teərɪən dɪʃ]
etwas Kalorienarmes	a low calorie dish [ə ləʊ 'kælərɪ dɪʃ]
Haben Sie einen Kinderteller?	Have you got a children's portion? [həv jʊ gɒt ə 'tʃɪldrənz 'pɔ:ʃn]

▶ Kap. 5, Getränke S. 122, Die Speisekarte: Ein Überblick S. 134

Bitten & beanstanden

Das hatte ich nicht bestellt.	I didn't order that. [aɪ 'dɪdnt 'ɔ:də ðæt]
Das Essen ist etwas zu	**The food is a bit too ... .** [ðə fu:d ɪz ə bɪt tu:]
kalt	cold [kəʊld]
salzig	salty ['sɔ:ltɪ]

Der Salat ist nicht frisch.

The salad isn't fresh.
[ðə 'sæləd 'ɪznt freʃ]

Hier fehlt noch ein Messer.

A knife is missing.
[ə naɪf ɪz 'mɪsɪŋ]

Bringen Sie mir / uns bitte ein/e/n ...?

Could you please bring me / us a ...?
[kəd jʊ pli:z brɪŋ mɪ / əs ə]

1	Tisch	table ['teɪbl]	8	Messer	knife [naɪf]
2	Stuhl	chair [tʃeə]	9	Gabel	fork [fɔ:k]
3	Kindersitz	high chair [haɪ tʃeə]	10	Löffel	spoon [spu:n]
4	Tischtuch	table-cloth ['teɪblklɒθ]	11	Pfeffermühle	pepper-mill ['pepəmɪl]
5	Serviette	napkin ['næpkɪn]	12	Salzstreuer	salt cellar [sɔ:lt 'selə]
6	Teller	plate [pleɪt]	13	Zahnstocher	toothpick ['tu:θpɪk]
7	Glas	glass [glɑ:s]	14	Aschenbecher	ashtray ['æʃtreɪ]

Bezahlen

Bezahlt wird am Ende zusammen (= *all together*). Es ist unüblich, vom Kellner getrennte Rechnungen (= *separate bills*) zu fordern. Obwohl die Bedienung in der Regel im Preis mitinbegriffen ist, gibt man im allgemeinen ein weiteres Trinkgeld (= *tip*) von 5-10%.

Die Rechnung, bitte!	The bill, please! [ðə bɪl pli:z]
Zahlen, bitte!	Could I / we pay, please! [kəd aɪ / wɪ peɪ pli:z]
• Did you enjoy your meal? [dɪd jʊ ɪn'dʒɔɪ jɔ: mi:l]	Hat es Ihnen geschmeckt?
Ja, das Essen war ausgezeichnet.	Yes, the food was excellent. [jes ðə fu:d wəz 'eksələnt]
Hier scheint ein Fehler vorzuliegen.	There seems to be a mistake. [ðeə si:mz tə bɪ ə mɪ'steɪk]
Das ist für Sie.	That's for you. [ðæts fə ju:]
Stimmt so.	Keep the change. [ki:p ðə tʃeɪndʒ]

► Kap. 1, Bezahlen S. 20

Süße Leckereien

In der Bäckerei

Leckereien gibt es in der Bäckerei oder Konditorei (= *bakery / cake shop / pastry shop).* Dabei ziehen Briten und Iren den Torten (= *gateau*) trockeneres Gebäck (= *pastry*) mit Füllungen und Törtchen (= *tart*) vor.

5

Ich hätte gern zwei Stück Kuchen. — I'd like two pieces of cake. [aɪd laɪk tuː 'piːsɪz əv keɪk]

apple tart ['æpl tɑːt]	gedeckter Apfelkuchen
apple turnover ['æpl 'tɜːnəʊvə]	Apfeltasche
biscuit ['bɪskɪt]	Plätzchen / Keks
Black Forest gateau [blæk 'fɒrɪst 'gætəʊ]	Schwarzwälder Kirschtorte
bun [bʌn]	süßes Brötchen
cake [keɪk]	Kuchen
cheese cake [tʃiːz keɪk]	Käsesahnetorte
cherry cake ['tʃerɪ keɪk]	Kuchen mit Glacékirschen
chocolate gateau ['tʃɒklət 'gætəʊ]	Schokoladentorte
chocolates ['tʃɒkləts]	Pralinen
cream [kriːm]	Schlagsahne
~ bun [bʌn]	mit Sahne gefülltes süßes Brötchen
~ cake / gateau / sponge [keɪk / 'gætəʊ / spʌndʒ]	Cremetorte
~ puff [pʌf]	Windbeutel
~ slice [slaɪs]	Cremeschnitte
~ tartlet ['tɑːtlɪt]	Cremetörtchen
Danish pastry ['deɪnɪʃ 'peɪstrɪ]	Rosinenschnecke oder ähnliche Teilchen
doughnut ['dəʊnʌt]	Berliner Krapfen
eclair [eɪ'kleə]	Eclair / „Liebesknochen"
fruit cake [fruːt keɪk]	Rosinenkuchen
fruit flan [fruːt flæn]	Obsttorte
fudge cake [fʌdʒ keɪk]	Karamellschnitte
hot cross bun [hɒt crɒs bʌn]	süßes Brötchen mit kreuzförmiger Einkerbung (zu Ostern)

jam roll [dʒæm rəʊl]	mit Marmelade gefüllte Biskuitrolle
jam tart [dʒæm tɑːt]	Törtchen mit Marmelade
lemon meringue ['lemən mə'ræŋ]	Zitronenbaisertorte
macaroon [mækə'ruːn]	Makrone
madeira cake [mə'dɪərə keɪk]	Sandkuchen
meringue [mə'ræŋ]	Sahnebaiser
porter cake ['pɔːtə keɪk]	Rosinenkuchen mit Dunkelbier
profiteroles [prɒ'fɪtərəʊlz]	kleine mit Schokolade überzogene Windbeutel
scone [skəʊn]	rundes Teegebäck mit oder ohne Rosinen
shortbread *sg.* ['ʃɔːtbred]	Butterkekse
Swiss roll [swɪs rəʊl]	mit Sahne / Creme gefüllte Biskuitrolle
tipsy cake ['tɪpsɪ keɪk]	Kalter Hund
toasted tea cake ['təʊstɪd tiː keɪk]	geröstetes Rosinenbrötchen
waffle ['wɒfl]	Waffel

In der Eisdiele

Ich möchte ein/e/n	**I'd like ... .** [aɪd laɪk]
kleines / großes / gemischtes Eis	a small / large / mixed ice-cream [ə smɔːl / lɑːdʒ / mɪkst aɪs'kriːm]
Eis am Stiel	an ice-lolly [ən aɪs'lɒlɪ]
Eiskaffee	an iced coffee [ən aɪst 'kɒfɪ]
Pappbecher	a tub [ə tʌb]
Hörnchen (mit 3 Kugeln)	a cone (with three balls) [ə kəʊn (wɪð θriː bɔːlz)]

5

- What flavours would you like? [wɒt 'fleɪvəz wəd jʊ laɪk] — Welche Sorten möchten Sie?

Eissorten

apricot ['eɪprɪkɒt]	Aprikose
blueberry ['blu:bərɪ]	Heidelbeer
chocolate ['tʃɒklət]	Schokolade
lemon ['lemən]	Zitrone
pistachio [pɪ'stɑ:ʃɪəʊ]	Pistazie
raspberry ['rɑ:zbərɪ]	Himbeer
strawberry ['strɔ:bərɪ]	Erdbeer
vanilla [və'nɪlə]	Vanille
walnut ['wɔ:lnət]	Walnuß

5

► Kap. 6, Glossar: Obst S. 165

EINKAUFEN 6

Orientierung

Kaufhäuser (= *department stores)* und Supermärkte (= *supermarkets)* sind täglich, auch samstags, durchgehend geöffnet. Nach heftigen Kontroversen um die Ladenöffnungszeiten in GB haben viele Kaufhäuser auch sonntags geöffnet. Mittwoch nachmittags wird mitunter ein halber Ruhetag eingelegt. Zahlreiche kleine Eckläden (= *corner shops / convenience stores*), oft von Indern und Pakistani geführt, verkaufen auch abends und nachts.

▶ Kap. 1, Öffnungszeiten S. 24

Ist hier in der Nähe ein Bekleidungsgeschäft?	Is there a clothes shop nearby? [ɪz ðeər ə kləʊðz ʃɒp nɪə'baɪ]
Wo kann man hier Schuhe kaufen?	Where can I buy shoes? [weə kən aɪ baɪ ʃu:z]
Wo finde ich ein Geschäft für ...?	Where can I find a shop that sells ...? [weə kən aɪ faɪnd ə ʃɒp ðət selz]

Was?		**Wo?**
Antiquitäten	antiques [æn'ti:ks]	antique shop [æn'ti:k ʃɒp]
Bekleidung, Mode	clothes [kləʊðz]	clothes shop, boutique [kləʊðz ʃɒp, bu:'ti:k]
Blumen, Pflanzen	flowers, plants ['flaʊəz, plɑ:nts]	flower shop, florist's ['flaʊə ʃɒp, 'flɒrɪsts]
Briefmarken	stamps [stæmps]	post office, souvenir shop [pəʊst 'ɒfɪs, su:və'nɪə ʃɒp]

Bücher	books [bʊks]	book shop [bʊk ʃɒp]
Drogerieartikel	cosmetics [kɒz'metɪks]	chemist's ['kemɪsts]
Elektroartikel	electrical appliances [ɪ'lektrɪkl ə'plaɪənsɪz]	electrical shop [ɪ'lektrɪkl ʃɒp]
Fahrkarten	tickets ['tɪkɪts]	bus / railway station [bʌs / 'reɪlweɪ 'steɪʃn]
Fahrräder und Zubehör	bicycles and accessories ['baɪsɪklz ənd ək'sesərɪz]	bicycle shop ['baɪsɪkl ʃɒp]
Fotoartikel	cameras and accessories ['kæmərəz ənd ək'sesərɪz]	photographic shop, chemist's [fəʊtə'græfɪk ʃɒp, 'kemɪsts]
Feinkost	delicatessen [delɪkə'tesn]	delicatessen [delɪkə'tesn]
Geschenkartikel	gifts, fancy goods [gɪfts, 'fænsɪ gʊdz]	gift shop [gɪft ʃɒp]
Getränke (nicht-alkoholisch)	soft drinks [sɒft drɪŋks]	grocery store, grocer's, victualler's ['grəʊsərɪ stɔ:, 'grəʊsəz, 'vɪtləz]
alkoholische ~	hard drinks [hɑ:d drɪŋks]	off-licence ['ɒflaɪsns]
Glas- und Porzellanwaren	glassware and china ['glɑ:sweə ən 'tʃaɪnə]	china shop ['tʃaɪnə ʃɒp]
Haushaltswaren	household goods ['haʊshəʊld gʊdz]	hardware shop ['hɑ:dweə ʃɒp]
Kunstgewerbe	arts and craft [ɑ:ts ən krɑ:fts]	craft shop [krɑ:ft ʃɒp]
Lebensmittel	groceries ['grəʊserɪz]	grocery store, grocer's ['grəʊserɪ stɔ:, 'grəʊsəz]
Brot und Kuchen	bread and cakes [bred ən keɪks]	bakery ['beɪkərɪ]

Fisch und Meeresfrüchte	fish and seafood [fɪʃ ən 'si:fu:d]	fishmonger's ['fɪʃmʌŋgəz]
Fleisch und Wurst	meat and cold meat [mi:t ən kəʊld mi:t]	butcher's ['bʊtʃəz]
Obst und Gemüse	fruit and vegetables *pl.* [fru:t ən 'vedʒtəblz]	greengrocer's, fruitery ['gri:ngrəʊsəz, 'fru:tərɪ]
Süßigkeiten	sweets [swi:ts]	sweet shop [swi:t ʃɒp]
Lederwaren	leather goods ['leðə gʊdz]	leatherware shop ['leðəweə ʃɒp]
Möbel	furniture ['fɜ:nɪtʃə]	furniture shop ['fɜ:nɪtʃə ʃɒp]
Musikkassetten und CDs	tape cassettes and CDs [teɪp kə'sets ən si:'di:z]	record shop ['rekɔ:d ʃɒp]
Optische Geräte	optical appliances ['ɒptɪkl ə'plaɪənsɪz]	optician's [ɒp'tɪʃnz]
Schmuck	jewellery ['dʒu:əlrɪ]	jewellery shop ['dʒu:əlrɪ ʃɒp]
Schreibwaren	stationery ['steɪʃnərɪ]	stationery shop ['steɪʃnərɪ ʃɒp]
Schuhe	shoes [ʃu:z]	shoe shop [ʃu: ʃɒp]
Spielwaren	toys [tɔɪz]	toy shop [tɔɪ ʃɒp]
Sportartikel	sports equipment [spɔ:ts ɪ'kwɪpmənt]	sports shop [spɔ:ts ʃɒp]
Tabakwaren	tobacco [tə'bækəʊ]	tobacconist's [tə'bækənɪsts]
Uhren	clocks and watches [klɒks ən 'wɒtʃɪz]	clockmaker's, watchmaker's ['klɒkmeɪkəz, 'wɒtʃmeɪkəz]
Zeitungen	newspapers ['nju:speɪpəz]	newsagent's ['nju:seɪdʒənts]

6

Verkaufsgespräche

Allgemein

• Can I help you? [kən aɪ help jʊ]	Kann ich Ihnen helfen?
• What can I do for you? [wɒt kən aɪ duː fə juː]	Was kann ich für Sie tun?
• Are you being served? [ɑː jʊ ˈbiːɪŋ sɜːvd]	Werden Sie schon bedient?
Wo finde ich …?	Where do I find …? [weə dʊ aɪ faɪnd]
• Who's next? [huːz nekst]	Wer ist der / die nächste?
Ich komme als nächstes dran.	I'm next. [aɪm nekst]
Ich hätte gern … .	I'd like … . [aɪd laɪk]
• Anything else? [ˈenɪθɪŋ els]	Sonst noch etwas?
Danke, das ist alles.	That's all, thank you. [ðæts ɔːl θæŋk jʊ]
Haben / Führen Sie …?	Do you have / sell …? [dʊ jʊ hæv / sel]
• I'm sorry, we don't. [aɪm ˈsɒrɪ wɪ dəʊnt]	Nein, das haben wir leider nicht.
• Yes, on the first floor. [jes ɒn ðə fɜːst flɔː]	Ja, im ersten Stock.
Ich möchte mich nur einmal umschauen.	I'm only having a look. [aɪm ˈəʊnlɪ ˈhævɪŋ ə lʊk]
Ich habe … im Schaufenster gesehen.	I've seen … in your window. [aɪv siːn … ɪn jɔː ˈwɪndəʊ]

6

Könnte ich bitte eine Tüte haben?	Could I have a bag, please? [kəd aɪ hæv ə bæg pliːz]
Könnten Sie es mir bitte (als Geschenk) einpacken?	Could you (gift)wrap it for me, please? [kəd jʊ ('gɪft)ræp ɪt fə mɪ pliːz]

Die Ware beschreiben

Ich suche ein Geschenk / einen Pullover	**I'm looking for a gift / jumper ... .** [aɪm 'lʊkɪŋ fər ə gɪft / 'dʒʌmpə]
für eine Frau	for a woman [fər ə 'wʊmən]
für einen Mann	for a man [fər ə mæn]
Es sollte ... sein.	**It should be ... .** [ɪt ʃəd bɪ]
bequem	comfortable ['kʌmftəbl]
modisch	fashionable ['fæʃnəbl]
nicht zu teuer	inexpensive [ɪnɪk'spensɪv]
typisch englisch / irisch	typically English / Irish ['tɪpɪkəlɪ 'ɪŋglɪʃ / 'aɪrɪʃ]
Was für ein Material ist das?	What material is it? [wɒt mə'tɪərɪəl ɪz ɪt]
• It's made of ... . [ɪts meɪd əv]	Das ist aus ... .

6

Materialien

Glas	glass [glɑːs]
Holz	wood / timber [wʊd / 'tɪmbə]
Leder	leather ['leðə]
Metall	metal ['metl]
Plastik	plastic ['plæstɪk]
Porzellan	porcelain / china ['pɔːsəlɪn / 'tʃaɪnə]

Formen	
eckig	angular ['æŋgjʊlə]
oval	oval ['əʊvl]
rund	round [raʊnd]
viereckig	square [skweə]

▶ Wörterbuch
▶ Kap. 1, Farben S. 36
▶ Kap. 6, Stoffe, Muster & Schnitte S. 169

Bewerten & sich entscheiden

Das nehme ich.	I'll take that. [aɪl teɪk ðæt]
Das gefällt mir.	I like that. [aɪ laɪk ðæt]
Die Farbe / Form gefällt mir (nicht).	I (don't) like this colour / shape. [aɪ (dəʊnt) laɪk ðɪs 'kʌlə / ʃeɪp]
Ich muß es mir nochmals überlegen.	I'll have to think about it. [aɪl hæv tə θɪŋk ə'baʊt ɪt]
Haben Sie das auch noch in einer anderen ...?	**Have you got that in another ...?** [həv jʊ gɒt ðæt ɪn ə'nʌðə]
Farbe	colour ['kʌlə]
Größe	size [saɪz]
• No, unfortunately not. [nəʊ ʌn'fɔːtʃnətlɪ nɒt]	Leider nicht.
• Perhaps we have it in our other store. Shall I enquire about it? [pə'hæps wɪ hæv ɪt ɪn 'aʊə 'ʌðə stɔː ʃəl aɪ ɪn'kwaɪə ə'baʊt ɪt]	Vielleicht haben wir es noch in unserem anderen Geschäft. Soll ich nachfragen?

6

Könnten Sie es mir bestellen / zurücklegen? | Could you order it / put it aside for me? [kʊd jʊ 'ɔːdər ɪt / pʊt ɪt ə'saɪd fə mɪ]

Fragen zum Preis

Beim Winterschlußverkauf stehen auf günstige Angebote erpichte Käufer (= *bargain hunters*) oft schon in der Nacht zum 2. Weihnachtsfeiertag Schlange.

SPECIAL OFFER
Sonderangebot

CLEARANCE SALE
Räumungsverkauf

Wie teuer ist das? | How much is it? [haʊ mʌtʃ ɪz ɪt]

6

• How much would you like to spend? [haʊ mʌtʃ wəd jʊ laɪk tə spend] | Wieviel möchten Sie ausgeben?

Nicht mehr als ... Pfund. | No more than ... pounds. [nəʊ mɔː ðən ... paʊndz]

► Kap. 1, Bezahlen S. 20

Umtausch & Reklamation

SALES GOODS CANNOT BE EXCHANGED
Reduzierte Ware ist vom Umtausch ausgeschlossen

Ich möchte das umtauschen / zurückgeben.	I'd like to exchange / return this. [aɪd laɪk tʊ ɪks'tʃeɪndʒ / rɪ'tɜːn ðɪs]
• Do you have your receipt? [dʊ jʊ hæv jɔː rɪ'siːt]	Haben Sie noch die Quittung?
Ich möchte lieber das Geld zurück.	I'd prefer to get my money back. [aɪd prɪ'fɜː tə get maɪ 'mʌnɪ bæk]

Lebensmittel

Der Einkauf im Tante-Emma-Laden gehört in GB und IRL noch nicht der Vergangenheit an. In GB kauft man frisches Obst und Gemüse sowie Milchprodukte oft in Markthallen (= *in-door / covered markets*). In fast allen größeren Städten gibt es inzwischen auch Spezialgeschäfte für biologische und dietätische Lebensmittel (= *health food shops*). Man beachte, daß die „imperiale" Maßeinheit des *pound* nur 453,6 Gramm entspricht. Einer Verordnung der britischen Regierung folgend müssen abgepackte Lebensmittel inzwischen in Dezimalgewichten ausgezeichnet sein.

6

Mengenangaben

• How much would you like? [haʊ mʌtʃ wəd jʊ laɪk]	Wieviel möchten Sie (davon)?
Ich möchte	**I'd like ... .** [aɪd laɪk]
ein halbes Pfund Hackfleisch	half a pound of minced meat [hɑːf ə paʊnd əv mɪnst miːt]
2 Pfund Rindergulasch	two pounds of steak pieces [tuː paʊndz əv steɪk piːsɪz]
1 Liter Milch	one litre of milk [wʌn 'liːtər əv mɪlk]

Geben Sie mir bitte ...!	**Please give me ...!** [pli:z gɪv mɪ]
etwas mehr / weniger	a bit more / less [ə bɪt mɔ: / les]
die Hälfte (davon)	half (of it) [hɑ:f (əv ɪt)]
Ich möchte	**I'd like a ... .** [aɪd laɪk ə]
ein Bund Radieschen	bunch of radishes [bʌntʃ əv 'rædɪʃɪz]
eine Dose Bier	can of beer [kæn əv bɪə]
eine Flasche Mineralwasser	bottle of mineral water ['bɒtl əv 'mɪnrəl 'wɔ:tə]
eine Packung Plätzchen	packet of biscuits [''pækɪt əv 'bɪskɪts]
eine Scheibe Schinken	slice of ham [slaɪs əv hæm]
ein Stück Käse	piece of cheese [pi:s əv tʃi:z]
Das ist genug.	That will do. [ðæt wɪl du:]

► Kap. 1, Maß- & Mengeneinheiten S. 18

6

Glossar: Grundnahrungsmittel

Brot (= *bread)* ist in GB und IRL zuallererst Weißbrot in verschiedenen Formen und Größen. Grau- und Schwarzbrot sind unbekannt. Statt dessen gibt es *brown bread*, sei es als Vollkornbrot (= *granary loaf*) oder feiner gemahlen, stets aber von geringerer Konsistenz als in Deutschland. Weit verbreitet ist französisches Stangenbrot (= *French bread).*

Brot	bread [bred]
Bauern~	farmhouse ~ ['fɑ:mhaʊs]
Vollkorn~	wholemeal ~ ['həʊlmi:l]
Weiß~	white ~ [waɪt]
Brötchen	roll / bap / bun [rəʊl / bæp / bʌn]

Butter	butter ['bʌtə]
Eier	eggs [egz]
Fisch	fish [fɪʃ]
Fleisch	meat [mi:t]
Geflügel	poultry ['pəʊltrɪ]
Gemüse	vegetables *pl.* ['vedʒtəblz]
Kaffee	coffee ['kɒfɪ]
Kartoffeln	potatoes [pə'teɪtəʊz]
Käse	cheese [tʃi:z]
Mehl	flour ['flaʊə]
Milch	milk [mɪlk]
Nudeln	pasta ['pæstə]
Obst	fruit [fru:t]
Reis	rice [raɪs]
Salz	salt [sɔ:lt]
Tee	tea [ti:]
Wurst	cold meat [kəʊld mi:t]
Zucker	sugar ['ʃʊgə]

Glossar: Käse & Wurstwaren

Beim Käse unterscheidet man zwischen Hartkäse (= *hard cheese*) und Weichkäse (= *soft cheese*) bzw. Streichkäse (= *cheese spread*), Frischkäse (= *cream cheese*) und ausgereiftem Käse (= *mature cheese*). Insgesamt ist die Palette der einheimischen Käsesorten eher begrenzt, doch werden in jüngster Zeit Anstrengungen unternommen, in Nachahmung kontinentaler Sorten und in Rückbesinnung auf alte Traditionen das Angebot zu erweitern. Auch das Angebot an Wurstwaren ist im Vergleich zum deutschen eher begrenzt. Das Wort *salami* schließt oft auch Fleischwurst und Mortadella mit ein.

cheese [tʃiːz]	**Käse**
blue cheese [bluː tʃiːz]	Blauschimmel- oder Edelpilzkäse
cottage cheese ['kɒtɪdʒ tʃiːz]	Hüttenkäse
Edam ['iːdæm]	Edamer
goat cheese [gəʊt tʃiːz]	Ziegenkäse
Lancashire ['læŋkəʃə]	weißer, bröseliger Käse nach Bauernart
Cheddar ['tʃedə]	Allzweckkäse in den Varianten *red*, *white*, *mild* und *mature*
Cheshire ['tʃeʃə]	milder Chesterkäse
sheep's milk cheese [ʃiːps mɪlk tʃiːz]	Schafskäse
Stilton ['stɪltən]	scharfer Blauschimmelkäse
Wensleydale ['wenzlɪdeɪl]	weißer, bröseliger Käse

6

cold meats and sausages [kəʊld miːts ən 'sɒsɪdʒɪz]	**Wurst und Würstchen**
bacon / (IRL) rashers *pl.* ['beɪkən / 'ræʃəz]	Frühstücksspeck
billy roll ['bɪlɪ rəʊl]	gefärbte Mortadella mit Clownsgesicht
black pudding [blæk 'pʊdɪŋ]	gegrillte Blutwurst
cocktail sausage ['kɒkteɪl 'sɒsɪdʒ]	Cocktailwürstchen
Cumberland sausage ['kʌmbələnd 'sɒsɪdʒ]	Bratwurst
ham [hæm]	Schinken
cooked ~ [kʊkt]	gekochter ~
smoked ~ [sməʊkt]	geräucherter ~
white pudding [waɪt 'pʊdɪŋ]	gegrillte Hausmacherleberwurst

Glossar: Fleisch

Lamm wird weit häufiger gegessen als in Deutschland, Kalb dagegen kaum. Bevorzugte Servierformen sind Braten (= *roast / joint*) und *steak*. Die Fleischstücke werden insgesamt anders geschnitten als auf dem Kontinent, wovon auch ein Begriff wie *continental cut* zeugt.

Fleisch	**meat** [mi:t]
Rind~	beef [bi:f]
Lamm~	lamb [læm]
Hammel~	mutton ['mʌtn]
Schweine~	pork [pɔ:k]
Kalb~	veal [vi:l]
Hack~	mince [mɪns]
Bruststück	brisket ['brɪskɪt]
Filet	fillet ['fɪlɪt]
Lendenstück	piece of loin [pi:s əv lɔɪn]
Keule	leg [leg]
Kotelett	chop / cutlet [tʃɒp / 'kʌtlɪt]
Rückenstück	rack [ræk]
Schnitzel	cutlet / escalope ['kʌtlɪt / e'skælɒp]
Schulterstück	shoulder ['ʃəʊldə]
Geflügel	**poultry** [''pəʊltrɪ]
Ente	duck [dʌk]
Gans	goose [gu:s]
Hähnchen	chicken ['tʃɪkɪn]
~brust	~ breast [brest]
~keule	~ drumstick ['drʌmstɪk]
Pute / Truthahn	turkey [''tɜ:kɪ]

▶ Kap. 5, Fleisch & Geflügel S. 139

6

Glossar: Fisch

Fisch & Meeresfrüchte	**fish & seafood** [fiʃ ən 'si:fu:d]
Auster	oyster ['ɔɪstə]
Forelle	trout [traʊt]
Garnele	shrimp [ʃrɪmp]
Hummer	lobster ['lɒbstə]
Kabeljau	cod [kɒd]
Krabbe	crab [kræb]
Lachs	salmon ['sæmən]
Makrele	mackerel ['mækrəl]
Miesmuschel	mussel ['mʌsl]
Sardelle	anchovy ['æntʃəvɪ]
Sardine	sardine [sɑ:'di:n]
Schellfisch	haddock ['hædək]
Scholle	plaice [pleɪs]
Seezunge	sole [səʊl]
Tintenfisch	squid [skwɪd]
Thunfisch	tuna ['tju:nə]

► Kap. 5, Fisch & Meeresfrüchte S. 137
► Wörterbuch

Glossar: Gemüse

Gemüse	**vegetables** *pl.* ['vedʒtəblz]
Bohne	bean [bi:n]
Champignon	mushroom ['mʌʃrʊm]
Chicorée	chicory ['tʃɪkərɪ]

Erbse	pea [piː]
Gurke	cucumber ['kjuːkʌmbə]
Kartoffel	potato [pə'teɪtəʊ]
Knoblauch	garlic ['gɑːlɪk]
Kohl	cabbage ['kæbɪdʒ]
Kopfsalat	lettuce ['letɪs]
Mais	maize [meɪz]
Möhre	carrot ['kærət]
Lauch	leek [liːk]
Paprika	pepper ['pepə]
Spinat	spinach ['spɪnɪdʒ]
Tomate	tomato [tə'mɑːtəʊ]
Zwiebel	onion ['ʌnjən]

► Kap. 5, Beilagen S. 141

Glossar: Obst

Obst	**fruit** [fruːt]
Ananas	pineapple ['paɪnæpl]
Apfel	apple ['æpl]
Aprikose	apricot ['eɪprɪkɒt]
Apfelsine	orange ['ɒrɪndʒ]
Banane	banana [bə'nɑːnə]
Birne	pear [peə]
Brombeere	blackberry ['blækbərɪ]
Blaubeere	blueberry ['bluːbərɪ]
Erdbeere	strawberry ['strɔːbərɪ]
Himbeere	raspberry ['rɑːzbərɪ]

Honigmelone	honeydew melon ['hʌnɪdju: 'melən]
Kirsche	cherry ['tʃerɪ]
Mandarine	mandarin ['mændərɪn]
Pfirsich	peach [pi:tʃ]
Pflaume	plum [plʌm]
Rhabarber	rhubarb ['ru:bɑ:b]
rote Johannisbeere	redcurrant [red'kʌrənt]
schwarze Johannisbeere	blackcurrant [blæk'kʌrənt]
Stachelbeere	gooseberry ['gʊzbərɪ]
Weintraube	grape [greɪp]
Wassermelone	watermelon ['wɔ:təmelən]
Zitrone	lemon ['lemən]
Zwetschge	damson ['dæmzən]

▶ Wörterbuch

6

Kleidung & Textilien

London gilt neben Paris und Mailand als eines der wichtigsten Modezentren der Welt. Ob Oxford Street oder Portobello Road – wichtig ist, daß Sie die richtige Konfektionsgröße nennen können.

Konfektionsgrößen

Damenkleider, -kostüme und -mäntel

D	36	38	40	42	44	46	48	50	52
GB / IRL	30	32	34	36	38	40	42	44	46

Herrenanzüge und -mäntel

D	42	44	46	48	50	52	54	56
GB / IRL	32	34	36	38	40	42	44	46

Herrenhemden (Kragenweite)

D	34	35	36	37	38	39	40	41	42	43	44
GB / IRL	13	13½	14	14½	15	15½	15¾	16	16½	17½	17½

Ich suche ... . — I'm looking for ... . [aɪm 'lʊkɪŋ fə]

• What size are you? [wɒt saɪz ə ju:] — Welche (Konfektions-)Größe haben Sie?

Ich trage Größe 40. — I'm size forty. [aɪm saɪz 'fɔ:tɪ]

Anprobe

Wo kann ich das anprobieren? — Where can I try this on? [weə kən aɪ traɪ ðɪs ɒn]

• It suits you (very well indeed)! [ɪt sju:ts jʊ (verɪ wel ɪn'di:d)] — Das steht Ihnen (wirklich sehr) gut!

Das paßt mir nicht! — It doesn't fit me! [ɪt 'dʌznt fɪt mɪ]

Das ist zu ...! — **It's too ...!** [ɪts tu:]
eng — tight [taɪt]
weit — wide / loose / baggy [waɪd / lu:s / 'bægɪ]
kurz — short [ʃɔ:t]
lang — long [lɒŋ]

▶ Kap. 6, Verkaufsgespräche S. 155

Glossar: Kleidungsstücke

Mantel	coat [kəʊt]
Regen~	rain~ / mackintosh / mac [reɪn / 'mækɪntɒʃ / mæk]
Hut	hat [hæt]
Mütze	cap [kæp]
Handschuhe	gloves [glʌvz]
Schal	scarf [skɑːf]
Jacke	jacket ['dʒækɪt]
Strickjacke	cardigan ['kɑːdɪgən]
Pullover	jumper / sweater ['dʒʌmpə / 'swetə]
Hemd	shirt [ʃɜːt]
Hose	trousers *pl.* ['traʊzəz]
Jogginganzug	track / jogging suit [træk / 'dʒɒgɪŋ sjuːt]
Morgenmantel	dressing-gown ['dresɪŋgaʊn]
Schlafanzug	pyjamas *pl.* [pə'dʒɑːməz]
Unterwäsche	underwear ['ʌndəweə]
Damenkleidung	**women's clothing** ['wɪmɪnz 'kləʊðɪŋ]
Kleid	dress [dres]
Kostüm	suit [sjuːt]
Rock	skirt [skɜːt]
Bluse	blouse [blaʊz]
Schultertuch	shawl [ʃɔːl]
Strümpfe	stockings ['stɒkɪŋz]
Feinstrumpfhose	pantihose ['pæntɪhəʊz]
Strumpfhose	tights *pl.* [taɪts]

6

Slip	briefs *pl.* / knickers *pl.* / panties *pl.* [bri:fs / 'nɪkəz / 'pæntɪz]
BH	brassière / bra ['bræsɪə / brɑ:]
Nachthemd	night-dress ['naɪtdres]
Herrenkleidung	**men's clothing** [menz 'kləʊðɪŋ]
Anzug	suit [sju:t]
Jackett	jacket ['dʒækɪt]
Weste	waistcoat ['weɪstkəʊt]
Krawatte	(neck-)tie [('nek)taɪ]
Hosenträger	braces ['breɪsɪz]
Socken	socks [sɒks]
Unterhemd	vest [vest]
Unterhose	briefs *pl.* / underpants *pl.* [bri:fs / 'ʌndəpænts]

▶ Wörterbuch
▶ Kap. 7, Glossar: Badeurlaub S. 184

6

Stoffe, Muster & Schnitte

Was ist das für ein Stoff / Material?	What sort of cloth / material is this? [wɒt sɔ:t əv klɒθ / mə'tɪərɪəl ɪz ðɪs]
• **It's … .** [ɪts]	**Es ist … .**
(pure) new wool [(pjʊə) nju: wʊl]	(reine) Schurwolle
silk [sɪlk]	Seide
cotton [''kɒtn]	Baumwolle
(genuine) leather [('dʒenjʊɪn) 'leðə]	(echtes) Leder
linen ['lɪnɪn]	Leinen
synthetic material [sɪn'θetɪk mə'tɪərɪəl]	Synthetik

Muster	**patterns** ['pætənz]
bunt	colourful ['kʌləfʊl]
einfarbig	plain [pleɪn]
geblümt	flowered ['flaʊəd]
gestreift	striped [straɪpt]
kariert	checked [tʃekt]
Schnitte	**cuts** [kʌts]
Ausschnitt	neck [nek]
Ärmel	sleeve [sliːv]
kurzärmlig	short-sleeved ['ʃɔːtsliːvd]
langärmlig	long-sleeved ['lɔːŋsliːvd]
Falten	pleats [pliːts]
Futter	lining ['laɪnɪŋ]
Kapuze	hood [hʊd]
Knopf	button ['bʌtn]
Reißverschluß	zip [zɪp]
Rollkragen	polo-neck ['pəʊləʊnek]

► Kap. 1, Farben S. 36

Schuhe & Lederwaren

Schuhkauf

Deutsche und englische Schuhgrößen stimmen nicht überein, und bevor Sie ein Schuhgeschäft betreten, sollten Sie sich vergewissern, welche ungefähre *britisch-irische* Schuhgröße Sie haben. Trotz des allmählichen Vordringens kontinentaler Maßeinheiten und paralleler Angaben am Schuhwerk selbst dürften viele Verkäufer/innen Größe 42 für die eines Riesen halten.

GB / IRL	2½	3½	4	5	6	7	7½	8	9	10	11
D	35	36	37	38	39	40	41	42	43	44	45

- What size (do you take)? [wɒt saɪz (dʊ jʊ teɪk)] — Welche Schuhgröße (haben Sie)?

Größe 39. — Size six. [saɪz sɪks]

Haben Sie die eine Nummer größer? — Have you got them a size larger? [həv jʊ gɒt ðəm ə saɪz 'lɑ:dʒə]

Haben Sie die (auch) in Braun? — Have you got these in brown (as well)? [həv jʊ gɒt ði:z ɪn braʊn (əz wel)]

Diese sind leider zu ... . — **I'm afraid they're too ... .** [aɪm ə'freɪd ðeə tu:]

unbequem — uncomfortable [ʌn'kɒmftəbl]
eng / groß — tight / big [taɪt / bɪg]

Sie drücken hier. — They're pressing here. [ðeə 'presɪŋ hɪə]

▶ Kap. 1, Farben S. 36

Schuhe	**shoes**
Badeschlappen	flip-flops ['flɪpflɒps]
Gummistiefel	wellingtons ['welɪŋtənz]
Hausschuhe / Pantoffeln	slippers / mules ['slɪpəz / mju:lz]
Pumps	court shoes [kɔ:t ʃu:z]
Sandalen	sandals ['sændlz]
Schnürschuhe	lace-ups ['leɪsʌps]

6

Schuhe mit hohem / niedrigem Absatz	high- / low-heeled shoes ['haɪ / 'ləʊhi:ld ʃu:z]
Slipper	slip-on shoes [slɪp'ɒn ʃu:z]
Sportschuhe	casual shoes ['kæʒʊəl ʃu:z]
Stiefel	boots [bu:ts]
Tennisschuhe	plimsolls ['plɪmsəlz]
Turnschuhe	runners / trainers ['rʌnəz / 'treɪnəz]

SHOES REPAIRED

Schuhreparatur

HEELS WHILE YOU WAIT

Absatzschnelldienst

Glossar: Lederwaren

6

Leder	**leather** ['leðə]
Chamois~	chamois-~ ['ʃæmɪ]
echtes ~	real / genuine ~ [rɪəl / 'dʒenjʊɪn]
Nappa~	nappa ['næpə]
Lack~	patent ~ ['peɪtənt]
Wild~	suede [sweɪd]
Lederwaren	**leatherware** ['leðəweə]
Aktentasche	brief-case ['bri:fkeɪs]
Brieftasche	wallet ['wɒlɪt]
Gürtel	belt [belt]
Handschuhe	gloves [glʌvz]
Handtasche	handbag ['hændbæg]
Jacke	jacket ['dʒækɪt]
Koffer	suitcase ['sju:tkeɪs]

Portemonnaie	purse [pɜːs]
Reisetasche	hold-all ['həʊldɔːl]
Rucksack	backpack ['bækpæk]
Umhängetasche	shoulder bag ['ʃəʊldə bæg]

Die meisten englischen und irischen Männer tragen ihr Kleingeld lose klimpernd in der Hosentasche und benötigen deswegen kein Portemonnaie, sondern nur eine Scheintasche (= *wallet*).

Glossar: Körperpflegeartikel & Kosmetika

Körperpflegeartikel erhalten Sie im Supermarkt (= *supermarket*), im Kaufhaus (= *department store*) sowie in der Drogerie / Apotheke (= *chemist's / pharmacy*).

6

Bürste	brush [brʌʃ]
Kamm	comb [kəʊm]
Seife	soap [səʊp]
Duschgel	shower gel ['ʃaʊər dʒel]
Haarshampoo	shampoo [ʃæm'puː]
~ für trockenes Haar	~ for dry hair [fə draɪ heə]
~ für fettiges Haar	~ for greasy hair [fə 'griːzɪ heə]
Hautcreme	skin cream [skɪn kriːm]
Tages- / Nachtcreme	day / night cream [deɪ / naɪt kriːm]
Feuchtigkeitscreme	moisturizing cream ['mɔɪstʃəraɪzɪŋ kriːm]

Sonnenmilch	sun-tan lotion ['sʌntæn 'ləʊʃn]
Zahnbürste	toothbrush ['tu:θbrʌʃ]
Zahnpasta	toothpaste ['tu:θpeɪst]
Nagelfeile / -schere	nail-file / scissors ['neɪlfaɪl / sɪzəz]
Spezial: Männer	
(elektrischer) Rasierapparat	(electric) razor [(ɪ'lektrɪk) 'reɪzə]
Rasierklinge	razor-blade ['reɪzəbleɪd]
Rasierpinsel	shaving-brush ['ʃeɪvɪŋbrʌʃ]
Rasierseife	shaving-soap ['ʃeɪvɪŋsəʊp]
Rasierwasser	aftershave ['ɑ:ftəʃeɪv]
Spezial: Frauen	
Lidschatten	eye-shadow ['aɪʃædəʊ]
Lippenstift	lipstick ['lɪpstɪk]
Nagellack	nail varnish [neɪl 'vɑ:nɪʃ]
~entferner	~ remover [rɪ'mu:və]
Parfum	perfume ['pɜ:fju:m]
Puder	powder ['paʊdə]
Rouge	fard / rouge [fɑ:d / ru:ʒ]
Wimperntusche	mascara [mæ'skɑ:rə]
Binde	sanitary towel ['sænɪtərɪ 'taʊəl]
Tampon	tampon ['tæmpɒn]

► Wörterbuch
► Kap. 9, In der Apotheke S. 243

Glossar: Babyartikel

Die meisten Pflegeartikel finden Sie in der Apotheke. Windeln (= *nappies)* und Babynahrung kauft man günstiger im Supermarkt.

Babynahrung	baby food ['beɪbɪ fuːd]
Babywäsche	baby clothes ['beɪbɪ kləʊðz]
Fläschchen	bottle ['bɒtl]
~wärmer	~ warmer ['wɔːmə]
Kindersitz	high chair [haɪ tʃeə]
Lätzchen	bib [bɪb]
Säuglingsmilch	baby milk ['beɪbɪ mɪlk]
Schnuller	dummy / comfort ['dʌmɪ / 'kʌmfət]
Spielzeug	toys [tɔɪz]
Strampelhöschen	rompers *pl.* ['rɒmpəz]
Wärmflasche	hot-water bottle [hɒt'wɔːtə 'bɒtl]
Windel	nappy ['næpɪ]

▶ Wörterbuch
▶ Kap. 9, In der Apotheke S. 243

Foto & Film

Ich möchte einen 24 / 36er	**I'd like ... with 24 / 36 exposures .** [aɪd laɪk ... wɪð twentɪ'fɔː / θɜːtɪ'sɪks ɪk'spəʊʒəz]
Farbfilm	a colour film [ə 'kʌlə fɪlm]
Schwarzweißfilm	a black-and-white film [ə blækən'waɪt fɪlm]
Diafilm	a film for slides [ə fɪlm fə slaɪdz]
Haben Sie für diesen Apparat ...?	**Do you have ... for this camera?** [dʊ jʊ hæv ... fə ðɪs 'kæmərə]
Blitzlichter	flashes ['flæʃɪz]
Batterien	batteries ['bætərɪz]

Könnten Sie mir ...?	**Could you please ...?** [kəd jʊ pli:z]
den Film einlegen	put in the film [pʊt ɪn ðə fɪlm]
diesen Film entwickeln	develop this film [dɪ'veləp ðɪs fɪlm]
• What size? [wɒt saɪz]	Welches Format?
• Gloss or matt finish? [glɒs ɔ: mæt 'fɪnɪʃ]	Hochglanz oder matt?
Ich möchte gerne Paßbilder machen lassen.	I'd like to have some passport photos done. [aɪd laɪk tə hæv sʌm 'pɑ:spɔ:t 'fəʊtəʊz dʌn]
Wann kann ich die Fotos abholen?	When can I pick up the photos? [wen kən aɪ pɪk ʌp ðə 'fəʊtəʊz]

Tabakwaren

6

Tabakläden (= *tobacconists)* gibt es in GB und IRL relativ wenige. Meist sind es die Zeitungshändler (= *newsagents*) und Süßwarenhändler (= *sweetshops*) oder aber die Tankstellen (= *filling stations*), die auch „blauen Dunst" verkaufen. Öffentliche Zigarettenautomaten gibt es hingegen kaum. Da aber die meisten Pubs auch Zigaretten, Zigarren und Pfeifentabak führen, kommen Sie auch abends noch an Ihre Packung.

Ich möchte ein/e	**I'd like a ... .** [aɪd laɪk ə]
Päckchen Zigaretten	packet of cigarettes ['pækɪt əv sɪgə'rets]
Packung Pfeifentabak	packet of tobacco ['pækɪt əv 'təbækəʊ]
Schachtel Streichhölzer	box of matches [bɒks əv 'mætʃɪz]
Stange ...	carton of ... ['kɑ:tən əv]

Feuerzeug	lighter ['laɪtə]
Pfeife	pipe [paɪp]
~nreiniger	~ cleaner ['kli:nə]
~nstopfer	tobacco-stopper [tə'bækəʊstɒpə]
~ntabak	~ tobacco [tə'bækəʊ]
Streichholz	match(stick) ['mætʃ(stɪk)]
Tabakdose	tobacco jar [tə'bækəʊ dʒɑ:]
Zigarre	cigar [sɪ'gɑ:]
Zigarette (mit / ohne Filter)	cigarette (with / without filter) [sɪgə'ret (wɪθ / wɪθ'aʊt 'fɪltə)]
~npapier	~ papers *pl.* ['peɪpəz]
~nspitze	~ holder ['həʊldə]
Zigarillo	cigarillo [sɪgə'rɪləʊ]

Zeitungen, Bücher & Schreibwaren

6

Da die Zeitung in GB und IRL meist nicht ins Haus geliefert wird, ist der Gang zum Zeitungshändler (= *newsagent*) oder zum Zeitungsstand (= *newspaper stall*) so obligatorisch wie der Gang in den *pub*. Die größten seriösen überregionalen Zeitungen heißen in GB: *The Financial Times, The Times, The Independent, The Guardian, The Daily Telegraph*, in IRL: *The Irish Times* und *The Irish Independent*.

Haben Sie deutschsprachige ...?	**Have you got German ...?** [həv jʊ gɒt 'dʒɜ:mən]
Zeitungen	newspapers ['nju:speɪpəz]
Zeitschriften	magazines [mægə'zi:nz]
Bücher	books [bʊks]
Reiseführer	guidebooks ['gaɪdbʊks]

Führen Sie auch ...?	**Do you sell ...?** [dʊ jʊ sel]
Ansichtskarten	postcards ['pəʊstkɑ:dz]
Briefmarken	stamps [stæmps]
Landkarten	maps [mæps]
Stadtpläne	street maps [stri:t mæps]

• **The paper ... .** [ðə 'peɪpə]	**Die Zeitung ... .**
hasn't arrived (yet) ['hæznt ə'raɪvd (jet)]	ist (noch) nicht eingetroffen
will arrive later [wɪl ə'raɪv 'leɪtə]	kommt später

Schreibwaren	**stationery** ['steɪʃnərɪ]
Bleistift	pencil ['pensl]
Briefpapier	writing-paper ['raɪtɪŋpeɪpə]
Briefumschlag	envelope ['envələʊp]
Buntstift	coloured pencil ['kʌləd 'pensl]

Filzstift	felt-tip pen ['felttɪp pen]
Füller	fountain pen ['faʊntɪn pen]
Heft	notebook ['nəʊtbʊk]
Kugelschreiber	ball-pen / biro ['bɔːlpen / 'baɪrəʊ]

▶ Kap. 10, Bürobedarf & Ausstattung S. 271

Musik

Führen Sie irische Volksmusik? — Have you got Irish folk-music? [həv jʊ gɒt 'aɪrɪʃ 'fəʊkmjuːzɪk]

Wo finde ich Rockmusik? — Where do I find rock music? [weə dʊ aɪ faɪnd rɒk 'mjuːzɪk]

Ich suche eine ... von Sinéad O'Connor. — **I'm looking for ... by Sinéad O'Connor.** [aɪm 'lʊkɪŋ fə ... baɪ 'ʃɪneɪd əʊ'kɒnə]

CD — a CD [ə siː'diː]
Kassette — a cassette [ə kə'set]

Kofferradio	portable radio ['pɔːtəbl 'reɪdɪəʊ]
Kopfhörer	headphones ['hedfəʊnz]
Batterie	battery ['bætərɪ]
Walkman	walkman / personal stereo ['wɔːkmən / 'pɜːsənəl 'sterɪəʊ]

▶ Wörterbuch
▶ Kap. 7, Konzerte, Opern, Theater S. 206

6

Schmuck & Uhren

Meine Uhr geht nach / vor.	My watch is slow / fast. [maɪ wɒtʃ ɪz sləʊ / fɑːst]
Könnten Sie bitte …?	**Could you …, please?** [kəd jʊ … pliːz]
die Batterie austauschen	replace the battery [rɪˈpleɪs ðə ˈbætərɪ]
meine Uhr reparieren	mend / repair my watch [mend / rɪˈpeə maɪ wɒtʃ]
Was kostet die Reparatur?	How much will the repair cost? [haʊ mʌtʃ wɪl ðə rɪˈpeə kɒst]

Anhänger	pendant [ˈpendənt]
Armband	bracelet [ˈbreɪslɪt]
Armbanduhr	watch [wɒtʃ]
Brosche	brooch [brəʊtʃ]
Halskette	necklace [ˈneklɪs]
Perlen~	pearl ~ [pɜːl]
Medaillon	locket [ˈlɒkɪt]
Ohrring	earring [ˈɪərɪŋ]
Ring	ring [rɪŋ]
Diamant	diamond [ˈdaɪəmənd]
(echt) Gold	(pure) gold [(pjʊə) gəʊld]
vergoldet	gilded [ˈgɪldɪd]
Silber	silver [ˈsɪlvə]
versilbert	silver-plated [sɪlvəˈpleɪtɪd]

► Wörterbuch
► Kap. 6, Die Ware beschreiben S. 156

6

Brillen & mehr

Ich möchte eine … .	**I'd like a pair of … .** [aɪd laɪk ə peər əv]
Brille	glasses / spectacles ['glɑ:sɪz / 'spektəklz]
Lesebrille	reading glasses ['ri:dɪŋ 'glɑ:sɪz]
Schwimmbrille	goggles ['gɒglz]
Sonnenbrille	sunglasses ['sʌnglɑ:sɪz]
Das Gestell / Glas ist kaputtgegangen.	The frame / lens broke. [ðə freɪm / lenz broʊk]
Können Sie die Brille reparieren?	Could you repair these glasses? [kəd jʊ rɪ'peə ði:s 'glɑ:sɪz]
Ich habe eine Kontaktlinse verloren.	I've lost a contact lens. [aɪv lɒst ə "kɒntækt lenz]
Ich bin kurzsichtig / weitsichtig.	I'm short-sighted / long-sighted. [aɪm ʃɔ:t'saɪtɪd / lɒŋ'saɪtɪd]

6

Brillenetui	spectacle-case ['spektəklkeɪs]
Brillenglas	lens [lenz]
entspiegelt	non-reflective [nɒnrɪ'flektɪv]
getönt	tinted ['tɪntɪd]
Feldstecher / Fernglas	binoculars *pl.* [baɪ'nɒkjʊləz]
Kontaktlinsen	contact lenses ['kɒntækt 'lenzɪz]
weich	soft [sɒft]
hart	hard [hɑ:d]
Reinigungslösung	cleansing solution ['klenzɪŋ sə'lu:ʃn]
Aufbewahrungslösung	rinsing solution ['rɪnsɪŋ sə'lu:ʃn]

Antiquitäten, Kunst & Kunsthandwerk

Woher kommt das?	Where's this from? [weəz ðɪs frɒm]
Aus welcher ... stammt das?	**What ... is this from?** [wɒt ... ɪz ðɪs frɒm]
Zeit	period ['pɪərɪəd]
Gegend	area ['eərɪə]
• From the seventeenth / eighteenth century. [frəm ðə sevn'tiːnθ / eɪ'tiːnθ 'sentʃʊrɪ]	Aus dem 17. / 18. Jahrhundert.

► Wörterbuch
► Kap. 6, Die Ware beschreiben S. 156, Schmuck & Uhren S. 180

ENTSPANNUNG, SPORT & KULTUR 7

Badeurlaub

Die Britischen Inseln werden nie jenes Schwimmwetter bieten, das Millionen Menschen ans Mittelmeer zieht. Selbst die englischen Arbeiterfamilien, die zu Tausenden die berühmten Seebäder (= *seaside resorts*) wie Blackpool, Brighton oder Scarborough bevölkerten, bevorzugen längst die Costa Brava und die Costa del Sol. Doch für alle, die kaltes Naß nicht scheuen, gibt es herrliche Strände (= *beaches*), ob einsam gelegen oder zu „Freizeitparadiesen" mit Vergnügungsparks, Spielhallen und *Fish & Chips*-Ständen ausgebaut.

Gibt es hier eine Bademöglichkeit?	Can you go for a swim here? [kən jʊ gəʊ fər ə swɪm hɪə]
Gibt es hier in der Nähe ein/en ...?	**Is there a ... nearby?** [ɪz ðər ə ... nɪə'baɪ]
Fluß	river / stream ['rɪvə / striːm]
See	lake [leɪk]
schönen Strand	nice beach [naɪs biːtʃ]
Schwimmbad	swimming pool ['swɪmɪŋ puːl]
Wie komme ich zum Strand?	How do I get to the beach? [haʊ dʊ aɪ get tə ðə biːtʃ]

Am Strand

An bewachten Strandabschnitten signalisiert die rote Fahne (= *red flag*) absolutes Badeverbot.

PRIVATE BEACH Privatstrand	**NO SWIMMING** Baden verboten

Ist der Strand (hier) ...?	**Is the beach (here) ...?** [ɪz ðə biːtʃ (hɪə)]
felsig	rocky ['rɒkɪ]
sandig	sandy ['sændɪ]
steinig	pebbly ['peblɪ]
Ist das Wasser ...?	**Is the water ...?** [ɪz ðə 'wɔːtə]
kalt / warm	cold / warm [kəʊld / wɔːm]
sauber / schmutzig	clean / polluted [kliːn / pə'luːtɪd]
tief / seicht	deep / shallow [diːp / 'ʃæləʊ]
Wird das Wasser (regelmäßig) kontrolliert?	Is the water (regularly) inspected? [ɪz ðə 'wɔːtə ('regjʊləlɪ) ɪn'spektɪd]
Ist es für Kinder gefährlich?	Is it dangerous for children? [ɪz ɪt 'deɪndʒərəs fə 'tʃɪldrən]
Gibt es ...?	**Are there ...?** [ɑː ðeə]
starke Strömungen	strong currents [strɒŋ 'kʌrənts]
Quallen	jelly-fish ['dʒelɪfɪʃ]
viele Algen	lots of seaweed [lɒts əv 'siːwiːd]
Wann ist Ebbe / Flut?	When is low / high tide? [wen ɪz ləʊ / haɪ taɪd]
Ist es erlaubt zu ...?	**Is ... permitted?** [ɪz ... pə'mɪtɪd]
angeln	fishing ['fɪʃɪŋ]
schwimmen	swimming ['swɪmɪŋ]
Ich möchte gern ein ... mieten.	**I'd like to rent a ... .** [aɪd laɪk tə rent ə]
Tretboot	pedalboat ['pedlbəʊt]
Surfbrett	surfboard ['sɜːfbɔːd]
Wie hoch ist die Miete für eine Stunde / einen Tag?	How much does it cost per hour / day? [haʊ mʌtʃ dəz ɪt kɒst pər 'aʊə / deɪ]

Ich gehe ins Wasser / baden.	I'm going into the water / swimming. [aɪm 'gəʊɪŋ 'ɪntə ðə 'wɔ:tə / 'swɪmɪŋ]
Kommst du mit?	Are you coming? [ə jʊ 'kʌmɪŋ]
Könnten Sie / Könntest du auf meine Sachen aufpassen?	Could you keep an eye on my belongings? [kəd jʊ ki:p ən aɪ ən maɪ bɪ'lɒngɪŋz]
Könntest du die Musik bitte etwas leiser stellen?	Could you please turn down the volume a little? [kəd jʊ pli:z tɜ:n daʊn ðə 'vɒlju:m ə 'lɪtl]

▶ Kap. 7, Orientierung & Anmeldung S. 189
▶ Kap. 7, Glossar: Sportarten S. 190, Glossar: Sportgeräte & Ausrüstung S. 192
▶ Kap. 1, Rund ums Geld S. 20

Im Schwimmbad

NO DIVING

Hineinspringen verboten

Schwimmbad	swimming pool ['swɪmɪŋ pu:l]
Freibad	open-air pool [əʊpn'eə pu:l]
Hallenbad	indoor pool ['ɪndɔ: pu:l]
Thermalbad	thermal bath ['θɜ:ml bɑ:θ]
Sprungbrett	diving board ['daɪvɪŋ bɔ:d]
Bademeister	(pool) attendant [(pu:l) ə'tendənt]

7

Wo sind die ...?	**Where are the ...?** [weər ə ðə]
Duschen	showers ['ʃaʊəz]
Haartrockner	hair-driers ['heədraɪəz]
Schließfächer	lockers ['lɒkəz]
Toiletten	toilets ['tɔɪlɪts]
Gibt es hier ein/e ...?	**Is there a ...?** [ɪz ðər ə]
Sauna	sauna ['sɔːnə]
Solarium	solarium [səʊ'leərɪəm]
Kann man hier ... leihen?	**Is it possible to rent ...?** [ɪz ɪt 'pɒsɪbl tə rent]
eine Badekappe	a swimming cap [ə 'swɪmɪŋ kæp]
Schwimmflügel	water wings ['wɔːtə wɪŋz]

Glossar: Badeurlaub

Am Strand	
Liegestuhl	deck chair [dek tʃeə]
Sonnenbrille	sunglasses *pl.* ['sʌnglɑːsɪz]
Sonnencreme	suncream ['sʌnkriːm]
Sonnenschirm	umbrella [ʌm'brelə]
Umkleidekabine	changing cubicle ['tʃeɪndʒɪŋ 'kjuːbɪkl]
Badesachen	
Badeanzug	bathing costume ['beɪθɪŋ 'kɒstjuːm]
Badehose	(swimming) trunks *pl.* [('swɪmɪŋ) trʌnks]
Badekappe	swimming cap ['swɪmɪŋ kæp]
Badetuch	beach towel [biːtʃ 'taʊəl]
Bademantel	beach robe [biːtʃ rəʊb]
Schwimmflügel	water wings ['wɔːtə wɪŋz]

7

Sport & Spiel	
Boot	boat [bəʊt]
Motor~	motor~ ['məʊtə]
Paddel~	canoe [kə'nuː]
Ruder~	rowing ~ ['rəʊɪŋ]
Segel~	sailing ~ ['seɪlɪŋ]
Tret~	pedal~ ['pedl]
Bootsverleih	boats for hire [bəʊts fə 'haɪə]
Luftmatratze	air-bed / lilo ['eəbed / 'laɪləʊ]
Schwimmflossen	flippers ['flɪpəz]
Surfbrett	surfboard ['sɜːfbɔːd]
Taucherbrille	goggles *pl.* ['gɒglz]
Wasserski	water-ski ['wɔːtəskiː]
Aktivitäten	
schwimmen	to swim [tə swɪm]
sich sonnen	to sunbathe [tə 'sʌnbeɪð]
spielen	to play [tə pleɪ]
(wind)surfen	to (wind)surf [tə ('wɪnd)sɜːf]

► Kap. 7, Glossar: Sportarten S. 190

Sport

Bergsteigen und Skilaufen im schottischen Hochgebirge, Wandern in den Penninen, Radfahren, Reiten und Golfspielen im Landesinneren, Segeln und Surfen an den Küsten – Aktivurlauber kommen in GB und IRL das ganze Jahr hindurch auf ihre Kosten. Im Golfsport gibt es neben dem Spiel auf dem großen 9- oder 18-Loch-Golfplatz und dem Minigolf eine Zwischenform, genannt *pitch & putt* (= Kurzbahngolf).

Orientierung & Anmeldung

BOATS FOR HIRE	TENNIS COURT
Bootsverleih	Tennisanlage

Wo kann man hier ...? — **Where can one go ...?** [weə kən wʌn gəʊ]

angeln — fishing ['fɪʃɪŋ]
reiten — horseriding ['hɔ:sraɪdɪŋ]

Wo ist der nächste ...? — **Where's the nearest ...?** [weəz ðə 'nɪərɪst]

Fußballpatz — soccer pitch ['sɒkə pɪtʃ]
Tennisplatz — tennis court ['tenɪs kɔ:t]

Kann man hier ... leihen? — **Can you rent a ...?** [kən jʊ rent ə]

eine Angel — fishing rod ['fɪʃɪŋ rɒd]
ein Surfbrett — surfboard ['sɜ:fbɔ:d]

Ich würde gern Tennisstunden nehmen. — I'd like to take tennis lessons. [aɪd laɪk tə teɪk 'tenɪs 'lesnz]

Ich möchte meine Tochter für einen Segelkurs anmelden. — I'd like to enrol my daughter for a sailing course. [aɪd laɪk tʊ ɪn'rəʊl maɪ 'dɔ:tə fər ə 'seɪlɪŋ kɔ:s]

• Beginners or advanced? [bɪ'gɪnəz ɔ:r əd'vɑ:nst] — Für Anfänger oder Fortgeschrittene?

Gibt es hier ...? — **Are there ...?** [ɑ: ðeə]

geführte Touren — guided tours ['gaɪdɪd tʊəz]
markierte / gesicherte Wanderwege — signposted / safe walkways ['saɪnpəʊstɪd / seɪf 'wɔ:kweɪz]

7

Wie lange dauert der / die ...?	**How long does the ... take?** [haʊ lɒŋ dəz ðə ... teɪk]
Aufstieg	ascent / climb [ə'sent / klaɪm]
Ausflug	excursion [ɪk'skɜ:ʃn]
Wanderung	hike [haɪk]
Ab / Bis wann ist der Golfplatz geöffnet?	From / Until what time is the golf course open? [frəm / ən'tɪl wɒt taɪm ɪz ðə gɒlf kɔ:s 'əʊpən]
Ist der Platz schwierig?	Is the course difficult? [ɪz ðə kɔ:s 'dɪfɪkəlt]
Kann ich mir die Golfschläger ausleihen?	Can I borrow golf clubs? [kən aɪ 'bɒrəʊ gɒlf klʌbz]

Glossar: Sportarten

Wassersportarten	
Angeln	angling / fishing ['æŋlɪŋ / 'fɪʃɪŋ]
~ auf Nichtsalmoniden	coarse fishing [kɔ:s 'fɪʃɪŋ]
Forellen- und Lachsfang	game fishing [geɪm 'fɪʃɪŋ]
Hochsee~	deep sea angling [di:p si: 'æŋlɪŋ]
Kanusport	canoeing [kə'nʊɪŋ]
Rudern	rowing ['rəʊɪŋ]
Segeln	sailing ['seɪlɪŋ]
Tauchen	diving ['daɪvɪŋ]
Wasserski	water-ski ['wɔ:təski:]
Windsurfen	windsurfing ['wɪndsɜ:fɪŋ]
Ballsportarten	
Basketball	basketball ['bɑ:skətbɔ:l]
Federball	badminton ['bædmɪntən]

7

Fußball	soccer ['sɒkə]
Golf	golf(ing) ['gɒlf(ɪŋ)]
Handball	handball ['hændbɔːl]
Squash	squash [skwɒʃ]
Tennis	tennis ['tenɪs]
Tischtennis	table tennis ['teɪbl 'tenɪs]
weitere Sportarten	
Bergsteigen	mountaineering [maʊntɪ'nɪərɪŋ]
Bogenschießen	archery ['ɑːtʃərɪ]
Drachenfliegen	hang-gliding ['hæŋglaɪdɪŋ]
Fallschirmspringen	parachuting ['pærəʃuːtɪŋ]
Fuchsjagd	fox hunting [fɒks 'hʌntɪŋ]
Gymnastik	keep-fit exercises *pl.* [kiːp'fɪt 'eksəsaɪzɪz]
Heißluftballonfahren	hot-air ballooning [hɒt'eə bə'luːnɪŋ]
Jagd	game shooting [geɪm 'ʃuːtɪŋ]
Hetzjagd	hunting ['hʌntɪŋ]
Treibjagd	battue [bæ'tuː]
Radfahren	cycling ['saɪklɪŋ]
Reiten	horseriding ['hɔːsraɪdɪŋ]
Schießen	shooting ['ʃuːtɪŋ]
Tontauben~	clay pigeon ~ [kleɪ 'pɪdʒɪn]
Wandern	hiking ['haɪkɪŋ]
Wintersportarten	
Eishockey	ice hockey [aɪs 'hɒkɪ]
Rodeln	tobogganing [tə'bɒgənɪŋ]
Schlittschuhlaufen	ice-skating [aɪs'skeɪtɪŋ]
Skifahren	skiing ['skiːɪŋ]
Abfahrtslauf	downhill skiing [daʊn'hɪl 'skiːɪŋ]
Skilanglauf	cross-country skiing [krɒs'kʌntrɪ 'skiːɪŋ]

Im Meer kann jeder fischen, zum Süßwasserangeln (= *freshwater fishing*) braucht man allerdings – ebenso wie zum Jagen (= *hunting*) – eine Lizenz (= *permit*).

Glossar: Sportstätten & Einrichtungen

Fitneßcenter	gymnasium [dʒɪm'neɪzjəm]
Flugplatz	airfield ['eəfi:ld]
Fußballplatz	soccer pitch ['sɒkə pɪtʃ]
Golfplatz	golf course [gɒlf kɔ:s]
Jagdrevier	preserve [prɪ'zɜ:v]
Pferderennbahn	race-course ['reɪskɔ:s]
Reitweg	bridle-path ['braɪdlpɑ:θ]
Segelklub	yachting club ['jɒtɪŋ klʌb]
Sporthafen	marina [mə'ri:nə]
Sportplatz	sports field [spɔ:ts fi:ld]
Stadion	stadium ['steɪdjəm]
Tennisplatz	tennis court ['tenɪs kɔ:t]
Kurzbahngolf	pitch & putt [pɪtʃ ən pʌt]

7

Glossar: Sportgeräte & Ausrüstung

Angel	fishing rod ['fɪʃɪŋ rɒd]
Ball	ball [bɔ:l]
Boot	boat [bəʊt]
Fahrrad	bicycle / bike ['baɪsɪkl / baɪk]
Fallschirm	parachute ['pærəʃu:t]
Federball	shuttle cock ['ʃʌtl kɒk]

Fußball	football ['fʊtbɔ:l]
Golfschläger	golf club [gɒlf klʌb]
Reitkappe	riding hat ['raɪdɪŋ hæt]
Reitstiefel	riding boots ['raɪdɪŋ bu:ts]
Rennrad	racing bike ['reɪsɪŋ baɪk]
Ruder	oar [ɔ:]
Tennisschläger	tennis racket ['tenɪs 'rækɪt]
Tennis- / Fußball- / Wander-Schuhe	tennis shoes / soccer boots / hiking boots ['tenɪs ʃu:z / 'sɒkə bu:ts / 'haɪkɪŋ bu:ts]
Tischtennisplatte	table-tennis / ping-pong table ['teɪbltenɪs / 'pɪŋpɒŋ 'teɪbl]
Tischtennisschläger	table-tennis bat ['teɪbltenɪs bæt]

▶ Kap. 7, Glossar: Badeurlaub S. 187

Sportveranstaltungen besuchen

Sportveranstaltungen (= *sporting events*) wie etwa die Pferderennen (= *horse-races*) von Ascot oder Cheltenham in GB, Leopardstown oder The Curragh in IRL, der Ruderwettbewerb (= *boat-race*) in Cambridge oder die irischen Hurling-Meisterschaften werden leidenschaftlich verfolgt. Auch Cricket, Hockey, Rugby und Tennis ziehen die Massen an; doch am stärksten ist wohl das Fußballfieber.

Findet dieses Wochenende ein ... statt?	**Is there ... this weekend?** [ɪz ðər ... ðɪs wi:k'end]
Auto- / Rad-Rennen	a motor / cycle race [ə 'məʊtə / 'saɪkl reɪs]
Boxkampf	a boxing match [ə 'bɒksɪŋ mætʃ]
Pferderennen	horse-racing ['hɔ:sreɪsɪŋ]

Wo kann man die Eintrittskarten (für ...) kaufen?	Where can I buy tickets (for ...)? [weə kən aɪ baɪ ˈtɪkɪts (fə)]
Bitte zwei Karten für das Spiel Manchester United gegen Aston Villa.	Two tickets for the match Manchester United versus Aston Villa, please. [tuː ˈtɪkɪts fə ðə mætʃ ˈmæntʃestə juːˈnaɪtɪd ˈvɜːsəs ˈæstən ˈvɪlə pliːz]
Wer spielt?	Who's playing? [hʊz ˈpleɪɪŋ]
Wer gewinnt / verliert denn gerade?	Who's winning / losing? [hʊz ˈwɪnɪŋ / ˈluːzɪŋ]
Wie steht's?	What's the score? [wɒts ðə skɔː]
• Manchester are leading two nil. [ˈmæntʃestə ə ˈliːdɪŋ tuː nɪl]	Manchester führt zwei zu null.

7

• It's still two all. [ɪts stɪl tu: ɔ:l]	Es steht immer noch 2:2 unentschieden.
Wer hat das Tor geschossen?	Who scored the goal? [hu: skɔ:d ðə gəʊl]

▶ Kap. 7, An der Kasse S. 198

Glossar: Fußball

Nationalsport Nummer 1 ist und bleibt der Fußball. Samstagnachmittags, wenn die erste Liga (= *Premier League*) antritt, zieht es Hunderttausende in die Stadien oder vor den Fernsehapparat. Wichtige Spiele fegen Städte und Straßen leer. Nach der Hochspannung feiern die *soccer fans* die Mannschaft ihres Vereins (= *club*). Dabei wird Gewalt in den Stadien und in ihrer Umgebung immer wieder zum Problem: das Wort *hooligan* ist in den internationalen Wortschatz eingegangen.

Fußball	**soccer** ['sɒkə]
Abwehrspieler	defender [dɪ'fendə]
Mannschaft	team / side / squad [ti:m / saɪd / skwɒd]
Schiedsrichter	referee [refə'ri:]
Spieler	player ['pleɪə]
Stürmer	forward / striker ['fɔ:wəd / 'straɪkə]
Torwart	(goal)keeper / goalie [('gəʊl)ki:pə / 'gəʊlɪ]
Trainer	coach / manager [kəʊtʃ / 'mænɪdʒə]
Zuschauer	spectator [spek'teɪtə]

Abseits	offside [ɒf'saɪd]
Angriff	attack [ə'tæk]
Ausgleichstreffer	equalizer ['iːkwəlaɪzə]
Ball	ball [bɔːl]
Eckball	corner ['kɔːnə]
Elfmeter	penalty (kick) ['penltɪ (kɪk)]
Endspiel	final ['faɪnl]
Flanke	centre pass ['sentə pɑːs]
Foulspiel	foul [faʊl]
Freistoß	free kick [friː kɪk]
erste / zweite Halbzeit	first / second half [fɜːst / 'sekənd hɑːf]
gelbe / rote Karte	yellow / red card ['jeləʊ / red kɑːd]
Querpaß	cross [krɒs]
Spielfeld	pitch [pɪtʃ]
Stadion	stadium ['steɪdjəm]
Tor	goal [gəʊl]
Unentschieden	draw [drɔː]
Verlängerung	extra time ['ekstrə taɪm]
Verteidigung	defence [dɪ'fens]

Museen, Besichtigungen & Exkursionen

GB und IRL haben beträchtliche Kunstschätze aufzuweisen. London mit seinen zahlreichen Museen und Galerien ist ein Mekka für Kunstliebhaber. Bildhauerei (= *sculpture*) und Malerei (= *painting*) ziehen jährlich Millionen an. Besonders sehenswert ist auch die neoklassizistische Architektur (= *Georgian architecture*) in Städten wie London, Edinburgh, Bath oder Dublin.

Orientierung

Wo ist ...?	**Where's the ...?** [weəz ðə]
der Dom	cathedral [kə'θi:drəl]
das Fremdenverkehrsamt	tourist office ['tʊərɪst 'ɒfɪs]
Haben Sie einen ...?	**Have you got a ...?** [həv jʊ gɒt ə]
deutschsprachigen Reiseführer von ...	guidebook in German of ... [ˈgaɪdbʊk ɪn 'dʒɜ:mən əv]
Veranstaltungskalender	calendar of events [ˈkælɪndə əv ɪ'vents]
Welche wichtigen Sehenswürdigkeiten gibt es hier?	Which are the main sights / points of interest here? [wɪtʃ ə ðə meɪn saɪts / pɔɪnts əv 'ɪntrəst hɪə]
Können Sie mir eine interessante Route empfehlen?	Could you recommend an interesting route? [kəd jʊ rekə'mend ən 'ɪntrestɪŋ ru:t]
Ich möchte ... besichtigen.	I'd like to visit ... . [aɪd laɪk tə 'vɪsɪt]
Wann ist das Museum geöffnet?	When's the museum open? [wenz ðə mju:'zɪəm 'əʊpən]
Wie komme ich zum ...?	**How do I get to ...?** [haʊ dʊ aɪ get tə]
... Denkmal	the ... monument [ðə ... 'mɒnjʊmənt]
Hadrianswall	Hadrian's Wall ['heɪdrɪənz wɔ:l]
Wo ist der Eingang / Ausgang?	Where's the entrance / exit? [weəz ðə 'entrəns / 'eksɪt]

▶ Kap. 7, Glossar: Sehenswürdigkeiten & Ausflugsziele S. 199, Organisierte Fahrten S. 201

7

An der Kasse

FREE ADMISSION	**NO FLASHLIGHTS**
Eintritt frei	Kein Blitzlicht

Was kostet der Eintritt? — How much is the admission? [haʊ mʌtʃ ɪz ðɪ əd'mɪʃn]

Gibt es eine Ermäßigung für ...? — **Is there a reduction for ...?** [ɪz ðər ə rɪ'dʌkʃn fə]

Behinderte — the disabled [ðə dɪs'eɪbəld]

Gruppen — groups [gru:ps]

Kinder — children ['tʃɪldrən]

Senioren — Old Age Pensioners (OAPs) [əʊld eɪdʒ 'penʃənəz (əʊeɪ'pi:z)]

Studenten — students ['stju:dnts]

• How many tickets? [haʊ 'menɪ 'tɪkɪts] — Wie viele Eintrittskarten?

7

Wie sind die Öffnungszeiten? — What are the opening hours? [wɒt ə ðɪ 'əʊpenɪŋ 'aʊəz]

Gibt es ein/en ... zur Ausstellung? — **Do you have a ... on the exhibition?** [dʊ jʊ hæv ə ... ɒn ðɪ eksɪ'bɪʃn]

Katalog — catalogue ['kætəlɒg]

Kurzführer — brief guide [bri:f gaɪd]

Faltblatt — leaflet ['li:flɪt]

Gibt es eine deutschsprachige Führung? — Is there a guided tour in German? [ɪz ðər ə 'gaɪdɪd tʊə ɪn 'dʒɜ:mən]

Wann beginnt sie? — When does it commence? [wen dʌz ɪt kəˈmens]

• Leave your bags and umbrellas in the cloakroom, please! [liːv jɔː bægz ənd ʌmˈbreləz ɪn ðə ˈkləʊkrʊm pliːz] — Bitte Taschen und Schirme an der Garderobe abgeben!

▶ Kap. 1, Öffnungszeiten S. 24

Glossar: Sehenswürdigkeiten & Ausflugsziele

Kunst	
Ausstellung	exhibition [eksɪˈbɪʃn]
Bild / Gemälde	picture / painting [ˈpɪktʃə / ˈpeɪntɪŋ]
Aquarell	water-colour [ˈwɔːtəkʌlə]
Ölgemälde	oil painting [ɔɪl ˈpeɪntɪŋ]
Zeichnung	drawing [ˈdrɔːɪŋ]
Büste	bust [bʌst]
Galerie	gallery [ˈgæləri]
Gemäldesammlung	art collection [ɑːt kəˈlekʃn]
Museum	museum [mjuːˈzɪəm]
Skulptur	sculpture [ˈskʌlptʃə]
Statue	statue [ˈstætjuː]
Architektur & Archäologie	
Altstadt	old (part of the) town [əʊld (pɑːt əv ðə) taʊn]
Burg	castle [ˈkɑːsl]
Denkmal	monument [ˈmɒnjʊmənt]
Grabhügel	tumulus [ˈtjuːmjʊləs]
Festung	fortress [ˈfɔːtrɪs]

Ganggrab	passage grave ['pæsɪdʒ greɪv]
Herrensitz	manor house / mansion ['mænə haʊs / 'mænʃn]
Hochkreuz (keltisch)	high cross [haɪ krɒs]
Menhir	standing stone ['stændɪŋ stəʊn]
Palast	palace ['pælɪs]
Ruine	ruins *pl.* ['rʊɪnz]
Rundturm	round tower [raʊnd 'taʊə]
Schloß	castle ['kɑsl]
Stadtmauer	town / city walls *pl.* [taʊn / 'sɪtɪ wɔ:lz]
Steinhügel	cairn [keən]
Steinkreis	stone circle [stəʊn 'sɜ:kl]
Kirchen	
Abtei	abbey ['æbɪ]
Altar	altar ['ɔ:ltə]
Gottesdienst	service ['sɛ:vɪs]
Kathedrale	cathedral [kə'θi:drəl]
Kirche	church [tʃɜ:tʃ]
Kloster	monastery ['mɒnəstərɪ]
Kirchenschiff	nave [neɪv]
Krypta	crypt [krɪpt]
Kuppel	dome [dəʊm]
Portal	portal ['pɔ:tl]
Natur	
Aussichtspunkt	vantage point ['vɑ:ntɪdʒ pɔɪnt]
Botanischer Garten	botanical gardens *pl.* [bə'tænɪkl 'gɑ:dnz]
Bucht	bay [beɪ]
Felsenkliff	cliff [klɪf]
Fluß	river ['rɪvə]
Gebirge	mountain range ['maʊntɪn reɪndʒ]

7

Höhle	cave [keɪv]
Hügel	hill [hɪl]
landschaftlich schöne Strecke	scenic route ['si:nɪk ru:t]
Meer	sea [si:]
(National-)Park	(national) park [('næʃənl) pɑ:k]
Naturschutzgebiet	nature reserve ['neɪtʃə rɪ'zɜ:v]
See	lake [leɪk]
Tal	dale / vale / valley [deɪl / veɪl / 'vælɪ]
Vogelschutzgebiet	bird sanctuary [bɜ:d 'sæŋktʃʊərɪ]
Wald	forest / wood ['fɒrɪst / wʊd]
Wasserfall	waterfall ['wɔ:təfɔ:l]
Zoo	zoo [zu:]

▶ Wörterbuch

Organisierte Fahrten

Organisieren Sie ...?	**Do you organize ...?** [dʊ jʊ 'ɔ:gənaɪz]
Ausflüge nach ...	tours to ... [tʊəz tə]
Rundfahrten	tours [tʊəz]
Stadtbesichtigungen	sightseeing tours ['saɪtsi:ɪŋ tʊəz]
In welcher Sprache ist die Führung?	What language is the guided tour conducted in? [wɒt 'læŋgwɪdʒ ɪz ðə 'gaɪdɪd tʊə kən'dʌktɪd ɪn]
Wann fährt der Bus ab?	What time does the bus leave at? [wɒt taɪm dəz ðə bʌs li:v ət]
Wo fährt er los?	Where does it leave from? [weə dəz ɪt li:v frɒm]

7

Hält er auch in ...?	Does it stop at / in ...? [dəz ɪt stɒp ət / ɪn]
Besichtigen wir auch ...?	Will we be visiting the ...? [wɪl wɪ bɪ 'vɪzɪtɪŋ ðə]
Wann kommen wir zurück?	When are we due back? [wen ə wɪ dju: bæk]

Fragen zu Namen, Daten & Fakten

Wie heißt diese/r ...?	**What's this ... called?** [wɒts ðɪs ... kɔ:ld]
Fluß	river ['rɪvə]
Kirche	church [tʃɜ:tʃ]
Was ist das für ein ...?	**What ... is this?** [wɒt ... ɪz ðɪs]
Berg	mountain ['maʊntɪn]
Gebäude	building ['bɪldɪŋ]
Wo befindet sich das ...?	**Where's the ...?** [weəz ðə]
Geburtshaus von ...	birthplace of ... ['bɜ:θpleɪs əv]
Grab von ...	grave of ... [greɪv əv]
Von wem ist diese/s ...?	**Who's this ... by?** [hu:z ðɪs ... baɪ]
Gemälde	painting ['peɪntɪŋ]
Skulptur	scuplture ['skʌlptʃə]
Wer ist / war der / die ...?	**Who is / was ...?** [hu: ɪz / wɒz]
Architekt/in	the architect [ðɪ 'ɑ:kɪtekt]
Bildhauer/in	the sculptor [ðə 'skʌlptə]
Künstler/in	the artist [ðɪ 'ɑ:tɪst]
Maler/in	the painter [ðə 'peɪntə]
Aus welcher Epoche stammt das ...?	What period is that ... from? [wɒt 'pɪərɪəd ɪz ðæt ... frɒm]

7

art nouveau [ɑːt nuːˈvəʊ]	Jugendstil
baroque [bəˈrɒk]	Barock
Bronze Age [brɒnz eɪdʒ]	Bronzezeit
Celtic [ˈkeltɪk]	keltisch
early Christian [ˈɜːlɪ ˈkrɪstʃən]	frühchristlich
Elizabethan [ɪlɪzəˈbiːθn]	elisabethanisch
Georgian [ˈdʒɔːdʒjən]	neoklassizistisch
Gothic [ˈgɒθɪk]	gotisch
medieval [medɪˈiːvl]	mittelalterlich
megalithic [megəˈlɪθɪk]	aus der Großsteinkultur
Norman [ˈnɔːmən]	normannisch
pre-Raphaelite [priːˈræfəlaɪt]	präraffaelitisch
prehistoric [priːhɪˈstɒrɪk]	vorgeschichtlich
Roman [ˈrəʊmən]	römisch
Romanesque [rəʊməˈnesk]	romanisch
Victorian [vɪkˈtɔːrɪən]	viktorianisch

Kulturveranstaltungen

7

Orientierung

Haben Sie ...?	**Have you got a ...?** [həv jʊ gɒt ə]
einen Veranstaltungskalender	calendar of events [ˈkælɪndər əv ɪˈvents]
ein Programm	programme [ˈprəʊgræm]
Können Sie mir etwas (Unterhaltsames / Interessantes) für heute abend empfehlen?	Could you recommend something (entertaining / interesting) for tonight? [kəd jʊ rekəˈmend ˈsʌmθɪŋ (entəˈteɪnɪŋ / ˈɪntrəstɪŋ) fə təˈnaɪt]

Wo ist ...?	**Where's the ...?** [weəz ðə]
das Kino	cinema ['sɪnəmə]
der Konzertsaal	concert hall ['kɒnsət hɔːl]
die Oper	opera ['ɒpərə]
das Theater	theatre ['θɪətə]
Wann beginnt ...?	**When does the ... commence?** [wen dəz ðə ... kə'mens]
das Konzert	concert ['kɒnsət]
die Vorstellung	performance [pə'fɔːməns]
Sollte man Karten vorbestellen?	Is it advisable to book tickets in advance? [ɪz ɪt əd'vaɪzəbl tə bʊk 'tɪkɪts ɪn əd'vaːns]

Kartenverkauf & Einlaß

ALL SEATS £ ... Einheitspreis £ ...	**ADVANCE BOOKING OFFICE** Vorverkauf

7

Man beachte, daß telefonische Kartenvorbestellungen fast überall nur noch mit Kreditkarte möglich sind.

Wo ist die Kasse?	Where's the box office? [weəz ðə bɒks 'ɒfɪs]
Gibt es noch Karten für ...?	**Are there any tickets left for ...?** [ɑː ðər 'enɪ 'tɪkɪts left fə]
morgen abend	tomorrow night [tə'mɒrəʊ naɪt]
die Premiere	the first / opening night [ðə fɜːst / 'əʊpnɪŋ naɪt]

• **Yes, but only … .** [jes bət 'əʊnlɪ] at fifty pounds [ət 'fɪftɪ paʊndz] for the last rows [fə ðə lɑːst rəʊz]	**Ja, aber nur … .** zu fünfzig Pfund für die hinteren Reihen
• No, they're all sold out. [nəʊ ðər ɔːl səʊld aʊt]	Nein, es ist alles ausverkauft.
• The performance has been cancelled. [ðə pə'fɔːməns həz bɪn 'kænsld]	Die Veranstaltung fällt aus.
Zwei Karten (für …), bitte!	Two tickets (for …), please! [tuː 'tɪkɪts (fə …) pliːz]
Könnten Sie bitte vier Karten für die morgige Vorstellung reservieren?	I'd like to book four tickets for tomorrow night's performance, please. [aɪd laɪk tə bʊk fɔː 'tɪkɪts fə tə'mɒrəʊ naɪts pə'fɔːməns pliːz]
Ich möchte gern einen Platz … .	**I'd like a seat … .** [aɪd laɪk ə siːt]
im Parkett	in the stalls [ɪn ðə stɔːlz]
im ersten / zweiten Rang	in the dress / upper circle [ɪn ðə dres / 'ʌpə 'sɜːkl]
in der Loge	in the box [ɪn ðə bɒks]
in der sechsten Reihe	in the sixth row [ɪn ðə sɪksθ rəʊ]
in der Mitte / an der Seite	in the middle / at the side [ɪn ðə 'mɪdl / ət ðə saɪd]
vorn / nicht zu weit hinten	at the front / not too far back [ət ðə frʌnt / nɒt tuː fɑː bæk]
Sieht man von da auch die Bühne?	Do you have a clear view of the stage from there? [dʊ jʊ hæv ə klɪə vjuː əv ðə steɪdʒ frəm ðeə]
Könnte ich bitte ein Programmheft haben?	Could I have a programme, please? [kəd aɪ hæv ə 'prəʊgræm pliːz]

7

Gibt es eine Pause?	Is there an interval? [ɪz ðər ən ˈɪntəvl]
Wann ist die Vorstellung zu Ende?	When will the performance be over? [wen wɪl ðə pəˈfɔːməns bɪ ˈəʊvə]
Wo ist die ...?	**Where's the ...?** [weəz ðə]
Garderobe	cloakroom [ˈkləʊkrʊm]
Toilette	toilet / rest-room [ˈtɔɪlɪt / ˈrestrʊm]
• May I see your ticket, please? [meɪ aɪ siː jɔː ˈtɪkɪt pliːz]	Darf ich bitte Ihre Eintrittskarte sehen?

▶ Kap. 7, An der Kasse S. 198

Konzerte, Opern, Theater

Rockkonzerte (= *gigs*) bekannter Gruppen und Solosänger, ob in Klubs, Kneipen, Hallen oder unter freiem Himmel, finden in GB und IRL allenthalben statt. Wenn das Publikum (= *the audience)* Zugaben erzwingen will, ruft es *More, more! We want more!* Aber auch klassische Musik, Oper und Balett werden zur Genüge geboten. Das größte Kulturfestival der Britischen Inseln, das *Edinburgh Festival* im August, hat von allem etwas. Ein besonderes Vergnügen für Liebhaber der klassischen Musik sind die *Henry Wood Promenade Concerts* (= *Proms*) in der Royal Albert Hall.

7

Was gibt es in dieser Spielzeit (in der Oper)?	What's on (at the opera) this season? [wɒts ɒn (ət ðɪ ˈɒpərə) ðɪs ˈsiːzn]
Welches Stück wird morgen gegeben?	What play is on tomorrow? [wɒt pleɪ ɪz ɒn təˈmɒrəʊ]

Was ist das für ein Stück?	What sort of play is it? [wɒt sɔ:t əv pleɪ ɪz ɪt]
• **It's a ... .** [ɪts ə]	**Es ist ein/e ... .**
comedy ['kɒmədɪ]	Lustspiel / Komödie
drama in three acts ['drɑ:mə ɪn θri: ækts]	Drama in 3 Aufzügen
tragedy ['trædʒədɪ]	Trauerspiel / Tragödie
Von wem?	Who by? [hu: baɪ]
Wer spielt die Rolle von Prinz Hamlet?	Who's playing the part of Hamlet? [hu:z 'pleɪɪŋ ðə pɑ:t əv 'hæmlɪt]
Wer ...?	**Who's ...?** [hu:z]
dirigiert	conducting [kən'dʌktɪŋ]
singt	singing ['sɪŋɪŋ]

Ballett	ballet ['bæleɪ]
Konzert	concert ['kɒnsət]
Sinfonie~	symphonic ~ [sɪm'fɒnɪk]
Orgel~	organ recital ['ɔ:gən rɪ'saɪtl]
Klavierabend	piano recital [pɪ'ænəʊ rɪ'saɪtl]
Liederabend	song recital [sɒŋ rɪ'saɪtl]
Musik	music ['mju:zɪk]
avantgardistische ~	avantgarde ~ [ævɔ:ŋ'gɑ:d]
klassische ~	classical ~ ['klæsɪkl]
Pop~	pop(ular) ~ ['pɒp(jʊlə)]
ʃ Volks~	folk [fəʊk]
Oper	opera ['ɒpərə]
Operette	operetta [ɒpə'retə]
Volkstanz	folk dance [fəʊk dɑ:ns]

► Kap. 7, Kartenverkauf & Einlaß S. 204

Kino

FIRST SHOWING Erstaufführung	**ORIGINAL WITH SUBTITLES** Originalfassung mit Untertiteln

Was läuft heute abend im „Rivoli"? — What's on / showing at the „Rivoli" tonight? [wɒts ɒn / 'ʃəʊɪŋ ət ðə 'rɪvəlɪ tə'naɪt]

• **They're showing a / an … .** [ðeə 'ʃəʊɪŋ ə / ən] — **Es läuft ein … .**

adventure film [əd'ventʃə fɪlm] — Abenteuerfilm
blue movie [blu: 'mu:vɪ] — Sexfilm
cartoon [kɑ:'tu:n] — Zeichentrickfilm
comedy ['kɒmədɪ] — Komödie
feature film ['fi:tʃə fɪlm] — Spielfilm
film musical [fɪlm 'mju:zɪkl] — Musikfilm
horror movie ['hɒrə 'mu:vɪ] — Horrorfilm
thriller ['θrɪlə] — Krimi

7

Wovon handelt der Film? — What's the film about? [wɒts ðə fɪlm ə'baʊt]

Ich hätte gern zwei Karten für … . — **I'd like two tickets for … .** [aɪd laɪk tu: 'tɪkɪts fə]
„Interview mit einem Vampir" — „Interview with a Vampire" ['ɪntəvju: wɪð ə 'væmpaɪə]

die Spätvorstellung — the late showing [ðə leɪt 'ʃəʊɪŋ]
die Nachmittagsvorstellung — the matinee [ðə 'mætɪneɪ]

▶ Kap. 7, Kartenverkauf & Einlaß S. 204

Volksfeste

Eines der größten Volksfeste GBs, der *Notting Hill Carnival*, bei dem im August ein ganzer Londoner Stadtteil Kopf steht, ist ein karibischer Importartikel. Aber es gibt auch bodenständige Feste mit reicher Tradition, etwa das *Royal Highland Gathering* im schottischen Braemar, bei dem sich die *clans* treffen. Am 5. November, dem Guy Fawkes Day, werden in GB zum Gedenken an einen Sprengstoffanschlag auf das britische Parlament im Jahre 1605 Freudenfeuer entzündet und Guy-Fawkes-Puppen verbrannt. Das schottische Neujahrsfest *Hogmanay* läuft dem christlichen Weihnachtsfest immer den Rang ab. Am 17. März feiern Iren in aller Welt den *St. Patrick's Day*.

Was / Wo wird gefeiert?	What / Where are you celebrating? [wɒt / weə ə jʊ 'selıbreıtıŋ]
Kommt der Umzug hier vorbei?	Will the parade pass here? [wıl ðə pə'reıd pa:s hıə]
Wann beginnt ...?	**When does the ... start?** [wen dəz ðə ... sta:t]
das Open-air-Konzert	open-air concert [əʊpn'eə 'kɒnsət]
das Feuerwerk	firework display ['faıəwɜ:k dı'spleı]

▶ Kap. 1, Fest- & Feiertage S. 30

Nachtleben

Nachtschwärmer haben es in GB und IRL nicht ganz so leicht. Wo die Lokale schon um 22.00 oder 23.30 Uhr schließen, bleibt einem nichts weiter übrig, als – sei es zum Tanzen oder auch nur zum Wei-

7

tertrinken – in Diskotheken zu gehen. London hat natürlich die größte Auswahl an Unterhaltungsmöglichkeiten zu verzeichnen, und Dublin gilt inzwischen selbst bei Engländern als heißer Tip.

Wohin am Abend?

Wir möchten heute abend gern ... .
ausgehen
in eine Disko gehen

We'd like to go ... tonight. [wɪd laɪk tə gəʊ ... tə'naɪt]
out [aʊt]
to a disco [tʊ ə 'dɪskəʊ]

Wo kann man hier tanzen gehen?

Where could one go dancing? [weə kəd wʌn gəʊ 'dɑːnsɪŋ]

Gibt es hier eine nette Kneipe?

Is there a nice pub around here? [ɪz ðeər ə naɪs pʌb ə'raʊnd hɪə]

Welche Veranstaltungen können Sie / kannst du uns empfehlen?

What entertainment could you recommend? [wɒt entə'teɪnmənt kəd jʊ rekə'mend]

Trifft sich dort eher junges oder älteres Publikum?

Is that a place for younger or for older people? [ɪz ðæt ə pleɪs fə 'jʌŋgə ɔː fər 'əʊldə 'piːpl]

7

Ist Abendgarderobe angesagt?

Do we have to wear evening dress? [dʊ wɪ hæv tə weə 'iːvnɪŋ dres]

night life	**Nachtleben**
ballroom ['bɔːlrʊm]	Tanzsaal
cabaret ['kæbəreɪ]	Kabarett
café (with dancing) [''kæfeɪ (wɪð 'dɑːnsɪŋ)]	(Tanz-)Café
casino [kə'siːnəʊ]	Spielcasino

disco ['dɪskəʊ]	Diskothek
nightclub ['naɪtklʌb]	Nachtklub
pub [pʌb]	Kneipe
singing ~ ['sɪŋɪŋ]	in IRL Kneipe, in der Lieder und Balladen gesungen werden
variety show [və'raɪətɪ ʃəʊ]	Varieté
wine bar [waɪn bɑ:]	Weinkeller

Bei jedem Nachtklub, jeder Disko kommt es darauf an, an den Rausschmeißern (= *bouncers)* vorbeizugelangen, die über die Klientel des Etablissements zu befinden haben. Je ordentlicher gekleidet, desto größer die Chance. *Clubs* wiederum stehen nur Mitgliedern (= *members*) oder geladenen Gästen (= *invited guests*) offen.

Wieviel kostet eine Eintrittskarte / der Eintritt?	How much is a ticket / the admission? [haʊ mʌtʃ ɪz ə 'tɪkɪt / ðɪ əd'mɪʃn]
• **Sorry, but I can't let you in ... .** ['sɒrɪ bət aɪ kɑ:nt let jʊ ɪn]	**Bedaure, aber ... kann ich dich / Sie nicht reinlassen.**
like this [laɪk ðɪs]	so
without a tie [wɪ'ðaʊt ə taɪ]	ohne Krawatte

▶ Kap. 5, Getränke S. 122, Im Restaurant S. 133

Glücksspiele

Briten und Iren suchen ihr Glück vor allem im Lotto (= *National Lottery*) und bei den zahlreichen Buchmachern (= *bookmakers / turf accountants*), die nicht nur Rennwetten (= *racing bets*) entgegennehmen, sondern Kurse (= *odds*) zu allem und jedem angeben. In Arbeiterkreisen sehr beliebt ist das Glücksspiel *Bingo*.

7

Spielautomat	slot-machine ['slɒtməʃiːn]
Spielcasino	casino [kə'siːnəʊ]
Spielhalle	amusement arcade [ə'mjuːzmənt 'ɑːkeɪd]
Glücksspiel	game of chance [geɪm əv tʃɑːns]
Karten (spielen)	(to play) cards [(tə pleɪ) kɑːdz]
Würfel	dice [daɪs]
Wette	bet [bet]
setzen (auf)	to place a bet (on) [tə pleɪs ə bet (ɒn)]

7

DIENSTLEISTUNGEN: BANKEN, POST, ... 8

Allgemein

Telekommunikation, Geldautomaten, Faxgeräte und Telefonkarten haben den Kundenschalter bei Bank und Post vieler seiner Funktionen beraubt. Doch wer individuelle Banktransaktionen vornehmen möchte, wer Briefmarken kauft oder ein Telefonat handvermitteln läßt, steht auch weiterhin an. Müssen Sie ein Formular ausfüllen, so benötigen Sie womöglich Hilfe: *Would you please help me to fill in the form?* (= Könnten Sie mir bitte beim Ausfüllen des Formulars behilflich sein?).

Gibt es hier (in der Nähe) eine/n ...?	**Is there a ... (nearby)?** [ɪz ðər ə ... (nɪə'baɪ)]
Bank	bank [bæŋk]
Briefkasten	post-box ['pəʊstbɒks]
Geldautomaten	cash dispenser / point [kæʃ dɪ'spensə / pɔɪnt]
Post	post office [pəʊst 'ɒfɪs]
Telefonzelle	phone box / booth [fəʊn bɒks / buːð]
Wo ist ...?	**Where's the ...?** [weəz ðə]
die Hauptpost	main / general post office [meɪn / 'dʒenərəl pəʊst 'ɒfɪs]
das Fernmeldeamt	telephone exchange / Telecom office ['telɪfəʊn ɪks''tʃeɪndʒ / 'telɪkɒm 'ɒfɪs]
Wo kann man (hier) ...?	**Where can I ...?** [weə kən aɪ]
Geld wechseln	change money [tʃeɪndʒ 'mʌnɪ]
Briefmarken kaufen	buy stamps [baɪ stæmps]
telefonieren	make a phone call [meɪk ə fəʊn kɔːl]

- Counter / Window eight. ['kaʊntə / 'wɪndəʊ eɪt] — Schalter 8.
- Booth nine [bu:ð naɪn] — Kabine 9.

Banken & Geldverkehr

Viele Engländer und Iren mißtrauen dem Bankeinzugsverfahren und bezahlen ihre Telefon-, Strom- und Gasrechnungen per Bareinzahlung bei der Bank oder Post. Das bedeutet mitunter längeres Schlangestehen. Apropos: In GB sind die Provisionsgebühren (= *commission*) für Euroschecks oft recht hoch.

▶ Kap. 1, Rund ums Geld S. 20
▶ Kap. 9, Bei Geld- & Kartenverlust S. 242

Geldwechsel

Auch außerhalb der Schalterstunden der Banken können Sie britische Pfund oder irische *punts* einwechseln: in Wechselstuben an Flughäfen, Fährhäfen und Bahnhöfen, in größeren Hotels und Reisebüros sowie – verhältnismäßig unkompliziert – an den immer zahlreicher werdenden Geldautomaten (= *cash dispensers / pass machines)*.

▶ Geldscheine und Münzen, Abb. 1 und 2 im Anhang

BUREAU DE CHANGE	**FOREIGN EXCHANGE**
Geldwechsel	Ausländische Währung

Ich möchte ... in Pfund tauschen.	**I'd like to change some ... into pounds.** [aɪd laɪk tə tʃeɪndʒ səm ... 'ɪntə paundz]
D-Mark	deutschmarks ['dɔɪtʃmɑ:ks]
Schweizer Franken	Swiss franks [swɪs fræŋks]
Österreichische Schillinge	Austrian shillings ['ɒstrɪən 'ʃɪlɪŋz]
Bekomme ich mit dieser Kreditkarte Bargeld?	Can I get cash with this credit card? [kən aɪ get kæʃ wɪð ðɪs 'kredɪt kɑ:d]
Ich würde gerne einen Euroscheck / Reisescheck einlösen.	I'd like to cash a eurocheque / traveller's cheque. [aɪd laɪk tə kæʃ ə 'jʊərəʊtʃek / 'trævləz tʃek]
Wie lautet der Höchstbetrag?	What's the maximum amount? [wɒts ðə 'mæksɪməm ə'maʊnt]
Wie steht der Wechselkurs?	What's the exchange rate? [wɒts ðɪ ɪks'tʃeɪndʒ reɪt]
Wie hoch sind die Umtauschgebühren?	How much is your commission? [haʊ mʌtʃ ɪz jɔ: kə'mɪʃn]
• **I need your ... .** [aɪ ni:d jɔ:]	**Ich brauche Ihre/n ... .**
address [ə'dres]	Adresse
eurocheque card ['jʊərəʊtʃek kɑ:d]	Euroscheckkarte
passport / identity card ['pɑ:spɔ:t / aɪ'dentətɪ kɑ:d]	Reisepaß / Personalausweis
• Please sign here! [pli:z saɪn hɪə]	Unterschreiben Sie bitte hier!
• Please go to the cashier! [pli:z gəʊ tə ðə kæ'ʃɪə]	Bitte gehen Sie an die Kasse!
Geben Sie mir bitte ...!	**Please give me ...!** [pli:z gɪv mɪ]
Kleingeld	some (small) change [səm (smɔ:l) tʃeɪndʒ]
kleine Scheine	small notes [smɔ:l nəʊts]

banker's card ['bæŋkəz kɑ:d]	Scheckkarte
credit card ['kredɪt kɑ:d]	Kreditkarte
eurocheque card ['jʊərəʊtʃek kɑ:d]	Euroscheckkarte
personal (identification) number (PIN) ['pɜ:snl (aɪdentɪfɪ'keɪʃn) 'nʌmbə (pɪn)]	Geheimzahl
eurocheque ['jʊərəʊtʃek]	Euroscheck
traveller's cheque ['trævləz tʃek]	Reisescheck
exchange [ɪks'tʃeɪndʒ]	Geldwechsel
~ rate [reɪt]	Wechselkurs
currency ['kʌrənsɪ]	Währung
We buy [wɪ baɪ]	Ankauf
We sell [wɪ sel]	Verkauf

Am Geldautomaten

Bargeld (= *cash)* bekommen Sie am einfachsten und schnellsten an einem Geldautomaten (= *cash dispenser)*. Das Procedere entspricht dem an deutschen Automaten und kann oft auch in deutscher Sprache abgerufen werden.

Kann man an diesem Geldautomaten mit der Euroscheckkarte Geld ziehen?	Can I use a eurocheque card to draw money at this cash dispenser? [kən aɪ ju:z ə 'jʊərəʊtʃek kɑ:d tə drɔ: 'mʌnɪ ət ðɪs kæʃ dɪ'spensə]
Meine Kreditkarte ist steckengeblieben.	The machine has swallowed up my credit card. [ðə mə'ʃi:n həz 'swɒləʊd ʌp maɪ 'kredɪt kɑ:d]

8

Am Geldautomaten

Please insert your card	Bitte Scheckkarte einführen
Please enter your personal number	Bitte Geheimzahl eingeben
To confirm amount press ENTER	Bestätigen Sie durch Tastendruck (ENTER)
Please select service required	Wählen Sie
CASH WITH RECEIPT	AUSZAHLUNG MIT BELEG
CASH WITHOUT RECEIPT	AUSZAHLUNG OHNE BELEG
BALANCE ENQUIRY	KONTOSTAND
STATEMENT	KONTOAUSZUG
PAY A BILL	BEZAHLUNG EINER RECHNUNG
Please choose the appropriate withdrawal amount	Bitte Betrag auswählen
You can withdraw a maximum amount of ...	Zur Verfügung stehender Höchstbetrag
Confirm / Proceed	Bestätigen
Please wait a moment	Bitte warten
Your bank is dealing with your request	Ihr Vorgang wird bearbeitet
Please take your card	Bitte Scheckkarte entnehmen
Please take your cash	Bitte Geld entnehmen
Please take your receipt	Bitte Beleg entnehmen
CLEAR	ABBRUCH
CANCEL / ERROR	KORREKTUR
ENTER	BESTÄTIGUNG

Wurde Ihre Karte eingezogen (z. B. bei dreifach falsch eingegebener Geheimzahl), so erscheint im Display *Your card has been retained. Contact your bank* (= Ihre Karte wurde eingezogen. Wenden Sie sich an Ihr heimisches Geldinstitut).

Geldverkehr

Gerade an Wochenenden, wenn die Nachfrage besonders groß ist und nicht nachgefüllt wird, kann es passieren, daß dem Automaten das Geld ebenso ausgegangen ist wie Ihnen. Versorgen Sie sich also rechtzeitig mit der nötigen Barschaft.

Ich möchte	**I'd like to ... .** [aɪd laɪk tə]
Geld abheben / einzahlen	withdraw / pay in some money [wɪð'drɔː / peɪ ɪn səm 'mʌnɪ]
ein Konto eröffnen / sperren	open / block an account ['əʊpən / blɒk ən ə'kaʊnt]
eine Rechnung bezahlen	pay a bill [peɪ ə bɪl]
einen Scheck einlösen	cash a cheque [kæʃ ə tʃek]
Bitte überweisen Sie diese Summe!	Please transfer this sum! [pliːz træns'fɜː ðɪs sʌm]

▶ Kap. 9, Bei Geld- & Kartenverlust S. 242

Bank	bank [bæŋk]
~anweisung	banker's order ['bæŋkəz 'ɔːdə]
~leitzahl	branch code [brɑːntʃ kəʊd]
Konto	account [ə'kaʊnt]
~nummer	~ number ['nʌmbə]
~stand	balance ['bæləns]
Giro~	current ~ (Abk. A/C) ['kʌrənt]
Spar~	savings ~ ['seɪvɪŋz]
Scheck	cheque [tʃek]
Verrechnungs~	crossed / non-negotiable ~ ['krɒst / nɒnnɪ'gəʊʃjəbl]
ungedeckter ~	uncovered ~ [ʌn'kʌvəd]
Sparkasse	savings bank ['seɪvɪŋz bæŋk]

8

Postdienste

Postämter (= *post offices)* sind im allgemeinen montags bis freitags von 9.15 – 13.00 Uhr und von 14.15 – 17.30 sowie samstags bis 12.30 Uhr geöffnet, größere auch länger bzw. durchgehend. In kleineren Dörfern wird das Postamt oft vom Lebensmittelhändler betrieben.

POST-BOX
BRIEFKASTEN

only ...
innerhalb der Stadt

all other destinations
andere Bestimmungsorte

next collection
nächste Leerung

Sendungen verschicken & entgegennehmen

Wieviel kostet dieser Brief / eine Postkarte ...?
How much is this letter / a postcard to ...? [haʊ mʌtʃ ɪz ðɪs 'letə / ə 'pəʊstkɑːd tə]

nach Deutschland — Germany ['dʒɜːmənɪ]
nach Österreich — Austria ['ɒstrɪə]
in die Schweiz — Switzerland ['swɪtsələnd]

Fünf Briefmarken zu ... Pence, bitte!
Five ... p stamps, please! [faɪv ... piː stæmps pliːz]

Ich möchte ein ... aufgeben.	**I'd like to post a ... .** [aɪd laɪk tə pəʊst ə]
Einschreiben	registered letter ['redʒɪstəd 'letə]
Paket	parcel ['pɑ:sl]
Wie lange braucht die Sendung?	How long will it take to get there? [haʊ lɒŋ wɪl ɪt teɪk tə get ðeə]
Kann ich hier ...?	**Can I ... from here?** [kən aɪ ... frəm hɪə]
ein Telegramm aufgeben	send a telegram [send ə 'telɪgræm]
ein Fax verschicken	send a fax [send ə fæks]
Ich möchte ein Päckchen abholen.	I'd like to collect a small parcel. [aɪd laɪk tə kə'lekt ə smɔ:l 'pɑ:sl]
Könnten Sie meine Post an diese Adresse nachsenden?	Could you forward my mail to this address? [kəd jʊ 'fɔ:wəd maɪ meɪl tə ðɪs ə'dres]

Absender	sender ['sendə]
Brief	letter ['letə]
Briefkasten	post-box ['pəʊstbɒks]
Briefmarke	stamp [stæmp]
Eilzustellung	express [ɪk'spres]
Einschreiben (mit Rückschein)	registered letter (with recorded delivery slip) ['redʒɪstəd 'letə (wɪð rɪ'kɔ:dɪd dɪ'lɪvərɪ slɪp)]
Empfänger	addressee [ædre'si:]
Luftpost (per ~)	airmail (by ~) ['eəmeɪl (baɪ)]
Nachnahme	cash on delivery (COD) [kæʃ ɒn dɪ'lɪvərɪ (si:əʊ'di)]
Päckchen	small parcel [smɔ:l 'pɑ:sl]
Paket	parcel ['pɑ:sl]

8

Postamt	post office [pəʊst 'ɒfɪs]
Postanweisung	postal / money order ['pəʊstəl / 'mʌnɪ 'ɔːdə]
Postfach	post office (PO) box [pəʊst 'ɒfɪs (piː'əʊ) bɒks]
Postkarte	postcard ['pəʊstkɑːd]
postlagernd	poste restante [pəʊst 'restɑːnt]
~e Sendung	letter to be called for ['letə tə bɪ kɔːld fɔː]
Postleitzahl	post(al) code ['pəʊst(əl) kəʊd]

► Kap. 8, Banken & Geldverkehr S. 215

Telefonieren

In den Fernmeldeämtern der *British Telecom* bzw. *Telecom Éireann* können Sie keine handvermittelten Gespräche führen, sondern nur Telefonbücher einsehen und Telefonkarten kaufen. Sämtliche Auslandsverbindungen sind aber auch von öffentlichen Fernsprechern aus möglich. Sie funktionieren mit Telefonkarten (= *callcards / phonecards),* Kreditkarten, Telefonkreditkarten oder mit Münzen. Der Billigtarif gilt montags bis freitags von 18.00 bis 8.00 Uhr sowie am Wochenende.

abnehmen	to answer the phone [tʊ 'ɑːnsə ðə fəʊn]
anrufen	to call / phone [tə kɔːl / fəʊn]
besetzt	engaged [ɪn'geɪdʒd]
Gebühreneinheit	unit ['juːnɪt]
Gelbe Seiten	Yellow Pages ['jeləʊ 'peɪdʒɪz]
Gespräch	call [kɔːl]
Auslands~	international ~ [ɪntə'næʃənl]
Fern~	trunk / long-distance ~ [trʌŋk / lɒŋ'dɪstəns]
handvermitteltes ~	operator assisted ~ ['ɒpəreɪtə ə'sɪstɪd]
Orts~	local ~ ['ləʊkl]
R-~	collect / reverse charge ~ [kə'lekt / rɪ'vɜːs tʃɑːdʒ]
Telefon	(tele)phone [('telɪ)fəʊn]
~buch	~ directory [dɪ'rektərɪ]
~gebühren	call charge [kɔːl tʃɑːdʒ]
~karte	callcard / phonecard ['kɔːlkɑːd / 'fəʊnkɑːd]
~nummer	~ number ['nʌmbə]
~zelle	~ box / booth [bɒks / buːð]
Karten~	cardphone ['kɑːdfəʊn]
Münz~	payphone / coinphone ['peɪfəʊn / 'kɔɪnfəʊn]
Vorwahl	(destination) code [(dəstɪ'neɪʃn) kəʊd]
Auslands~	international access ~ [ɪntə'næʃənl 'ækses]
Landeskennzahl	country / national ~ ['kʌntrɪ / 'næʃənl]
Ortsnetzkennzahl	area ~ ['eərɪə]

8

Nützliche Telefonnummern

Landeskennzahlen

0049	von GB / IRL nach Deutschland
0043	von GB / IRL nach Österreich
0041	von GB / IRL in die Schweiz
0044	vom Ausland nach GB
00353	vom Ausland nach IRL

Telefonauskunft & Vermittlung in GB / IRL

192 / 1190	Auskunft Inland (= *Directory Enquiries*)
100 / 10	Vermittlung Inland (= *Operator Service*)
153 / 1198	Auskunft Ausland (= *International Directory Enquiries*)
155 / 114	Vermittlung Ausland (= *International Operator Service*)
0800 190 190 / 196	Telegrammaufgabe (= *International Telemessages and Telegrams*)

Sowohl die britischen wie die irischen Telefonnummern sind im Laufe der letzten Jahre häufig verändert worden. Gegebenenfalls hilft Ihnen die Telefonauskunft weiter:

• Operator. Can I help you? ['ɒpəreɪtə kən aɪ help jʊ] — Auskunft. Kann ich Ihnen behilflich sein?

8

Ich hätte gern die Nummer von ... in ... . — Could you give me the number of ... in ... . [kəd jʊ gɪv mɪ ðə 'nʌmbər əv ... ɪn]

• The number you're looking for is: Code ... . Number ... . [ðə 'nʌmbə jɔː 'lʊkɪŋ fər ɪz kəʊd ... 'nʌmbə] — Die gewünschte Nummer lautet: Vorwahl ... . Rufnummer ... .

▶ Kap. 9, Bei Geld- & Kartenverlust S. 242

Vermittlung

Ich möchte	**I'd like to make ... .** [aɪd laɪk tə meɪk]
(nach Deutschland) telefonieren	a phone call (to Germany) [ə fəʊn kɔːl (tə 'dʒɜːmənɪ)]
ein Auslandsgespräch führen	an international call [ən ɪntə'næʃənl kɔːl]
Ich möchte ein R-Gespräch anmelden.	I'd like to make a reverse charge call. [aɪd laɪk tə meɪk ə rɪ'vɜːs tʃɑːdʒ kɔːl]
• I can't get through. [aɪ kɑːnt get θruː]	Ich komme nicht durch.
• The line is busy / engaged. [ðə laɪn ɪz 'bɪzɪ / ɪn'geɪdʒd]	Die Leitung ist besetzt.
• There's no answer. [ðeəz nəʊ 'ɑːnsə]	Es meldet sich niemand.
• I've been cut off. [aɪv bɪn kʌt ɒf]	Die Leitung ist unterbrochen.

▶ Kap. 1, Bezahlen S. 20

Münz- & Kartentelefone

Telefonkarten von unterschiedlichem Wert können in den Läden der *Telecom*, in Postämtern, Tabak- und Zeitungsläden und an Kiosken erworben werden. Bei Bezahlung mit Telefonkreditkarte oder bei R-Gesprächen erreichen Sie unter der Nummer 080089 (GB) / 180089 (IRL) + Landeskennzahl die Vermittlung in Ihrem Heimatland, die Ihren Anruf weiterverbindet (z.B. *Deutschland Direkt*).

Wo ist die nächste Telefonzelle?	Where's the nearest phone box / booth? [weəz ðə 'nɪərɪst fəʊn bɒks / bu:ð]
Könnten Sie mir ein Pfundstück in zwei Fünfziger wechseln?	Could you change a pound into two 50-p coins? [kəd jʊ tʃeɪndʒ ə paʊnd 'ɪntə tu: 'fɪftɪ pi: kɔɪnz]
Haben Sie vielleicht Kleingeld? Ich muß dringend telefonieren.	Do you have some (small) change? I have to make an urgent phone call. [dʊ jʊ hæv səm (smɔ:l) tʃeɪndʒ aɪ hæv tə meɪk ən 'ɜ:dʒənt fəʊn kɔ:l]
Haben Sie ein Telefonbuch von ...?	Have you got a ... telephone directory? [hæv jʊ gɒt ə ... 'telɪfəʊn dɪ'rektrɪ]
Wo bekomme ich eine Telefonkarte?	Where can I get a phonecard? [weə kən aɪ get ə 'fəʊnka:d]

In der Telefonzelle

Lift handset	Hörer abnehmen
Insert coins	Münzen einwerfen
Insert callcard	Telefonkarte eingeben
Please wait	Bitte warten Sie
Please dial	Bitte wählen Sie die Nummer
For money back hang up	Zur Geldrückgabe Hörer einhängen
To extend call after warning tone insert more money	Zur Fortsetzung des Gesprächs nach dem Signalton Geld einwerfen
All unused coins refunded	Geldrückgabe

8

▶ Kap. 8, Nützliche Telefonnummern S. 224, Am Telefon S. 227

Am Telefon

Telefongespräche beginnen generell mit *Hello?* (= Ja, bitte? / Hallo?). Es ist unüblich, daß der Angerufene sich mit Namen meldet. Der Anrufer bringt seinen Wunsch direkt vor, oft auch, ohne sich selbst vorzustellen. Eine kurze Rückfrage *Who am I talking to?* (= Mit wem spreche ich?) beseitigt eventuelle Unklarheiten.

• Hello? [hə'ləʊ]	Ja, bitte?
• Who's there? [hu:z ðeə]	Wer spricht?
Ich bin	It's / My name is ... . [ɪts / maɪ neɪm ɪz]
Ich möchte mit ... sprechen.	I'd like to speak / talk to ... . [aɪd laɪk tə spi:k / tɔ:k tə]
Verbinden Sie mich bitte mit Herrn / Frau ...!	Could you get me Mr / Ms ..., please? [kəd jʊ get mɪ 'mɪstə / mɪz pli:z]
Verbinden Sie mich bitte mit dem Nebenanschluß	Can you get me extension number ..., please? [kən jʊ get mɪ ɪk'stenʃn 'nʌmbə ... pli:z]
• Just a moment please, I'll connect you. [dʒʌst ə 'məʊmənt pli:z aɪl kə'nekt jʊ]	Einen Moment bitte, ich verbinde.
• He's / She's not in right now. [hɪz / ʃɪz nɒt ɪn raɪt naʊ]	Er / Sie ist gerade nicht da.
• Can I take a message? [kən aɪ teɪk ə 'mesɪdʒ]	Kann ich etwas ausrichten?
• Would you like him / her to call you back? [wəd jʊ laɪk hɪm / hɜ: tə kɔ:l jʊ bæk]	Soll er / sie zurückrufen?

Wie lautet seine / ihre Durchwahl?	What's his / her dial-through number? [wɒts hɪz / hɜː 'daɪəlθruː 'nʌmbə]
Könnte ich eine Nachricht hinterlassen?	Could I leave a message? [kəd aɪ liːv ə 'mesɪdʒ]
Könnten Sie ihm / ihr ausrichten, daß ich angerufen habe?	Could you tell him / her I rang? [kəd jʊ tel hɪm / hɜː aɪ ræŋ]
• I'm afraid you've got the wrong number. [aɪm ə'freɪd jʊv gɒt ðə rɒŋ 'nʌmbə]	Ich fürchte, Sie sind falsch verbunden.
Ich höre Sie / dich sehr schlecht.	I can't hear your very well. [aɪ kɑːnt hɪə jʊ 'verɪ wel]
Auf Wiederhören!	(Good) Bye. [(gʊd) baɪ]
Bis bald! / Tschüs!	Till then! / Cheerio! [tɪl ðen / tʃɪərɪ'əʊ]

▶ Kap. 10, Telefonieren S. 265

Beim Friseur

Friseurgeschäfte unterscheiden sich nicht nur nach dem Geschlecht der Kunden, sondern auch nach modischem Chic. So gibt es noch immer die althergebrachten Herrenfriseure (= *barbers)*, deren Firmenzeichen die rot-weiße Stange ist. Andererseits verstehen sich viele *hairdressers* (= Friseure) auch als Modekünstler und nennen sich dementsprechend *hair-stylists*.

Haben Sie heute / morgen noch einen Termin frei?	Can I make an appointment for today / tomorrow? [kən aɪ meɪk ən ə'pɔɪntmənt fə tə'deɪ / tə'mɒrəʊ]

Was soll gemacht werden?

• What would you like to have done? [wɒt wəd jʊ laɪk tə hæv dʌn]	Was soll bei Ihnen gemacht werden?
Ich möchte mir ... stutzen lassen.	**Would you please trim my ... .** [wəd jʊ pli:z trɪm maɪ]
den Bart	beard [bɪəd]
den Schnurrbart	moustache [mə'stɑ:ʃ]
die Koteletten	sideboards ['saɪdbɔ:dz]
Nur ...! / ... und ...!	**Only ...! / ... and ...!** ['əʊnlɪ ... / ... ənd ...]
waschen	a wash [ə wɒʃ]
schneiden	a hair-cut / trim [ə 'heəkʌt / trɪm]
fönen	a blow-dry [ə 'bləʊdraɪ]
frisieren	a comb-out [ə 'kəʊmaʊt]
rasieren	a shave [ə ʃeɪv]
Ich möchte mir die Haare ... lassen.	**I'd like my hair ... .** [aɪd laɪk maɪ heə]
färben	dyed [daɪd]
tönen	colour rinsed / tinted ['kʌlə rɪnst / 'tɪntɪd]
Ich möchte	**I'd like ... .** [aɪd laɪk]
einen neuen Haarschnitt	a new hairstyle [ə nju: 'heəstaɪl]
eine pflegeleichte Frisur	an easy to manage hairstyle [ən 'i:zɪ tə 'mænɪdʒ 'heəstaɪl]
einen Kurzhaarschnitt	a short hairstyle / crop [ə ʃɔ:t 'heəstaɪl / krɒp]
Machen Sie mir bitte ...!	**Please, can I have ...!** [pli:z kən aɪ hæv]
eine (leichte) Dauerwelle	a (light) perm [ə (laɪt) pɜ:m]
eine Teildauerwelle	a demi-wave [ə 'demɪweɪv]
Strähnchen	highlights ['haɪlaɪts]

Waschen, schneiden, fönen

• What shampoo do you use? [wɒt ʃæmˈpuː dʊ jʊ juːz]	Welches Shampoo benutzen Sie?
• Is the water the right temperature? [ɪz ðə ˈwɔːtə ðə raɪt ˈtemprətʃə]	Ist das Wasser so recht?
Bitte etwas wärmer / kälter!	A little warmer / colder, please! [ə ˈlɪtl ˈwɔːmə / ˈkəʊldə pliːz]
• How much shall I cut off? [haʊ mʌtʃ ʃəl aɪ kʌt ɒf]	Wieviel soll abgeschnitten werden?
Nur die Spitzen.	Only the ends. [ˈəʊnlɪ ðɪ endz]
• What sort of style would you like? [wɒt sɔːt əv staɪl wəd jʊ laɪk]	Was für einen Schnitt wünschen Sie?
Ich hätte die Haare gern	**I'd like my hair ... .** [aɪd laɪk maɪ heə]
(leicht) stufig geschnitten	(lightly) layered [(ˈlaɪtlɪ) ˈleɪəd]
glatt / lockig	straight / curly [streɪt / ˈkɜːlɪ]
Den Pony bitte ...!	**The fringe ..., please!** [ðə frɪndʒ ... pliːz]
gerade / fransig	straight / feathered [streɪt / ˈfeðəd]
lang / kurz	long / short [lɒŋ / ʃɔːt]
• **The parting ...?** [ðə ˈpɑːtɪŋ]	**Den Scheitel ...?**
on the right / left [ɒn ðə raɪt / left]	rechts / links
in the middle [ɪn ðə ˈmɪdl]	in der Mitte
• What colour would you prefer? [wɒt ˈkʌlə wəd jʊ prɪˈfɜː]	Welche Farbe hätten Sie gern?

8

Ich möchte mein Haar	**I'd like my hair ... .** [aɪd laɪk maɪ heə]
(dunkel- / hell-) blond	(dark / light) blonde [(dɑːk / laɪt) blɒnd]
kastanienbraun	chestnut ['tʃesnʌt]
rot	red [red]
rotblond	strawberry blonde ['strɔːberɪ blɒnd]
rotbraun	auburn ['ɔːbən]
schwarz	black [blæk]
•**A little ...?** [ə 'lɪtl]	**Etwas ...?**
conditioner [kən'dɪʃnə]	Spülung
(hair) setting lotion [(heə) 'setɪŋ 'ləʊʃn]	Festiger
hairspray / lacquer [''heəspreɪ / 'lækə]	Haarspray / Haarlack
• Now then, how does that look? [naʊ ðen haʊ dəz ðæt lʊk]	Ist es so recht?
Es gefällt mir!	That's fine. [ðæts faɪn]

Reinigung

8

Waschautomaten (= *coin-operated washing machines)* gibt es in so vielen Waschsalons, daß ein bekannter Film *My Beautiful Launderette* (deutsch: *Mein wunderbarer Waschsalon*) heißen konnte.

Ich möchte ... reinigen lassen.	**I'd like ... cleaned.** [aɪd laɪk ... kliːnd]
meine Bluse	my blouse [maɪ blaʊz]
diese Hose	this pair of trousers [ðɪs peər əv 'traʊzəz]

Läßt sich dieser Fleck entfernen?	Is it possible to remove this stain? [ɪz ɪt 'pɒsəbl tə rɪ'muːv ðɪs steɪn]
Wann ist es fertig?	When will it be ready? [wen wɪl ɪt bɪ 'redɪ]

bügelfrei	non-iron [nɒn'aɪən]
bügeln	to iron [tʊ 'aɪən]
Chemische Reinigung	dry cleaner's [draɪ 'kliːnəz]
Fleck	stain [steɪn]
Spezialbehandlung	special treatment ['speʃl 'triːtmənt]
waschen	to wash [tə wɒʃ]
Wäscherei	laundry ['lɔːndrɪ]
waschmaschinenfest	machine-washable [mə'ʃiːnwɒʃəbl]
Waschsalon	launderette [lɔːndə'ret]

▶ Kap. 6, Glossar: Kleidungsstücke S. 168

FÜR ALLE FÄLLE 9

Das Allernotwendigste

Am besten ist es, Unfällen (= *accidents*) vorzubeugen und Notfälle (= *emergencies*) gar nicht erst eintreten zu lassen. Man wird etwa mit den folgenden Ausrufen bzw. Schildern gewarnt:

- Watch out! / Look out! [wɒtʃ aʊt / lʊk aʊt] — Vorsicht!
- Mind your head! [maɪnd jɔː hed] — Kopf einziehen!
- Mind the step! [maɪnd ðə step] — Vorsicht Stufe!

DANGER! HIGH VOLTAGE! Vorsicht Hochspannung!	**BEWARE OF DOG!** Vorsicht bissiger Hund!

Andere Länder, andere Gefahren! Sie werden in GB und IRL auch auf Hinweise stoßen, die für Mitteleuropäer recht ungewöhnlich wirken. So werden Sie vor Schafen (*Sheep crossing!*), Rindern (*Cattle crossing!*) oder Stieren (*Beware of bull!*) gewarnt, und die Insellage bringt ihre eigenen Risiken mit sich: Warnung vor den Gezeiten (*Shifting tides!*). Falls Sie trotz aller Vorsichtsmaßnahmen in eine Notlage geraten sollten, können Sie mit folgenden Ausrufen auf sich aufmerksam machen:

Hilfe!	Help! [help]
Bitte helfen Sie mir / uns!	Please help me / us! [pliːz help mɪ / əs]
Feuer! / Es brennt!	There's a fire! [ðəz ə ˈfaɪə]

Ich bin verletzt!	I'm injured! [aɪm 'ɪndʒəd]
Rufen / Holen Sie ...!	**Call / Get ...!** [kɔːl / get]
einen Arzt	a doctor [ə 'dɒktə]
die Bergwacht	the Mountain and Cave Rescue [ðə 'maʊntɪn ən keɪv 'reskjuː]
die Feuerwehr	the fire brigade [ðə 'faɪə brɪ'geɪd]
einen Krankenwagen	an ambulance [ən 'æmbjʊləns]
die Polizei	the police [ðə pə'liːs]
ein Rettungsboot	a life boat [ə laɪf bəʊt]
Schnell! Es ist dringend!	Quick! It's urgent! [kwɪk ɪts 'ɜːdʒənt]
Wo ist das nächste Krankenhaus?	Where's the nearest hospital? [weəz ðə 'nɪərɪst 'hɒspɪtl]
Wo kann ich hier telefonieren?	Where can I make a phone call? [weə kən aɪ meɪk ə fəʊn kɔːl]

NOTRUF 999	**EMERGENCY**
Ich möchte einen (Verkehrs-)Unfall ... melden.	**I want to report a (traffic) accident ... .** [aɪ wɒnt tə rɪ'pɔːt ə ('træfɪk) 'æksɪdənt]
auf der Straße / Autobahn nach ...	on the road / motorway to ... [ɒn ðə rəʊd / 'məʊtəweɪ tə]
in Richtung ...	in the direction of ... [ɪn ðə dɪ'rekʃn əv]
in der Nähe von ...	near ... [nɪə]
Es gibt (Leicht- / Schwer-)Verletzte.	There are persons (slightly / badly) injured. [ðər aː 'pɜːsnz ('slaɪtlɪ / 'bædlɪ) 'ɪndʒəd]

9

Die Notrufnummer (= *emergency number*) in GB und IRL ist überall 999. Auch von öffentlichen Telefonzellen sind diese Notrufe kostenlos. Die Vermittlung (= *operator*) wird Sie fragen: *Which service do you require?* (= Welchen Notdienst wünschen Sie?) und Sie mit Polizei (= *police*, IRL *Garda Síochána*), Feuerwehr, Krankenwagen, Rettungsboot oder Bergwacht verbinden.

Unfälle & Pannen

Verkehrsunfälle

Im Unterschied zu Deutschland kommt die Polizei bei leichten Sachschäden im allgemeinen nicht zum Unfallort. Die Beteiligten tauschen meist ohne viel Aufsehens nur ihre Versicherungsnummern aus, die sich in GB und IRL an der Windschutzscheibe befinden. Im Zweifelsfall sollten Sie dennoch die Polizei herbeirufen.

Sind Sie in Ordnung / verletzt?	Are you alright / hurt? [ə jʊ ɔːlˈraɪt / hɜːt]
Das war (nicht) meine Schuld.	It was (not) my fault. [ɪt wəz (nɒt) maɪ fɔːlt]
Sie haben die Vorfahrt nicht beachtet.	You didn't yield / give the right of way. [jʊ ˈdɪdnt jiːld / gɪv ðə raɪt əv weɪ]
Sie sind zu dicht aufgefahren / schnell gefahren.	You were driving too close / fast. [jʊ wɜː ˈdraɪvɪŋ tuː kləʊs / fɑːst]
Hier ist meine Versicherungsnummer.	Here's my insurance number. [hɪəz maɪ ɪnˈʃɔːrəns ˈnʌmbə]
Ich rufe die Polizei.	I'm calling the police. [aɪm ˈkɔːlɪŋ ðə pəˈliːs]

Würden Sie als Zeuge / Zeugin für mich aussagen?	Would you act as my witness? [wəd jʊ ækt əz maɪ 'wɪtnɪs]

▶ Kap. 3, Auf der Autobahn S. 66, Verkehrskontrolle S. 72
▶ Kap. 9, Das Allernotwendigste S. 234

Autopanne

Die Pannenhilfen des britischen und irischen Automobilclubs AA erreichen Sie rund um die Uhr unter den Nummern 0800-887766 (GB) und 1800-667788 (IRL).

Ich habe eine Autopanne.	My car has broken down. [maɪ kɑː həz 'brəʊkən daʊn]
Mein Auto hat … .	**My car has … .** [maɪ kɑː həz]
kein Benzin mehr	run out of petrol [rʌn aʊt əv 'petrəl]
einen Platten	a flat tyre [ə flæt 'taɪə]
Haben Sie ein/en …?	**Do you have a …?** [dʊ jʊ hæv ə]
Abschleppseil	tow-rope ['təʊrəʊp]
Starthilfekabel	jump leads [dʒʌmp liːdz]
Wagenheber	jack [dʒæk]
Könnten Sie mir helfen, das Auto anzuschieben?	Could you give me a push? [kəd jʊ gɪv mɪ ə pʊʃ]
Könnten Sie mir …?	**Could you …?** [kəd jʊ]
einen Mechaniker empfehlen	recommend a mechanic [rekə'mend ə mɪ'kænɪk]
einen Abschleppwagen schicken	call for a breakdown / recovery vehicle [kɔːl fər ə 'breɪkdaʊn / rɪ'kʌvərɪ 'vɪəkl]

Wo gibt es hier eine Reparaturwerkstatt / Vertragswerkstatt von ...?	Where's there a garage / authorized repair shop for ...? [weəz ðər ə 'gærɪdʒ / 'ɔːθəraɪzd rɪ'peə ʃɒp fə]

In der Autowerkstatt

Der Wagen / Motor	**The car / engine ... .** [ðə kɑː / 'endʒɪn]
ist kaputt	has broken down [həz 'brəʊkən daʊn]
springt nicht an	won't start [wəʊnt stɑːt]
verliert Öl / Kühlwasser	is leaking oil / coolant [ɪz 'liːkɪŋ ɔɪl / 'kuːlənt]
macht ein seltsames Geräusch	is making a funny noise [ɪz 'meɪkɪŋ ə 'fʌnɪ nɔɪz]
riecht verbrannt	gives off a smell of burning [gɪvz ɒf ə smel əv 'bɜːnɪŋ]
Können Sie den Wagen reparieren?	Could you fix / repair the car? [kəd jʊ fɪks / rɪ'peə ðə kɑː]
Wie lange wird die Reparatur dauern?	How long will the repair take? [haʊ lɒŋ wɪl ðə rɪ'peə teɪk]
Haben Sie das Ersatzteil da?	Have you got that part in stock? [həv jʊ gɒt ðət pɑːt ɪn stɒk]
Wieviel wird es kosten?	How much will it be? [haʊ mʌtʃ wɪl ɪt biː]
Können Sie mir einen Kostenvoranschlag machen?	Could you give me an estimate? [kəd jʊ gɪv mɪ ən 'estɪmət]

▶ Kap. 3, Tanken & Service S. 67

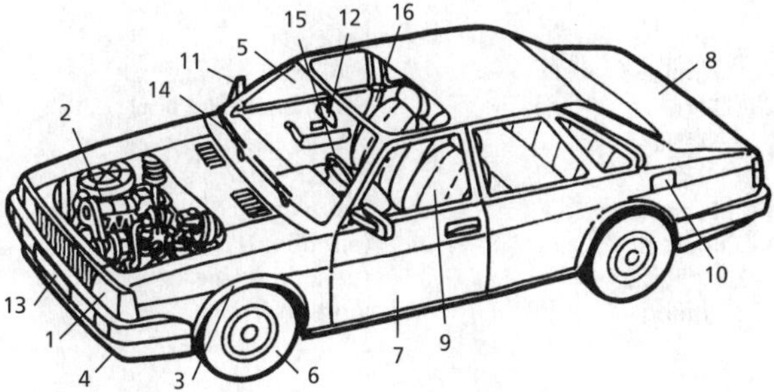

1	headlights ['hedlaɪts]	Scheinwerfer	
2	engine ['endʒɪn]	Motor	
3	wing [wɪŋ]	Kotflügel	
4	bumper ['bʌmpə]	Stoßstange	
5	windscreen ['wɪndskriːn]	Windschutzscheibe	
6	tyre ['taɪə]	Reifen	
7	door [dɔː]	(Wagen-)Tür	
8	boot [buːt]	Kofferraum	
9	seat [siːt]	Sitz	
10	tank [tæŋk]	Tank	
11	exterior mirror [ɪk'stɪərɪə 'mɪrə]	Außenspiegel	
12	interior mirror [ɪn'tɪərɪə 'mɪrə]	Rückspiegel	
13	number plate ['nʌmbə pleɪt]	Nummernschild	
14	windscreen wiper ['wɪndskriːn 'waɪpə]	Scheibenwischer	
15	steering wheel ['stɪərɪŋ wiːl]	Lenkrad	
16	safety-belt ['seɪftɪbelt]	Sicherheitsgurt	

Reparaturanfällige Teile

Anlasser	starter ['stɑːtə]
Auspuff	exhaust [ɪg'zɔːst]
Batterie	battery ['bætərɪ]
Bremse	brake [breɪk]
Blinker	indicator ['ɪndɪkeɪtə]
Keilriemen	V-belt ['viːbelt]
Kupplung	clutch [klʌtʃ]
Kühler	radiator ['reɪdɪeɪtə]

Licht	light [laɪt]
Abblend~	dipped ~ [dɪpt]
Fern~	full beam [fʊl bi:m]
Stand~	side~ [saɪd]
Rück~	rear ~ [rɪə]
Bremsleuchte	brake ~ [breɪk]
(Öl-)Filter	(oil) filter [('ɔɪl) 'fɪltə]
Zündkerze	spark plug [spɑ:k plʌg]
Zündung	ignition [ɪg'nɪʃn]

▶ Wörterbuch

Diebstahl & Verlust

Allgemein

Wo ist ...?	**Where's the ...?** [weəz ðə]
die Polizei	police station [pə'li:s 'steɪʃn]
das Fundbüro	lost property office [lɒst 'prɒpətɪ 'ɒfɪs]
Ich kann meinen ... nicht mehr finden.	**I can't find my ... .** [aɪ kɑ:nt faɪnd maɪ]
Schlüssel	key [ki:]
Führerschein	driving licence ['draɪvɪŋ 'laɪsəns]
Ich habe meine/n ... verloren.	**I've lost my ... .** [aɪv lɒst maɪ]
Papiere	documents ['dɒkjʊmənts]
Paß	passport ['pɑ:spɔ:t]
Ich bin bestohlen worden.	I've been robbed. [aɪv bɪn rɒbd]

9

Ich habe meinen Mantel hier liegengelassen.	I left my coat behind. [aɪ left maɪ kəʊt bɪ'haɪnd]
Ist hier vielleicht ... abgegeben worden?	Has, by any chance, ... been handed in? [həz baɪ 'enɪ tʃɑːns ... bɪn 'hændɪd ɪn]
Könnte ich für alle Fälle meine Anschrift hinterlassen?	Just in case, could I leave my address? [dʒʌst ɪn keɪs kəd aɪ liːv maɪ ə'dres]

Anzeige erstatten

Wenn Sie eine Anzeige bei der Polizei erstatten, sollten Sie sich ausweisen bzw. die üblichen Personalien angeben können (→ Kap. 2, Glossar: Personalien S. 44).

Ich möchte eine/n ... anzeigen.	**I want to report a ... .** [aɪ wɒnt tə rɪ'pɔːt ə]
Diebstahl	theft [θeft]
Einbruch	burglary ['bɜːglərɪ]
Überfall	mugging ['mʌgɪŋ]
Vergewaltigung	rape [reɪp]
Mir wurde mein/e.... gestohlen.	**My ... has been stolen.** [maɪ ... həz bɪn 'stəʊlən]
Reisegepäck / Brieftasche	luggage / wallet ['lʌgɪdʒ / 'wɒlɪt]
Auto / Fahrrad	car / bicycle [kɑː / 'baɪsɪkl]
Geld / Kreditkarte	money / credit card ['mʌnɪ / 'kredɪt kɑːd]
Mein Auto ist aufgebrochen worden.	My car has been broken into. [maɪ kɑː həz bɪn 'brəʊkən 'ɪntuː]
• Where / When did it happen? [weə / wen dɪd ɪt 'hæpən]	Wo / Wann ist es passiert?

9

• **What's your car's ...?** [wɒts jɔː kɑːz]	**Welche/s ... hat Ihr Auto?**
number plate ['nʌmbə pleɪt]	Nummernschild
chassis number ['ʃæsɪ 'nʌmbə]	Fahrgestellnummer
• Could you describe the items and state their value! [kəd jʊ dɪ'skraɪb ðɪ 'aɪtəmz ən steɪt ðeə 'væljuː]	Beschreiben Sie die Art der Gegenstände und geben Sie ihren Wert an!
• Would you like to leave an address / a phone number where you could be contacted during your stay? [wəd jʊ laɪk tə liːv ən ə'dres / ə fəʊn 'nʌmbə weə jʊ kəd bɪ 'kɒntæktɪd 'djʊərɪŋ jɔː steɪ]	Möchten Sie eine Adresse / Telefonnummer hinterlassen, unter der Sie während Ihres Aufenthaltes zu erreichen sind?

Bei Geld- & Kartenverlust

Scheckkarten können Sie telefonisch unter Angabe des Kreditinstituts und Ihrer Kontonummer in Deutschland sperren lassen. Wenn Sie dringend Geld benötigen, können Sie es sich entweder als internationale telegrafische Postanweisung (= *wired postal order*) oder per Banküberweisung (= *wired credit transfer)* schicken lassen.

Verlustmeldung von Karten

0049-69-740987	EC-Karten, Kundenkarten und Euroschecks
0049-69-79331910	Eurocard
0049-69-9797-1000	American Express
0049-69-260350	Diners Club
0049-69-66305333	Visa Card
0049-69-29985210	Visa Card (Citibank)

9

► Kap. 8, Nützliche Telefonnummern S. 224

Wo ist die ...?	**Where's the ...?** [weəz ðə]
Hauptpost	main post office [meɪn pəʊst 'ɒfɪs]
Hauptgeschäftsstelle der Bank	bank's head office [bæŋks hed 'ɒfɪs]
Ich erwarte eine telegrafische ... aus	**I'm waiting for a ... from ... .** [aɪm 'weɪtɪŋ fər ə ... frəm]
Postanweisung	wired postal remittance ['waɪəd 'pəʊstəl rə'mɪtəns]
Überweisung	wired credit transfer ['waɪəd 'kredɪt 'trænsfɜ:]
Ist das Geld schon angekommen?	Has the money arrived yet? [həz ðə 'mʌnɪ ə'raɪvd jet]

▶ Kap. 9, Anzeige erstatten S. 241
▶ Kap. 8, Banken & Geldverkehr S. 215

In der Apotheke

Drogerien und Apotheken befinden sich immer unter einem Dach und heißen entweder *chemist's* oder *pharmacy*. Meist geschieht der Verkauf im hinteren Teil des Ladens, was seinen Grund darin hat, daß die meisten Medikamente auf ärztliches Rezept dort erst abgezählt und abgepackt werden. Stellen Sie sich also auf eine gewisse Wartezeit ein. Manche Arzneien wie Schmerztabletten und Erkältungsmittel finden Sie auch in den Regalen der Supermärkte.

Wo ist die nächste (Notdienst-) Apotheke?	Where's the nearest (duty) chemist's? [weəz ðə 'nɪərɪst ('dju:tɪ) 'kemɪsts]

Medikamente kaufen

Ich hätte gern (ein/e) … .	**I'd like … .** [aɪd laɪk]
(homöopathisches) Mittel gegen …	a (homoepathic) remedy for … [ə (həʊmjəʊ'pæθɪk) 'remədɪ fə]
(leichtes / starkes) Schmerzmittel	a (mild / strong) pain-killer [ə (maɪld / strɒŋ) 'peɪnkɪlə]
Schlafmittel	some sleeping tablets [səm 'sliːpɪŋ 'tæblɪts]
Abführmittel	a laxative [ə 'læksətɪv]
Pflaster	some sticking plasters [səm 'stɪkɪŋ 'plɑːstəz]

Bitte etwas für / gegen …!	**Have you got something for …?** [həv jʊ gɒt 'sʌmθɪŋ fə]
Durchfall	diarrhoea [daɪə'rɪə]
Sodbrennen	heartburn ['hɑːtbɜːn]
Mückenstiche	mosquito bites [mə'skiːtəʊ baɪts]

- This drug is available only on prescription. [ðɪs drʌg ɪz ə'veɪləbl 'əʊnlɪ ɒn prɪ'skrɪpʃn] — Dieses Medikament ist verschreibungspflichtig.

Darreichungsformen

Kapseln	capsules ['kæpsjuːlz]
Pastillen	pastilles ['pæstɪlz]
Pillen	pills [pɪlz]
Saft	mixture ['mɪkstʃə]
Salbe	cream / ointment [kriːm / 'ɔɪntmənt]
Tabletten	tablets ['tæblɪts]
Tropfen	drops [drɒps]
Zäpfchen	suppositories [sə'pɒzɪtərɪz]

9

Wegen Empfängnisverhütungsmitteln (= *contraceptives*), Schwangerschaftstests (= *pregnancy tests*) oder Beratung bei Schwangerschaft können Sie sich an Familienberatungsstellen (= *family planning clinics*) wenden. In IRL sind Kondome (= *condoms*) neuerdings auch aus Automaten erhältlich. Die Pille danach (= *morning-after pill*) gibt es nur in den Beratungsstellen.

▶ Wörterbuch
▶ Kap. 9, Beschwerden & Verletzungen benennen S. 247
▶ Kap. 6, Glossar: Körperpflegeartikel & Kosmetika S. 173

Glossar: Packungsbeilage

indications / applications	Anwendungsgebiete
interactions	Wechselwirkungen
side-effects	Nebenwirkungen
Dosage and Mode of Application	**Dosierung und Anwendung**
ten drops / tablets	10 Tropfen / Tabletten
one teaspoon	1 Teelöffel
every twelve hours	alle 12 Stunden
three times a day	dreimal täglich
before / after / during meals	vor dem / nach dem / zum Essen
in the morning / evening	morgens / abends
on an empty stomach	auf nüchternen Magen
orally	oral
chew	zerkauen
dissolve in water	in Wasser auflösen
swallow whole	unzerkaut schlucken
rectally	rektal
for external application	zur äußeren Anwendung

9

Arztbesuch & Krankenhausaufenthalt

Falls Sie erkranken oder Ihnen etwas zustößt, können Sie sich darauf verlassen, daß das Gesundheitswesen (= *national health service*) in GB und IRL gut ausgebaut und funktionstüchtig ist. Lassen Sie sich von den zum Teil veraltet wirkenden Einrichtungen nicht abschrekken. Sie müssen mit längeren Wartezeiten rechnen. Als Versicherte der gesetzlichen Krankenkassen besorgen Sie sich vor der Abreise bei Ihrer Krankenkasse das Formular E111, das zur kostenlosen Behandlung in ärztlichen Praxen und öffentlichen Krankenhäusern berechtigt. Für Arzneikosten müssen Sie allerdings in GB teilweise, in IRL vollständig selbst aufkommen.

Orientierung

Können Sie mir einen guten Arzt / eine gute Ärztin empfehlen?	Can you recommend a good doctor? [kən jʊ rekə'mend ə gʊd 'dɒktə]
Gibt es hier einen Arzt, der / eine Ärztin, die Deutsch spricht?	Is there a doctor who speaks German? [ɪz ðər ə 'dɒktə hʊ spi:ks 'dʒɜ:mən]
Wo ist die Praxis?	Where's the doctor's practice? [weəz ðə 'dɒktəz 'præktɪs]

9

Arzt / Ärztin	doctor / physician / medical practitioner ['dɒktə / fɪ'zɪʃn / 'medɪkl præk'tɪʃnə]
Allgemeinarzt/ärztin	general practitioner (GP) ['dʒenərəl præk'tɪʃnə (dʒi:'pi:)]

Augenarzt/ärztin	ophthalmologist [ɒfθæl'mɒlədʒɪst]
Frauenarzt/ärztin	gynaecologist [gaɪnə'kɒlədʒɪst]
Hals-, Nasen-, Ohrenarzt/ärztin	ear, nose and throat specialist [ɪə nəʊz ən θrəʊt 'speʃəlɪst]
Hautarzt/ärztin	dermatologist [dɜːmə'tɒlədʒɪst]
Internist/in	specialist for internal injuries ['speʃəlɪst fər ɪn'tɜːnl 'ɪndʒərɪz]
Kinderarzt/ärztin	pediatrician [piːdɪə'trɪʃn]
Nervenarzt/ärztin	neurologist [njʊə'rɒlədʒɪst]
Notarzt/ärztin	doctor on call / duty ['dɒktə ɒn kɔːl / 'djuːtɪ]
Psychiater/in	psychiatrist [saɪ'kaɪətrɪst]
Urologe/in	urologist [jʊə'rɒlədʒɪst]

Beschwerden & Verletzungen benennen

• What's the problem / trouble? ['wɒts ðə 'prɒbləm / 'trʌbl]	Was fehlt Ihnen?
Ich habe	**I've ... .** [aɪv]
Kopfschmerzen	a headache [ə 'hedeɪk]
Bauchschmerzen	stomach cramps ['stʌmək kræmps]
Menstruationsbeschwerden	menstruational cramps [menstrʊ'eɪʃnl kræmps]
eine Erkältung	a cold [ə kəʊld]
Fieber	a fever [ə 'fiːvə]
Mir tut / tun ... weh.	My ... hurts / hurt. [maɪ ... hɜːts / hɜːt]
Ich fühle mich (sehr)	**I feel (quite) ... .** [aɪ fiːl (kwaɪt)]
schlecht	sick [sɪk]
schwach	weak [wiːk]

9

Mir ist schwindelig.	I feel dizzy. [aɪ fiːl 'dɪzɪ]
Ich leide an … .	**I'm suffering from … .** [aɪm 'sʌfərɪŋ frəm]
Durchfall	diarrh(o)ea [daɪə'rɪə]
Ohnmachtsanfällen	bouts of fainting [baʊts əv 'feɪntɪŋ]
Schlaflosigkeit	insomnia [ɪn'sɒmnɪə]
Ich habe mich übergeben.	I've been vomiting. [aɪv bɪn 'vɒmɪtɪŋ]
Ich habe mich … .	**I … myself.** [aɪ … 'maɪself]
verletzt	hurt [hɜːt]
geschnitten	cut [kʌt]
verbrannt	burnt [bɜːnt]
Ich bin gestürzt.	I fell. [aɪ fel]
Ich bin von … gebissen / gestochen worden.	I've been bitten / stung by … . [aɪv bɪn 'bɪtn / stʌŋ baɪ]

Ärztliche Untersuchung

• Where do you feel pain? [weə dʊ jʊ fiːl peɪn]	Wo haben Sie Schmerzen?
• Does that hurt? [dəz ðæt hɜːt]	Tut das weh?
• How long have you had this pain? [haʊ lɒŋ həv jʊ hæd ðɪs peɪn]	Seit wann haben Sie diese Schmerzen?
• Please roll up your sleeve. [pliːz rəʊl ʌp jɔː sliːv]	Krempeln Sie bitte den Ärmel auf.
• Please undress down to the waist. [pliːz ʌn'dres daʊn tə ðə weɪst]	Bitte machen Sie den Oberkörper frei.

• **Please lie on your … .** [pli:z laɪ ɒn jɔ:]	**Legen Sie sich bitte auf … .**
back [bæk]	den Rücken
side [saɪd]	die Seite
• Breathe in / out deeply. [bri:ð ɪn / aʊt 'di:plɪ]	Atmen Sie tief ein / aus.
• Hold your breath. [həʊld jɔ: breθ]	Halten Sie den Atem an.
• Cough, please. [kɒf pli:z]	Bitte husten Sie.
• How are your stools? [haʊ ə jɔ: stu:lz]	Wie ist Ihr Stuhlgang?
• Are you on medication? [ə jʊ ɒn medɪ'keɪʃn]	Nehmen Sie zur Zeit irgendwelche Medikamente?
• Are you allergic to antibiotics / anaesthetics? [ə jʊ ə'lɜ:dʒɪk tʊ æntɪbaɪ'ɒtɪks / ænɪs'θetɪks]	Sind Sie allergisch gegen Antibiotika / Betäubungsmittel?
• When were you last immunized against tetanus? [wen wə jʊ lɑ:st 'ɪmju:naɪzd ə'genst 'tetənəs]	Wann sind Sie das letzte Mal gegen Tetanus geimpft worden?
• Do you suffer from a chronic disease? [dʊ jʊ 'sʌfə frəm ə 'krɒnɪk dɪ'zi:z]	Haben Sie ein chronisches Leiden?
Ich habe … .	**I've … .** [aɪv]
einen Herzschrittmacher	a pacemaker [ə 'peɪsmeɪkə]
Kreislaufbeschwerden	cardio-vascular disorder [kɑ:dɪəʊ'væskjʊlə 'dɪsɔ:də]
Diabetes / Zucker	diabetes [daɪə'bi:tɪz]
Ich hatte einen … .	**I had a … .** [aɪ həd ə]
Herzinfarkt	heart attack [hɑ:t ə'tæk]
Schlaganfall	stroke [strəʊk]

• **Has he / she had ...?** [həz hɪ / ʃɪ hæd]	**Hat er / sie ... gehabt?**
chickenpox ['tʃɪkɪnpɒks]	Windpocken
German measles ['dʒɜːmən 'miːzlz]	Röteln
measles ['miːzlz]	Masern
• Are you HIV positive? [ə jʊ eɪtʃaɪ'viː 'pɒzətɪv]	Sind Sie HIV-positiv?
• Are you pregnant? [ə jʊ 'pregnənt]	Sind Sie schwanger?
• When did you last have your period? [wen dɪd jʊ lɑːst həv jɔː 'pɪərɪəd]	Wann war Ihre letzte Regelblutung?
• **Do you take / have / use ...?** [dʊ jʊ teɪk / hæv / juːz]	**Nehmen / Haben / Benutzen Sie ...?**
a diaphram [ə 'daɪəfrəm]	ein Diaphragma
the pill [ðə pɪl]	die Pille
condoms ['kɒndəmz]	Präservative
a coil [ə kɔɪl]	eine Spirale
a contraceptive [ə kɒntrə'septɪv]	ein Verhütungsmittel
• I'll take your blood pressure / temperature. [aɪl teɪk jɔː blʌd 'preʃə / 'temprətʃə]	Ich messe Ihren Blutdruck / Ihre Temperatur.

Diagnose & Therapie

9

• It's nothing serious / contagious. [ɪts 'nʌθɪŋ 'sɪərɪəs / kən'teɪdʒəs]	Es ist nichts Ernstes / Ansteckendes.
• **You've got ... .** [jʊv gɒt]	**Sie haben eine ... .**
appendicitis [əpendɪ'saɪtɪs]	Blinddarmentzündung
food poisioning [fuːd 'pɔɪznɪŋ]	Lebensmittelvergiftung
pneumonia [njuː'məʊnjə]	Lungenentzündung

• You've broken / sprained your ankle. [jʊv 'brəʊkən / spreɪnd jɔːr 'æŋkl]	Sie haben sich den Knöchel gebrochen / verstaucht.
• You've pulled a muscle. [jʊv pʊld ə 'mʌsl]	Sie haben eine Muskelzerrung.
• **I'll give you ... .** [aɪl gɪv jʊ]	**Ich gebe Ihnen ... .**
a (local) anaesthetic [ə ('ləʊkl) ænɪs'θetɪk]	eine (örtliche) Betäubung
an injection [ən ɪn'dʒekʃn]	eine Spritze
a plaster cast [ə 'plɑːstə kɑːst]	einen Gipsverband
• **We'll have to take ... .** [wɪl hæv tə teɪk]	**Wir müssen eine ... machen.**
a sample of your blood / urine [ə 'sɑːmpl əv jɔː blʌd / 'jʊərɪn]	Blut- / Urinprobe
an X-ray [ən eks'reɪ]	Röntgenaufnahme
• You have to stay in bed for ... days. [jʊ hæv tə steɪ ɪn bed fə ... deɪz]	Sie sollten ... Tage im Bett bleiben.
• Take these tablets three times a day. [teɪk ðiːz 'tæblɪts θriː taɪmz ə deɪ]	Nehmen Sie diese Tabletten dreimal täglich.
• Call in again next week . [kɔːl ɪn ə'gen nekst wiːk]	Kommen Sie nächste Woche noch einmal vorbei.
• **I'm transferring you to a ... .** [aɪm trəns'fɜːrɪŋ jʊ tʊ ə]	**Ich überweise Sie ... .**
hospital ['hɒspɪtl]	in ein Krankenhaus
specialist ['speʃəlɪst]	an einen Facharzt / Spezialisten
• You'll have to have an operation. [jʊl hæv tə hæv ən ɒpə'reɪʃn]	Sie müssen sich operieren lassen.

9

Glossar: Körperteile & Organe

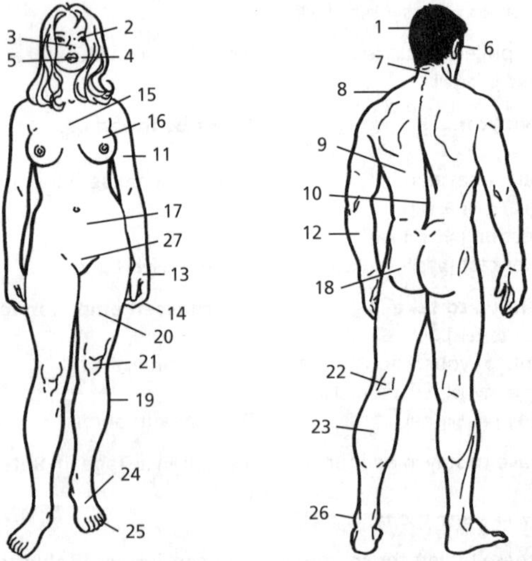

1	head [hed]	Kopf
2	eye [aɪ]	Auge
3	nose [nəʊz]	Nase
4	mouth [maʊθ]	Mund
5	lip [lɪp]	Lippe
6	ear [ɪə]	Ohr
7	neck [nek]	Hals
8	shoulder ['ʃəʊldə]	Schulter
9	back [bæk]	Rücken
10	spinal / vertebral column ['spaɪnl / 'vɜːtɪbrəl 'kɒləm]	Wirbelsäule
11	arm [ɑːm]	Arm
12	lower arm ['ləʊə ɑːm]	Unterarm
13	hand [hænd]	Hand
14	finger ['fɪŋgə]	Finger
15	breast / chest [brest / tʃest]	Brust
16	bosom ['bʊzəm]	Busen
17	belly / stomach ['belɪ / 'stʌmək]	Bauch
18	buttocks *pl.* ['bʌtəks]	Gesäß
19	leg [leg]	Bein
20	thigh [θaɪ]	Oberschenkel
21	knee [niː]	Knie
22	joint [dʒɔɪnt]	Gelenk
23	calf [kɑːf]	Wade
24	foot [fʊt]	Fuß
25	toe [təʊ]	Zeh
26	ankle ['æŋkl]	Knöchel
27	genitals ['dʒenɪtlz]	Geschlechtsorgane

Innere Organe

heart [hɑ:t]	Herz
liver ['lɪvə]	Leber
lung [lʌŋ]	Lunge
kidney ['kɪdnɪ]	Niere
stomach ['stʌmək]	Magen
intestines *pl.* / bowels *pl.* [ɪn'testɪnz / 'baʊəlz]	Darm
appendix [ə'pendɪks]	Blinddarm
thyroid (gland) ['θaɪrɔɪd (glænd)]	Schilddrüse
bladder ['blædə]	Harnblase
gall-bladder ['gɔ:lblædə]	Gallenblase

▶ Wörterbuch

Im Krankenhaus

ADMISSIONS	EMERGENCIES
Aufnahme	Notfallstation

Department	**Abteilung**
cardiology ward [kɑ:dɪ'ɒlədʒɪ wɔ:d]	Herzerkrankungen
children's ward ['tʃɪldrənz wɔ:d]	Kinderstation
gynaecological unit [gaɪnəkə'lɒdʒɪkl 'ju:nɪt]	Gynäkologie
medical ward ['medɪkl wɔ:d]	Innere Medizin

9

operating theatre ['ɒpəreɪtɪŋ θɪ'ətə]	OP
orthopaedic department [ɔːθəʊ'piːdɪk dɪ'pɑːtmənt]	Orthopädie
out-patients *pl.* ['aʊtpeɪʃnts]	Ambulanz / ambulante Behandlung
surgical ward ['sɜːdʒɪkl wɔːd]	Chirurgie
X-ray unit / department [eks'reɪ 'juːnɪt / dɪ'pɑːtmənt]	Röntgenabteilung

Wann ist ...?	**When is / are ...?** [wen ɪz / ə]
Arztvisite	the doctor doing his / her round [ðə 'dɒktə 'dʊɪŋ hɪz / hɜː raʊnd]
Besuchszeit	the visiting hours [ðə 'vɪzɪtɪŋ 'aʊəz]
Essenszeit	meal-times ['miːltaɪmz]
Wo liegt Herr / Frau ...?	Where do I find Mr / Ms ...? [weə dʊ aɪ faɪnd 'mɪstə / mɪz]
Wo ist ...?	**Where's ...?** [weəz]
die Abteilung für ...	the ... department / ward [ðə ... dɪ'pɑːtmənt / wɔːd]
Zimmer Nr. ...	room number ... [ruːm 'nʌmbə]
Wo finde ich den / die ...?	**Where do I find the ...?** [weə dʊ aɪ faɪnd ðə]
Arzt / Ärztin	doctor ['dɒktə]
Chefarzt/ärztin	consultant [kən'sʌltənt]
Krankenschwester / Krankenpfleger	nurse / male nurse [nɜːs / meɪl nɜːs]
Ich habe Schmerzen / Durst.	I've pains / I'm thirsty. [aɪv peɪnz / aɪm 'θɜːstɪ]
Ich habe keinen Appetit.	I've no appetite. [aɪv nəʊ 'æpɪtaɪt]

Ich möchte … .	**I'd like …** [aɪd laɪk]
ins Bad / auf die Toilette gehen	to go to the bathroom / toilet [tə gəʊ tə ðə 'bɑːθrʊm / 'tɔɪlɪt]
ein Schmerzmittel / Schlafmittel	a pain killer / sleeping tablet [ə peɪn 'kɪlə / 'sliːpɪŋ 'tæblɪt]
telefonieren	to make a phone-call [tə meɪk ə 'fəʊnkɔːl]
Wann werde ich entlassen?	When will I be discharged? [wen wɪl aɪ bɪ dɪs'tʃɑːdʒd]
• The patient will be discharged (at his / her own risk). [ðə 'peɪʃnt wɪl bɪ dɪs'tʃɑːdʒd (ət hɪz / hər əʊn rɪsk)]	Der Patient wird (auf eigene Verantwortung) entlassen.
Ich brauche eine Bescheinigung über den Krankenhausaufenthalt.	I need a form to certify my stay at the hospital. [aɪ niːd ə fɔːm tə 'sɜːtɪfaɪ maɪ steɪ ət ðə 'hɒspɪtl]

Beim Zahnarzt

Ich habe Zahnschmerzen.	I've got toothache. [aɪv gɒt 'tuːθeɪk]
Dieser hier … .	**This one … .** [ðɪs wʌn]
unten / oben	down there / up here [daʊn ðeə / ʌp hɪə]
vorn / hinten	at the front / back [ət ðə frʌnt / bæk]
links / rechts	on the left / right [ɒn ðə left / raɪt]
Mir ist ein Stück vom Zahn abgebrochen.	I've a chipped tooth. [aɪv ə tʃɪpt tuːθ]

9

Mir ist eine Füllung herausgefallen.	One of my fillings has fallen out. [wʌn əv maɪ 'fɪlɪŋz həz 'fɔ:lən aʊt]
Können Sie eine provisorische Füllung machen?	Could you do a temporary filling? [kəd jʊ dʊ ə 'tempərərɪ 'fɪlɪŋ]
• Open your mouth, please! ['əʊpən jɔ: maʊθ pli:z]	Machen Sie bitte den Mund auf!
• I've to X-ray it. [aɪv tʊ eks'reɪ ɪt]	Das muß geröntgt werden.
• Are you allergic (to ...)? [ə jʊ ə'lɜ:dʒɪk (tʊ)]	Sind Sie allergisch (gegen ...)?
• **I'll give you ... .** [aɪl gɪv jʊ] an injection [ən ɪn'dʒekʃn] a pain killer [ə peɪn 'kɪlə]	**Ich gebe Ihnen ... .** eine Spritze ein Schmerzmittel
• Please rinse your mouth! [pli:z rɪns jɔ: maʊθ]	Bitte spülen!
• Please don't eat for two hours. [pli:z dəʊnt i:t fə tu: 'aʊəz]	Bitte zwei Stunden lang nichts essen.

9

DIENSTLICH UNTERWEGS 10

Kontaktaufnahme

Informationen und mögliche Kontaktadressen erhalten Sie ggf. über die Deutsche Handelskammer in Großbritannien und Nordirland (= *German Chamber of Trade in Great Britain and Northern Ireland*, 16 Buckingham Gate, London SW1 E6LB, Tel. 0044-171-2335656, Fax 0044-171-2337835) sowie über die Bundesstelle für Außeninformation (BfAI) in Köln (Tel. 0221-2057-0, Fax 0221-2057212).

- ▶ Kap. 2, Einladungen & Verabredungen S. 50, Begrüßung & Verabschiedung S. 40
- ▶ Kap. 2, Bei Verständigungsschwierigkeiten S. 38, Höflichkeitsformeln S. 47, Small talk S. 53,
- ▶ Kap. 10, Messen S. 275

Sich vorstellen

Bei den wenigsten Geschäftspartnern können Sie Deutschkenntnisse voraussetzen; um so ergiebiger für Ihren Kontakt ist es, wenn Sie selbst mit Englisch aufwarten können – und seien es auch nur einzelne Wendungen.

Mein Name ist … .	My name is … . [maɪ neɪm ɪz]
Ich bin Verkaufsleiter bei … .	I'm sales manager at … . [aɪm seɪlz 'mænɪdʒə ət]
Ich bin in der Bekleidungsbranche tätig.	I work in the clothing industry. [aɪ wɜːk ɪn ðə 'kləʊðɪŋ 'ɪndəstrɪ]
Ich komme von der Agentur … .	I represent the agency … . [aɪ reprɪ'zent ðɪ 'eɪdʒənsɪ]

Ich arbeite bei / für	I work with / for ... . [aı wɜ:k wıð / fə]
Hier ist meine Karte.	Here's my (business / visiting) card. [hıəz maı ('bıznıs / 'vızıtıŋ) kɑ:d]
Wir ... (qualitativ hochwertige) Stoffe.	**We ... (high quality) cloth.** [wı ... (haı 'kwɒlətı) klɒθ]
exportieren	export [ık'spɔ:t]
importieren	import [ım'pɔ:t]
handeln mit	deal in [di:l ın]
produzieren	produce / manufacture [prə'dju:s / mænjʊ'fæktʃə]
Wir sind ein ... Unternehmen.	**We're a / an ... company / concern.** [wıər ə / ən ... 'kʌmpənı / kən'sɜ:n]
führendes	leading ['li:dıŋ]
internationales	international [ıntə'næʃənl]
multinationales	multinational [mʌltı'næʃənl]
kleines	small [smɔ:l]
großes	large [lɑ:dʒ]
mittelständisches	medium-sized ['mi:djəmsaızd]

Vorsicht: Das englische Wort *branch* bedeutet „Zweigstelle" oder „Filiale", während das deutsche Wort „Branche" auf englisch *industry* heißt, und zwar auch in den Fällen, wo keine industriellen Erzeugnisse hergestellt werden, etwa in der *tourism industry* (= Fremdenverkehr).

▶ Kap. 2, Sich vorstellen S. 41
▶ Kap. 10, Glossar: Positionen & Hierarchien S. 261, Glossar: Abteilungen S. 261, Glossar: Unternehmensformen S. 262
▶ Wörterbuch

Den Ansprechpartner ausfindig machen

Ich möchte zu Herrn / Frau … .	I'd like to see Mr / Ms …, please! [aɪd laɪk tə siː 'mɪstə / mɪz … pliːz]
Ich habe eine Verabredung mit … .	I have an appointment with … . [aɪ həv ən ə'pɔɪntmənt wɪð]
Ich suche den / die … .	**I'm looking for the person … .** [aɪm 'lʊkɪŋ fə ðə 'pɜːsn]
Zuständige/n für …	dealing with … ['diːlɪŋ wɪð]
Verantwortliche/n für …	responsible for … [rɪ'spɒnsəbl fə]
Könnte ich bitte mit dem Leiter / jemandem vom Vertrieb sprechen?	Could I please talk to the director of / someone in sales? [kəd aɪ pliːz tɔːk tʊ ðə dɪ'rektər əv / 'sʌmwʌn ɪn seɪlz]
Ich möchte mit dem / der Koordinator/in für … sprechen.	I'd like to speak to the coordinator of … . [aɪd laɪk tə spiːk tə ðə kəʊ'ɔːdɪneɪtə əv]
Sind Sie … von Herrn / Frau Brown?	**Are you …?** [ə jʊ]
der / die Assistent/in	Mr / Ms Brown's assistant ['mɪstə / mɪz braʊnz ə'sɪstənt]
ein/e Kollege / Kollegin	a colleague of Mr / Ms Brown's [ə 'kɒliːg əv 'mɪstə / mɪz braʊnz]
ein/e Mitarbeiter/in	a staff member with Mr / Ms Brown [ə stɑːf 'membə wɪð 'mɪstə / mɪz braʊn]
die Sekretärin	Mr / Ms Brown's secretary ['mɪstə / mɪz braʊnz 'sekrətrɪ]

► Kap. 10, Glossar: Positionen & Hierarchien S. 261, Glossar: Abteilungen S. 261
► Wörterbuch

Glossar: Positionen & Hierarchien

Je nach Geschäftssparte variieren die Bezeichnungen der Führungskräfte. Sie heißen *director* (= Direktor / Geschäftsführer), *manager* (= Leiter) oder *head* (= Chef). Der Zusatz *vice* oder *deputy* gibt jeweils die zweite Führungskraft an. Verantwortungsbereiche werden als *department / division* (= Abteilung) oder als *section* (= Bereich) bezeichnet. Titel dienen oft der Aufwertung der betreffenden Stellung, so ist schon ein Buchhalter oft ein *accounts manager*.

chairman / president ['tʃeəmən / 'prezɪdənt]	Generaldirektor/in (eines Großunternehmens)
vice ~ [vaɪs]	stellvertretende/r ~
executive [ɪg'zekjʊtɪv]	leitende/r Angestellte/r
head of administration [hed əv ədmɪnɪ'streɪʃn]	Verwaltungschef
head of department / section [hed əv dɪ'pɑːtmənt / 'sekʃn]	Abteilungsleiter
manager ['mænɪdʒə]	Geschäftsführer/in
owner / proprietor ['əʊnə / prə'praɪətə]	Inhaber/in
sales manager [seɪlz 'mænɪdʒə]	Verkaufsleiter/in

Glossar: Abteilungen

Buchhaltung	accounts department [ə'kaʊnts dɪ'pɑːtmənt]
Einkauf	buying / purchasing department ['baɪɪŋ / 'pɜːtʃəsɪŋ dɪ'pɑːtmənt]

10

Forschungsabteilung	research and development (R&D) department [rɪ'sɜ:tʃ ən dɪ'veləpmənt (ɑ:rən'di) dɪ'pɑ:tmənt]
Geschäftsführung	management ['mænɪdʒmənt]
Kundendienst	customer service department ['kʌstəmə 'sɜ:vɪs dɪ'pɑ:tmənt]
Marketing	marketing department ['mɑ:kɪtɪŋ dɪ'pɑ:tmənt]
Personalabteilung	personnel / human resources department [pɜ:sə'nel / 'hju:mən rɪ'sɔ:sɪz dɪ'pɑ:tmənt]
PR-Abteilung	public relations (PR) department ['pʌblɪk rɪ'leɪʃnz (pi:'ɑ:) dɪ'pɑ:tmənt]
Produktion / Herstellung	production line / floor [prə'dʌkʃn laɪn / flɔ:]
Sekretariat	secretary's / secretaries' office ['sekrətrɪz / 'sekrətrɪz 'ɒfɪs]
Verkauf / Vertrieb	sales department [seɪlz dɪ'pɑ:tmənt]

Glossar: Unternehmensformen

business ['bɪznɪs]	Betrieb / Geschäft
company ['kʌmpənɪ]	Betrieb / Firma / Gesellschaft
joint-stock / public ~ [dʒɔɪnt'stɒk / 'pʌblɪk]	Aktiengesellschaft (AG)
limited (liability ~) (Ltd.) ['lɪmɪtɪd (laɪə'bɪlətɪ)]	Gesellschaft mit beschränkter Haftung (GmbH)
trust (~) [trʌst]	Treuhandgesellschaft

concern [kən'sɜːn]	Konzern
consortium [kən'sɔːtjəm]	Konsortium
co-operative [kəʊ'ɒpərətɪv]	Genossenschaft
enterprise ['entəpraɪz]	Unternehmen
firm [fɜːm]	Firma
friendly society ['frendlɪ sə'saɪətɪ]	(eingetragener) Verein
group [gruːp]	Unternehmensgruppe
partnership ['pɑːtnəʃɪp]	Personengesellschaft
general ~ ['dʒenərəl]	Offene Handelsgesellschaft (OHG)
limited ~ ['lɪmɪtɪd]	Kommanditgesellschaft (KG)
venture ['ventʃə]	Firma, Unternehmen
joint ~ [dʒɔɪnt]	Gemeinschaftsunternehmen

Termine vereinbaren

Könnten wir einen Termin ausmachen, um ...?	Could we arrange a meeting in order to ...? [kəd wɪ ə'reɪndʒ ə 'miːtɪŋ ɪn 'ɔːdə tʊ]
Ich würde gerne mit Ihnen	**I'd like to ... with you.** [aid laɪk tə ... wɪð juː]
über das Angebot sprechen	discuss the offer [dɪ'skʌs ðɪ 'ɒfə]
einen Vertrag aushandeln	negotiate a contract [nɪ'gəʊʃɪeɪt ə 'kɒntrækt]
Wir sollten	**We should ... .** [wɪ ʃəd]
das weitere Vorgehen abstimmen	discuss and agree our next steps [dɪ'skʌs ənd ə'griː 'aʊə nekst steps]
weitere Einzelheiten klären	clarify further details ['klærɪfaɪ 'fɜːðə 'diːteɪlz]

10

When would it suit you?
[wen wəd ɪt sju:t ju:]
Wann paßt es Ihnen?

Mir würde es am 3. Mai um 10.00 Uhr passen.
The third of May at ten o'clock would suit me. [ðə θɜ:d əv meɪ ət ten ə'klɒk wəd sju:t mɪ:]

Wie wäre es mit Dienstag um 15.00 Uhr?
How about Tuesday at three o'clock? [haʊ ə'baʊt 'tju:zdeɪ ət θri: ə'klɒk]

I' ll have to consult my diary / filofax first. [aɪl hæv tə kən'sʌlt maɪ 'daɪərɪ / 'faɪləʊfæks fɜ:st]
Ich muß erst (in meinem Terminkalender) nachschauen.

Yes, that suits me fine.
[jes ðət sju:ts mɪ: faɪn]
Ja, das paßt ausgezeichnet.

I'm sorry, I'm not available.
[aɪm 'sɒrɪ aɪm nɒt ə'veɪləbl]
Da bin ich leider verhindert.

I'm afraid I've a prior engagement. [aɪm ə'freɪd aɪv ə 'praɪə ɪn'geɪdʒmənt]
Da habe ich leider schon einen Termin.

- Where shall we meet? [weə ʃəl wɪ mi:t] — Wo treffen wir uns?

Könnten wir uns am Flughafen treffen? — Could we meet at the airport? [kəd wɪ mi:t ət ðɪ 'eəpɔ:t]

10

▶ Kap. 1, Zeiten S. 22, Datum S. 29
▶ Kap. 2, Sich verabreden S. 50

Telefonieren

Könnte ich bitte mit ... sprechen? Frau Begley der / dem Zuständigen für ...	**Could I speak to ..., please?** [kəd aı spi:k tə ... pli:z] Ms Begley [mız 'beglı] the person dealing with ... [ðə 'pɜ:sn 'di:lıŋ wıð]
Verbinden Sie mich bitte mit dem Anschluß 353.	Please put me through to extension 353. [pli:z pʊt mı θru: tʊ ık'stenʃn θri: faıv θri:]
• Who am I speaking / talking to? [hu: əm aı 'spi:kıŋ / 'tɔ:kıŋ tu:]	Wer ist am Apparat?
Ich bin ... von (der Firma)	My name is ... . I'm from ... . [maı neım ız ... aım frəm]
• Just a moment, please! [dʒʌst ə 'məʊmənt pli:z]	Einen Moment, bitte!
• Hold the line, please! [həʊld ðə laın pli:z]	Bleiben Sie bitte am Apparat!
• I'll put you through to Mr / Ms ... . [aıl pʊt jʊ θru: tə 'mıstə / mız]	Ich verbinde Sie mit Herrn / Frau ... .
• **I'm sorry but ... .** [aım 'sɒrı bət]	**Bedaure, aber ... .**
he's / she's not in just now [hız /ʃız nɒt ın dʒʌst naʊ]	er / sie ist gerade nicht da
he's / she's speaking on another line [hız /ʃız 'spi:kıŋ ɒn ə'nʌðə laın]	er / sie spricht gerade
he's / she's in a meeting [hız /ʃız ın ə 'mi:tıŋ]	er / sie ist zur Zeit in einer Besprechung
he'll / she'll be back in his / her office on Monday [hıl /ʃıl bı bæk ın hız / hər 'ɒfıs ɒn 'mʌndeı]	er / sie ist erst ab nächsten Montag wieder im Büro

• Would you like to leave a message? [wəd jʊ laɪk tə li:v ə 'mesɪdʒ]	Möchten Sie eine Nachricht hinterlassen?
Richten Sie ihm / ihr bitte aus, daß ich … .	**Would you please tell him / her that I … .** [wəd jʊ pli:z tel hɪm / hɜ: ðət aɪ]
angerufen habe	called / rang [kɔ:ld / ræŋ]
gegen 16 Uhr wieder anrufe	will be calling again around four o'clock [wɪl bɪ 'kɔ:lɪŋ ə'gen ə'raʊnd fɔ:r ə'klɒk]
dringend mit ihm / ihr über … sprechen muß	have to speak to him / her urgently about … [hæv tə spi:k tə hɪm / hɜ:r 'ɜ:dʒəntlɪ ə'baʊt]

▶ Kap. 8, Telefonieren S. 222, Am Telefon S. 227

Schriftliche Korrespondenz

re	Betreff
enclosure / enclosed	Anlage
Anschrift	
Messrs	Fa.
(for the) attention (of) …	z. Hd. …
Mr / Dr Smith	Herrn / Herrn Dr. Smith
Ms / Dr Hanrahan	Frau / Frau Dr. Hanrahan
To the press officer	An den Verantwortlichen des Pressebüros
Anrede	
Dear Sir,	Sehr geehrter Herr,
Dear Madam,	Sehr geehrte Dame,
Dear Sir / Madam,	Sehr geehrte Damen und Herren,

Dear Mr Bottomley,	Sehr geehrter / Lieber Herr Bottomley,
Dear Ms Nugent,	Sehr geehrte / Liebe Frau Nugent,
Grußklauseln	
Kind regards,	Herzliche Grüße
Best wishes,	Mit allen guten Wünschen
Yours faithfully,	Hochachtungsvoll
Yours sincerely,	Mit freundlichen Grüßen
pp.	im Auftrag (i. A.)
Telefax	
Please telephone if you have any difficulty receiving this message.	Bei unlesbarem oder unvollständigem Text bitten wir um Ihren Anruf.

In der Firma

Sekretariat & Empfang

RECEPTION Empfang	**SECRETARY'S OFFICE** Sekretariat

• Who would you like to speak to? [hu: wəd jʊ laɪk tə spi:k tu:] — Mit wem möchten Sie sprechen?

Ich bin für 10.00 Uhr mit ... verabredet. — I've an appointment with ... at ten o'clock. [aɪv ən ə'pɔɪntmənt wɪð ... ət ten ə'klɒk]

Ich möchte zu … .	I'd like to see … . [aɪd laɪk tə si:]
• Are you Mr / Ms …? [ə jʊ 'mɪstə / mɪz]	Sind Sie Herr / Frau …?
• Just a moment, please! [dʒʌst ə 'məʊmənt pli:z]	Einen Moment bitte!
• Mr / Ms … is coming straight away. ['mɪstə / mɪz … ɪz 'kʌmɪŋ streɪt ə'weɪ]	Herr / Frau … kommt sofort.
• Would you please come this way! Mr / Ms … is expecting you. [wəd jʊ pli:z kʌm ðɪs weɪ 'mɪstə / mɪz … ɪz ɪk'spektɪŋ jʊ]	Kommen Sie bitte! Herr / Frau … erwartet Sie.
• I'll show you the way. [aɪl ʃəʊ jʊ ðə weɪ]	Ich begleite Sie.
• Room 211, second floor on the right. [ru:m tu:hʌndrədəndɪ'levn 'sekənd flɔ:r ɒn ðə raɪt]	Raum 211, im 2. Stock rechts.
• The lift is over there. [ðə lɪft ɪz 'əʊvə ðeə]	Der Aufzug ist dort.

▶ Kap. 3, Wegbeschreibungen S. 58
▶ Kap. 4, Orientierung: Wo ist …? S. 106

Small talk

Bei Verspätungen wird man eine entschuldigende Bemerkung wie *I'm sorry I'm late* (= Entschuldigen Sie bitte die Verspätung!) sicher akzeptieren, zumal wenn Sie dichten Verkehr (= *heavy traffic*) als Grund anführen können.

• Can I take your coat? [kən aɪ teɪk jɔː kəʊt]	Kann ich Ihnen den Mantel abnehmen?
• Please take a seat! [pliːz teɪk ə siːt]	Nehmen Sie bitte Platz!
• Can I offer you something to drink? [kən aɪ 'ɒfə jʊ 'sʌmθɪŋ tə drɪŋk]	Kann ich Ihnen etwas zu trinken anbieten?
Ja, gern.	Yes, please. [jes pliːz]
Stört es Sie, wenn ich rauche?	Do you mind if I smoke? [dʊ jʊ maɪnd ɪf aɪ sməʊk]
• When did you arrive? [wen dɪd jʊ ə'raɪv]	Wann sind Sie angekommen?

▶ Kap. 2, Sich begrüßen S. 40, Small talk S. 53

Verhandlungen führen

Wir sind sehr interessiert an	We're very interested in ... . [wɪə 'verɪ 'ɪntrəstɪd ɪn]
Wir benötigen (zunächst)	**We (first) need ... .** [wɪ (fɜːst) niːd]
Ihr Angebot	your offer [jɔːr 'ɒfə]
Ihre Preisliste	your price-list [jɔː 'praɪslɪst]
einen Kostenvoranschlag	a quotation / an estimate [ə kwəʊ'teɪʃn / ən 'estɪmət]
ein Muster	a sample [ə 'sɑːmpl]
Ihre Lieferbedingungen	your terms of delivery [jɔː tɜːmz əv dɪ'lɪvərɪ]
eine schriftliche Bestätigung	a written confirmation [ə 'rɪtn kɒnfə'meɪʃn]

Bis wann könnten Sie die Waren liefern?	When could you deliver the goods? [wen kəd jʊ dɪ'lɪvə ðə gʊdz]
Sie müßten uns im Preis noch etwas entgegenkommen.	You would have to give us a little concession in the price. [jʊ wəd hæv tə gɪv əs ə 'lɪtl kən'seʃn ɪn ðə praɪs]
Die ... gehen zu Ihren / unseren Lasten.	**... will be charged to you / us.** [wɪl bɪ tʃɑːdʒd tə juː / əs]
Transportkosten	Carriage / Transport costs ['kærɪdʒ / 'trænspɔːt kɒsts]
Zollgebühren	Customs duty ['kʌstəmz 'djuːtɪ]
Wir werden die Sache überdenken.	We have to think about it. [wɪ hæv tə θɪŋk ə'baʊt ɪt]
Wir kommen wieder auf Sie zu.	We shall get back to you on this matter. [wɪ ʃəl get bæk tə jʊ ɒn ðɪs 'mætə]

► Kap. 2, Meinungen äußern S. 53

Etwas erbitten

Darf ich Sie um einen Gefallen bitten?	May I ask you a favour? [meɪ aɪ ɑːsk jʊ ə 'feɪvə]
Ich müßte	**I have to ... .** [aɪ hæv tə]
kurz telefonieren	make a short phone call [meɪk ə ʃɔːt fəʊn kɔːl]
in Hamburg anrufen	telephone Hamburg ['telɪfəʊn 'hæmbɜːg]
dieses Schreiben an ... faxen	fax this letter to ... [fæks ðɪs 'letə tʊ]

10

Könnte ich ... benutzen?	**Could I use your ...?** [kəd aɪ ju:z jɔ:]
Ihr Fax	fax machine [fæks me'ʃi:n]
Ihren Kopierer	(photo)copier [('fəʊtə)'kɒpɪə]
Könnten Sie mir bitte erklären, wie das funktioniert?	Could you show me how to work it, please? [kəd jʊ ʃəʊ mɪ haʊ tə wɜ:k ɪt pli:z]
Ich brauche noch 10 (Farb-)Kopien von diesen Unterlagen.	I need another ten (colour) photocopies of these documents. [aɪ ni:d ə'nʌðə ten ('kʌlə) 'fəʊtəʊkɒpɪz əv ði:z 'dɒkjʊmənts]
Vielen Dank!	Thanks a lot! [θæŋks ə lɒt]

Bürobedarf & Ausstattung

Steht ein ... zur Verfügung?	**Will there be ...?** [wɪl ðə bɪ]
Tageslichtprojektor	an overhead projector [ən 'əʊvəhed prə'dʒektə]
Faxgerät	a fax machine [ə fæks mə'ʃi:n]

Präsentation

Folie	transparency [træns'pærənsɪ]
Magnettafel	whiteboard ['waɪtbɔ:d]
Mikrofon	microphone ['maɪkrəfəʊn]
Tafel	blackboard ['blækbɔ:d]
Tageslichtprojektor	overhead projector ['əʊvəhed prə'dʒektə]
Verlängerungsschnur	extension lead [ɪk'stenʃn li:d]
Videorekorder	video recorder ['vɪdɪəʊ rɪ'kɔ:də]
Zeigestock	pointer ['pɔɪntə]

10

Büroausstattung	
Bleistift	pencil ['pensl]
Büroklammer	paper-clip ['peɪpəklɪp]
Fotokopierer	photocopier ['fəʊtəʊkɒpɪə]
Hefter	stapler ['steɪplə]
Heftklammern	staples ['steɪplz]
Klebstoff	adhesive / glue [əd'hi:sɪv / glu:]
Kugelschreiber	ball-pen / biro ['bɔ:lpen / 'baɪrəʊ]
Lineal	ruler ['ru:lə]
Locher	punch(er) ['pʌntʃ(ə)]
Notizbuch	notebook ['nəʊtbʊk]
Papier	paper ['peɪpə]
Radiergummi	rubber / eraser ['rʌbə / ɪ'reɪzə]
Schere	scissors *pl.* ['sɪzəz]
Taschenrechner	calculator ['kælkjʊleɪtə]
Telefon	(tele)phone [('telɪ)fəʊn]
Textmarker	highlighter ['haɪlaɪtə]

► Kap. 6, Schreibwaren S. 178

Computer

PC & Zubehör	
Bildschirm	monitor / screen ['mɒnɪtə / skri:n]
Farb~	colour ~ ['kʌlə]
CD-ROM-Laufwerk	CD-Rom drive [si:di:'rɒm draɪv]
Computer / Rechner	computer [kəm'pju:tə]
Diskette	(floppy) disk(ette) [('flɒpɪ) dɪsk('et)]

Diskettenlaufwerk	disk drive [dɪsk draɪv]
Drucker	printer ['prɪntə]
Festplatte	hard-disk drive ['hɑːddɪsk draɪv]
Handbuch	manual ['mænjʊəl]
Maus	mouse [maʊs]
Modem(anschluß)	modem (interface) ['məʊdəm (ɪntəfeɪs)]
Steckdose	socket ['sɒkɪt]
Stecker	plug [plʌg]
Tastatur	keyboard ['kiːbɔːd]
Taste	key [kiː]
Speicherkapazität	memory ['memərɪ]
Arbeitsspeicher	random-access memory (RAM) [rændəm'ækses 'memərɪ (ræm)]
Hauptspeicher	system memory ['sɪstəm 'memərɪ]
Prozessor	microprocessor ['maɪkrəʊprəʊsesə]
Soundkarte	sound card [saʊnd kɑːd]
Grafikkarte	graphics card ['græfɪks kɑːd]

Falls Sie mit einem Laptop reisen, sollten Sie an einen Adapter (= *adaptor)* denken, der in englische und irische Steckdosen paßt!

Haben Sie e-mail?	Have you got e-mail? [hæv jʊ gɒt 'iːmeɪl]
Ist der Rechner IBM-kompatibel?	Is the computer IBM compatible? [ɪz ðə kəm'pjuːtə aɪbiː'em kəm'pætəbl]
Welche Software benutzen Sie?	What software do you use? [wɒt 'sɒftweə dʊ jʊ juːz]

Wie kann man ...?	**How do I ...?** [haʊ dʊ aɪ]
die Datei öffnen	open the file ['əʊpən ðə faɪl]
den Text speichern	save the text [seɪv ðə tekst]
das Programm verlassen	exit the programme ['eksɪt ðə 'prəʊgræm]
Drücken Sie die ...-Taste!	Press ... . [pres]

Datenverarbeitung

access ['ækses]	Zugriff
data ['deɪtə]	Daten
~ transmission [trænz'mɪʃn]	~austausch
~ bank [bæŋk]	~bank
document ['dɒkjʊmənt]	Dokument
file [faɪl]	Datei
~ name [neɪm]	~name
operating system ['ɒpəreɪtɪŋ 'sɪstəm]	Betriebssystem
program ['prəʊgræm]	Programm
command [kə'mænd]	**Befehl**
to cancel [tə 'kænsl]	abbrechen / rückgängig machen
to close (a file) [tə kləʊz (ə faɪl)]	(eine Datei) schließen
to confirm [tə kən'fɜ:m]	bestätigen
to copy [tə 'kɒpɪ]	kopieren
to delete (a file) [tə dɪ'li:t (ə faɪl)]	(eine Datei) löschen
error ['erə]	Fehler
to open (a file) [tʊ 'əʊpən (ə faɪl)]	(eine Datei) öffnen
to print [tə prɪnt]	drucken
to save (as) [tə seɪv (əz)]	speichern (unter)
to select [tə sɪ'lekt]	(aus)wählen
to terminate [tə 'tɜ:mɪneɪt]	beenden

Messen

Wo ist ...?	**Where's the ...?** [weəz ðə]
der Eingang	entrance ['entrəns]
der Ausgang	exit ['eksɪt]
die Kongreßhalle	conference hall ['kɒnfərəns hɔːl]
Ich suche den Stand der Firma	I'm looking for the stand of ... . [aɪm 'lʊkɪŋ fə ðə stænd əv]
• Stand number fifty-five (in section A). [stænd 'nʌmbə fɪftɪ'faɪv (ɪn 'sekʃn eɪ)]	Stand Nummer 55 (im Ausstellungsbereich A).
Geben Sie mir bitte ...!	**Could you please give me ...!** [kəd jʊ pliːz gɪv mɪ]
ein Ausstellerverzeichnis	a list of exhibitors [ə lɪst əv ɪg'zɪbɪtəz]
einen Ausstellungskatalog	an exhibition catalogue [ən eksɪ'bɪʃn 'kætəlɒg]
Haben Sie auch Informationsmaterial auf deutsch?	Do you also have some information literature in German? [dʊ juː 'ɔːlsəʊ həv səm ɪnfə'meɪʃn 'lɪtrətʃə ɪn 'dʒɜːmən]

▶ Kap. 10, Kontaktaufnahme S. 258, Verhandlungen führen S. 269

Glossar: Messe

Ausstellung	exhibition / exposition [eksɪ'bɪʃn / ekspəʊ'zɪʃn]
Aussteller	exhibitor [ɪg'zɪbɪtə]
Besucher	visitor ['vɪzɪtə]

Messe	fair [feə]
Handels~ / Fach~	trade ~ [treɪd]
Industrie~	industrial ~ [ɪn'dʌstrɪəl]
internationale ~	international ~ [ɪntə'næʃənl]
~ausweis	ID card [aɪ'di: kɑ:d]
~gelände	exhibition centre [eksɪ'bɪʃn 'sentə]
~halle	exhibition hall [eksɪ'bɪʃn hɔ:l]
~hosteß	hostess ['həʊstɪs]
Stand	stand [stænd]
aufbauen	to erect [tʊ ɪ'rekt]
abbauen	to dismantle [tə dɪs'mæntl]
~vermietung	~ hire ['haɪə]
~einrichtung	~ fittings *pl.* ['fɪtɪŋz]

KURZGRAMMATIK

Wortstellung

Leidige Satzkonstruktionen wie im Deutschen, bei denen man lange auf das Hauptverb wartet, sind im Englischen unbekannt. Die normale Wortstellung im Haupt- und Nebensatz ist Subjekt, Prädikat, Objekt sowie weitere Ergänzungen und freie Angaben (z.B. Ort und Zeit).

Einleitung	**Subjekt**	**Prädikat**	**Objekt**	**Angaben**
	They	bought	this car	last year.
	Sie kauften den Wagen letztes Jahr.			
	I	haven't seen	that film	yet.
	Ich habe den Film noch nicht gesehen.			
He asks if	he	can bring	a friend.	
Er fragt, ob er einen Freund/eine Freundin mitbringen kann.				

In Fragesätzen findet eine Umstellung statt. Das Hilfsverb steht dann an erster Stelle.

Fragepronomen	**Hilfsverb**	**Subjekt**	**Vollverb**	**Objekt**	**Angaben**
	Have	you	seen	the film	yet?
	Hast du den Film schon gesehen?				
	Did	you	meet	him?	
	Hast du ihn getroffen?				
When	did	they	buy	the car?	
Wann haben sie den Wagen gekauft?					
Who			left	this note?	
Wer hat diese Nachricht hinterlassen?					

Fragewörter

Who is that? [hu:]	**Wer** ist das?
Whose car is that? [hu:z]	**Wessen** Auto ist das?
Who(m) did you see? [hu:]	**Wen** hast du gesehen?
What is it? [wɒt]	**Was** gibt's?
Which street? [wɪtʃ]	**Welche** Straße?
When are they coming? [wen]	**Wann** kommen sie?
Where is that? [weə]	**Wo** ist das?
Why don't you believe me? [waɪ]	**Warum** glaubst du mir nicht?
How did you get here? [haʊ]	**Wie** bist du hierher gekommen?
How much is it? [haʊ mʌtʃ]	**Wieviel** kostet das?
How many are coming? [haʊ 'menɪ]	**Wie viele** kommen?
How long does it take? [haʊ lɒ:ŋ]	**Wie lange** dauert es?

Präpositionen stehen meistens am Ende des Fragesatzes.

Where do they come **from**?	**Woher** kommen sie?
What do you need that **for**?	**Wofür** brauchst du das?
What are you laughing **at**?	**Worüber** lachst du?
Who are you talking **to**?	**Mit wem** redest du?

Artikel & Substantiv

Bestimmter & unbestimmter Artikel

Der bestimmte Artikel (der, die, das) hat im Englischen im Singular und im Plural nur eine Form: *the* [ðə]. Vor Vokal und stummem *h* wird *the* [ðɪ] ausgesprochen. Der unbestimmte Artikel (ein, eine) hat zwei Formen: *a* [ə] vor Konsonant und *an* [ən] vor Vokal und stummem *h*.

Bestimmter Artikel		**Unbestimmter Artikel**	
the cat [ðə]	*die Katze*	**a** cat [ə]	*eine Katze*
the rooms [ðə]	*die Zimmer*		
the hour [ðɪ]	*die Stunde*	**an** hour [ən]	*eine Stunde*
the umbrella [ðɪ]	*der Regenschirm*	**an** umbrella [ən]	*ein Regenschirm*

Substantiv

Substantive richten sich im Prinzip nach dem biologischen Geschlecht. Alle Sachen sind demnach auch sächlich (= Neutrum). Nur Schiffe und Autos werden in der Regel feminin gesehen: *Fill her up, please* (= Volltanken, bitte). Da der bestimmte Artikel im Englischen nur eine Form hat, erkennt man das Geschlecht oft nur am Personalpronomen (→ S. 286):

the man	*der Mann*	he [hiː]
the woman	*die Frau*	she [ʃiː]
the coat	*der Mantel*	it [ɪt]
the goat	*die Ziege*	it [ɪt]

Der Plural wird in den meisten Fällen durch Anhängen von *-s* bzw. *-es* nach Zischlauten und nach *-o* gebildet. Nach Vokalen und stimmhaften Konsonanten lautet die Aussprache der Endung [z], nach stimmlosen Konsonanten [s] und nach Zischlauten [ɪz].

[z]		[s]		[ɪz]	
boy**s**	*Jungen*	shirt**s**	*Hemden*	house**s**	*Häuser*
ball**s**	*Bälle*	book**s**	*Bücher*	wish**es**	*Wünsche*
tomato**es**	*Tomaten*	rock**s**	*Felsen*	box**es**	*Schachteln*

Unregelmäßige Pluralbildungen

Singular		**Plural**	
man [mæn]	*Mann*	men [men]	*Männer*
woman [ˈwʊmən]	*Frau*	women [ˈwɪmɪn]	*Frauen*
foot [fʊt]	*Fuß*	feet [fiːt]	*Füße*
child [tʃaɪld]	*Kind*	children [ˈtʃɪldrən]	*Kinder*
tooth [tuːθ]	*Zahn*	teeth [tiːθ]	*Zähne*

Die Deklination der Nomen erfolgt durch Präpositionen:

	Singular		**Plural**	
Nominativ	the star	*der Stern*	the stars	*die Sterne*
Akkusativ	the star	*den Stern*	the stars	*die Sterne*
Dativ	to the star	*dem Stern*	to the stars	*den Sternen*
Genitiv	of the star	*des Sterns*	of the stars	*der Sterne*

Der einzig deutlich gebildete Fall im Englischen ist der Genitiv bei Personen. Man bildet ihn durch Anhängen von Apostroph und *-s* (nach Plural-s nur durch Apostroph): *my sister's car* (= der Wagen meiner Schwester), *my sisters' car* (= der Wagen meiner Schwestern).

Verben

Personalformen

Es gibt im Englischen im Präsens in der Regel nur zwei Personalformen: die 3. Person Singular (er/sie/es) und alle anderen Formen. Normalerweise wird für die 3. Person Singular an die Grundform einfach ein *-s* angehängt. Endet das Verb mit einem Vokal oder Zischlaut, lautet die Endung *-es*. Wenn das Verb auf *-y* endet, wird *-ies* angehängt.

Präsens (present tense)

		to ask *fragen*	**to go** *gehen*	**to wish** *wünschen*	**to carry** *tragen*
ich	I	ask	go	wish	carry
du, Sie	you	ask	go	wish	carry
er, sie, es	he, she, it	ask**s** [s]	go**es** [z]	wish**es** [ɪz]	carr**ies** [z]
wir	we	ask	go	wish	carry
ihr, Sie	you	ask	go	wish	carry
sie	they	ask	go	wish	carry

Zeiten

Präsens (present tense)	I, you, we, they he, she, it	ask ask**s**	ich frage, du fragst, er, sie, es fragt ...
Präteritum (past tense)		ask**ed**	ich fragte, du fragtest ...
Perfekt (present perfect) he, she, it	I, you, we, they **has** ask**ed**	**have** ask**ed**	ich habe gefragt, du hast gefragt, er, sie, es hat gefragt ...
Plusquamperfekt (past perfect)		**had** ask**ed**	ich hatte gefragt, du hattest gefragt ...
Futur (future)		**will** ask	ich werde fragen, du wirst fragen ...
Konditional Präsens (present conditional)		**would** ask	ich würde fragen, du würdest fragen ...
Konditional Perfekt (perfect conditional)		**would have** ask**ed**	ich hätte gefragt, du hättest gefragt ...

Das **Partizip Perfekt** dient der Bildung des Perfekts, des Plusquamperfekts (→ Überblick über die Zeitformen S. 282) und des Passivs (→ 286). Bei regelmäßigen Verben wird ein *-ed* an die Grundform angehängt, bei Verben, die auf Vokal enden, ein *-d*, die mit *-y* aufhören, *-ied*. Damit ist diese Form identisch mit dem Präterium (→ unregelmäßige Verben S. 291):

Grundform		**Partizip Perfekt**		**Präteritum**	
work	*arbeiten*	work**ed**	*gearbeitet*	I work**ed**	*ich arbeitete*
smile	*lächeln*	smile**d**	*gelächelt*	I smile**d**	*ich lächelte*
carry	*tragen*	carr**ied**	*getragen*	I carr**ied**	*ich trug*

Die **Verlaufsform** gibt es im Deutschen nicht. Im Englischen zeigt sie an, daß eine Tätigkeit oder ein Ereignis zum Sprech- bzw. Erlebniszeitpunkt gleichzeitig abläuft. Im Deutschen findet es mit der umgangssprachlichen Ausdrucksweise „Ich war gerade am Arbeiten, als ..." eine ungefähre Entsprechung.

It's rain**ing**.	*Es regnet gerade.*
What are you do**ing**?	*Was machst du gerade?*
I'm work**ing**.	*Ich arbeite. / Ich bin am Arbeiten.*

Gebildet wird die Verlaufsform mit dem Hilfsverb *to be* (→ S. 284) und dem Partizip Präsens (= Grundform + *-ing*).

Hilfsverben

To have (= haben), *to be* (= sein) und *to do* (= tun) sind die drei häufigsten und wichtigsten Verben der englischen Sprache. Sie sind einerseits selbständige Verben (*To be or not to be, that is the question*), andererseits braucht man sie zur Bildung der Perfektform, der Verlaufsform, des Passivs (→ S. 286) sowie der Frage- und Verneinungssätze (→ S. 285). Außerdem benutzt man sie zur höflichen Verlängerung von Aussagen: *It's a nice day today, isn't it?*

Gegenwart (present tense)

	to be *sein*	**Kurzform**	**to have** *haben*	**Kurzform**	**to do** *tun, machen*
I	am [æm]	I'm [aɪm]	have [hæv]	I've [aɪv]	do [dʊ:]
you	are [ɑ:]	you're [jɔ:]	have	you've [ju:v]	do
he, she, it	is [ɪz]	he's, she's, it's [hi:z, ʃi:z, ɪts]	has [hæz]	he's, she's, it's [hi:z, ʃi:z, ɪts]	does [dʌz]
we	are [ɑ:]	we're [wɪə]	have	we've [wi:v]	do
you	are	you're [jɔ:]	have	you've [ju:v]	do
they	are	they're [ðeə]	have	they've [ðeɪv]	do
Partizip	being [bi:ɪŋ]		having [ˈhævɪŋ]		doing [ˈdu:ɪŋ]

Vergangenheit (past tense)

	to be *sein*	**to have** *haben*	**to do** *tun, machen*
I	was [wɒz]	had [hæd]	did [dɪd]
you	were [wɜ:]	had	did
he, she, it	was	had	did
we	were	had	did
you	were	had	did
they	were	had	did
Partizip	been [bi:n]		done [dʌn]

In der gesprochenen Sprache werden fast nur die Kurzformen gebraucht.

Modalverben

Die Modalverben kommen nur in Verbindung mit der Grundform eines anderen Verbs vor. Die Umschreibung mit *to do* bei Fragen ist nicht notwendig (s. unten). Sie haben im Präsens und im Präterium für alle Personen immer nur eine Form. Für die Bildung aller anderer Zeiten gibt es eine Ersatzform: *Will you be able to come?* (= Wirst du kommen können?). Achtung: *must not* heißt nicht etwa »nicht müssen« sondern »nicht dürfen«: *You mustn't smoke* (= Du darfst nicht rauchen).

Präsens	**can** *können*	**may** *dürfen*	**must** *müssen*	**will** *werden*	**shall** *sollen*
Verneinung	cannot, can't	may not	must not, mustn't	will not, won't	shall not
Präteritum	could		had to		
Ersatz	to be able to	to be allowed to	to have to		

Verneinung und Fragen mit *to do*

Alle Verben außer *to be* und den Modalverben (s.o.) werden im Präsens mit *do/does*, im Präteritum mit *did* verneint. Dabei wird *do* + *not* zu *don't*, *does* + *not* zu *doesn't* und *did* + *not* zu *didn't* verkürzt.

I don't want that.	*Ich möchte das nicht.*
She doesn't drink alcohol.	*Sie trinkt keinen Alkohol.*
We didn't understand that.	*Wir haben das nicht verstanden.*

Fragen, die nicht eine Form von *to be* oder ein Modalverb enthalten, werden im Präsens mit *do/does*, im Präteritum mit *did* gebildet.

Do you like cats?	*Magst du Katzen?*
Did he call?	*Hat er angerufen?*
How did you get here?	*Wie sind Sie hierher gekommen?*

Passiv

Das Passiv wird benutzt, wenn nicht wichtig ist, wer etwas macht, sondern was gemacht wird: *Your money will be transferred immediately* (= Ihr Geld wird sofort überwiesen). Gebildet wird es mit einer Form von *to be* (→ S. 284) und dem Partizip Perfekt (→ S. 283).

I am asked.	*Ich werde gefragt.*
I was asked.	*Ich wurde gefragt.*

Pronomen

Personalpronomen

Subjekt		**Objekt**	
I [aɪ]	*ich*	me [miː]	*mir / mich*
you [juː]	*du, Sie*	you [juː]	*dir, Ihnen / dich, Sie*
he [hiː]	*er*	him [hɪm]	*ihm / ihn*
she [ʃiː]	*sie*	her [hɜː]	*ihr / sie*
it [ɪt]	*es*	it [ɪt]	*ihm / es*
we [wiː]	*wir*	us [ʌs]	*uns*
you [juː]	*ihr, Sie*	you [juː]	*euch, Ihnen / euch, Sie*
they [ðeɪ]	*sie*	them [ðem]	*ihnen / sie*

Die Unterscheidung zwischen »du« und »Sie« existiert im Englischen nicht: beides heißt *you.*
Die unpersönliche Form »man« wird im Englischen meistens durch *you* oder das formellere *one* ausgedrückt. *They* wird gebraucht, wenn man sich selbst nicht einschließen will. Häufig wird anstelle des deutschen »man« die Passivkonstruktion (s.o.) eingesetzt: *The container is then filled with water* (= Man füllt den Behälter dann mit Wasser).

Reflexivpronomen

Singular		**Plural**	
myself [maɪ'self]	*mich*	ourselves [aʊə'selvz]	*uns*
yourself [jɔ:'self]	*dich, sich*	yourselves [jɔ:'selvz]	*euch, sich*
himself [hɪm'self]	*sich*		
herself [hɜ:'self]	*sich*	themselves [ðem'selvz]	*sich*
itself [ɪt'self]	*sich*		

Das Reflexivpronomen wird verwendet, wenn Subjekt und Objekt dieselbe Person darstellen, oder um ein Substantiv bzw. Pronomen besonders hervorzuheben:

I cut myself.	*Ich habe mich geschnitten.*
They're enjoying themselves.	*Sie amüsieren sich.*
She repaired it herself.	*Sie hat es selbst repariert.*
Take care of yourself.	*Paß auf dich auf.*

Possessivpronomen

Adjektivisch		**Substantivisch**	
my [maɪ] car	*mein Auto*	mine [maɪn]	*meine/r/s*
your [jɔ:] car	*dein / Ihr Auto*	yours [jɔ:z]	*deine/r/s, Ihre/r/s*
his [hɪz] car	*sein Auto*	his [hɪz]	*seine/r/s*
her [hɜ:] car	*ihr Auto*	hers [hɜ:z]	*ihre/r/s*
its [ɪts] car	*sein Auto*	its [ɪts]	*seine/r/s*
our ['aʊə] car	*unser Auto*	ours ['aʊəz]	*unsere/r/s*
your [jɔ:] car	*euer / Ihr Auto*	yours [jɔ:z]	*eure/r/s, Ihre/r/s*
their [ðeə] car	*ihr Auto*	theirs [ðeəz]	*ihre/r/s*

Das Possessivpronomen zeigt einen Besitz an. Man unterscheidet adjektivische und substantivische Formen. Das adjektivische Possessivpronomen wird ähnlich wie im Deutschen gebraucht. Man verwendet es aber auch in Bezug auf Körperteile, Kleidungsstücke und abstrakte Begriffe, wo man im Deutschen den Artikel gebraucht. Das substantivische Possessivpronomen verwendet man häufig anstelle eines kurz zuvor erwähnten Substantivs.

This is your bicycle.	*Das ist dein Rad.*
I gave him my hand.	*Ich gab ihm die Hand.*
This sweater is his, not hers.	*Der Pullover ist seiner, nicht ihrer.*

Demonstrativpronomen

Singular		**Plural**	
this [ðɪs]	*diese/r/s*	these [ði:z]	*diese*
that [ðæt]	*jene/r/s*	those [ðəʊz]	*jene*

This und *these* weisen meistens auf etwas in der Nähe hin, *that* und *those* auf etwas in der Ferne.

Relativpronomen

	Personen	**Sachen**	
Nominativ	who / that [hu: / ðæt]	which / that [wɪtʃ / ðæt]	*der, die, das*
Akkusativ	who / that [hu: / ðæt]	which / that [wɪtʃ / ðæt]	*den, die, das*
Dativ	to whom [tu: hu:m]	to which [tu: wɪtʃ]	*dem, der*
Genitiv	whose [hu:z]	of which [ɒv wɪtʃ]	*dessen, deren*

Indefinitpronomen: *some* und *any*

some [sʌm]	any [ˈenɪ]	*ein paar, einige, etwas*
somebody [ˈsʌmbɒdɪ]	anybody [ˈenɪbɒdɪ]	*jemand*
something [ˈsʌmθɪŋ]	anything [ˈenɪθɪŋ]	*etwas*
somewhere [ˈsʌmweə]	anywhere [ˈenɪweə]	*irgendwo(hin)*

Some und seine Zusammensetzungen werden in bejahenden Sätzen und in Fragen, auf die man eine positive Antwort erwartet, verwendet. *Any* und seine Zusammensetzungen stehen in verneinten Sätzen, in Fragen, deren Anworten ungewiß sind, und in Bedingungssätzen.

Would you like some more coffee?	*Möchten Sie noch etwas Kaffee?*
There wasn't any milk left.	*Es war keine Milch mehr da.*

Adjektive & Adverbien

Adjektive

Im Gegensatz zum Deutschen verändert sich das Adjektiv nicht nach Genus (Geschlecht) und Numerus (Zahl). Die einzige Veränderung am Adjektiv ergibt sich durch die Steigerung. Einsilbige Adjektive und zweisilbige Adjektive, die auf *-y, -le, -er, -ow* enden, werden durch *-er* [ər] im Komparativ und *-est* [ɪst] im Superlativ gesteigert.

Grundform	Komparativ	Superlativ
short	shorter	shortest
kurz	*kürzer*	*am kürzesten*
easy	easier	easiest
leicht	*leichter*	*am leichtesten*

Zwei- und mehrsilbige Adjektive bilden den Komparativ mit *more* [mɔː] und den Superlativ mit *most* [məʊst].

famous	more famous	most famous
berühmt	*berühmter*	*am berühmtesten*
sensible	more sensible	most sensible
vernünftig	*vernünftiger*	*am vernünftigsten*

Ausnahmen

good	*gut*	better	*besser*	best	*am besten*
bad	*schlecht*	worse	*schlechter*	worst	*am schlechtesten*
much / many	*viele*	more	*mehr*	most	*am meisten*
little	*wenig*	less	*weniger*	least	*am wenigsten*

Adverbien

Adverbien geben eine nähere Information zu einem Verb oder Adjektiv. Sie werden gebildet, indem man *-ly* an das Adjektiv hängt.

She is a **careful** driver. *Sie ist eine vorsichtige Fahrerin.*
Please drive **carefully**! *Bitte fahr vorsichtig!*

Gesteigert werden sie mit *more* und *most*:

Grundform	Komparativ	Superlativ
carefully	more carefully	most carefully
vorsichtig	*vorsichtiger*	*am vorsichtigsten*
rapidly	more rapidly	most rapidly
schnell	*schneller*	*am schnellsten*

Unregelmäßige Verben

Infinitiv	Präteritum	Partizip Perfekt	
be	was	been	*sein*
begin	began	begun	*anfangen*
break	broke	broken	*(zer)brechen*
bring	brought	brought	*bringen*
build	built	built	*bauen*
burn	burnt	burnt	*(ver)brennen*
buy	bought	bought	*kaufen*
catch	caught	caught	*fangen*
choose	chose	chosen	*(aus)wählen*
come	came	come	*kommen*
cost	cost	cost	*kosten (Geld)*
cut	cut	cut	*schneiden*
do	did	done	*tun, machen*
drink	drank	drunk	*trinken*
drive	drove	driven	*fahren*
eat	ate	eaten	*essen*
fall	fell	fallen	*fallen*
feel	felt	felt	*fühlen*
find	found	found	*finden, suchen*
forget	forgot	forgotten	*vergessen*
get	got	got(ten)	*bekommen*
give	gave	given	*geben*
go	went	gone	*gehen, fahren*
have	had	had	*haben*
hear	heard	heard	*hören*
hold	held	held	*(ent)halten*
hurt	hurt	hurt	*wehtun, schmerzen*
keep	kept	kept	*(be)halten*
know	knew	known	*wissen, kennen*
lay	laid	laid	*legen*

learn	learnt	learnt	*lernen*
leave	left	left	*(ver)lassen*
let	let	let	*lassen, erlauben*
lie	lay	lain	*liegen*
lose	lost	lost	*verlieren*
make	made	made	*machen*
meet	met	met	*treffen, begegnen*
pay	paid	paid	*(be)zahlen*
put	put	put	*stellen, setzen, legen*
read	read	read	*lesen*
ride	rode	ridden	*reiten*
ring	rang	rung	*klingeln*
rise	rose	risen	*aufstehen, steigen*
run	ran	run	*rennen, laufen*
say	said	said	*sagen*
see	saw	seen	*sehen*
sell	sold	sold	*verkaufen*
send	sent	sent	*schicken, senden*
show	showed	shown	*zeigen*
shut	shut	shut	*schließen*
sing	sang	sung	*singen*
sit	sat	sat	*sitzen, setzen*
sleep	slept	slept	*schlafen*
speak	spoke	spoken	*sprechen*
stand	stood	stood	*stehen*
swim	swam	swum	*schwimmen*
take	took	taken	*nehmen*
teach	taught	taught	*lehren*
tear	tore	torn	*(zer)reißen*
tell	told	told	*erzählen*
think	thought	thought	*denken*
understand	understood	unterstood	*verstehen*
wear	wore	worn	*tragen (Kleidung)*
win	won	won	*gewinnen*
write	wrote	written	*schreiben*

WÖRTERBUCH

Wörterbuch Deutsch–Englisch

A

Aal eel [iːl] 138
ab from [frɒm]
abbiegen turn [tɜːn] 59, 60
Abblendlicht dipped light [dɪpt laɪt] 240
Abend evening [ˈiːvnɪŋ] 26, 40, 112; **~brot** *(spät)* supper [ˈsʌpə] 120
aber but [bʌt]
abfahren leave [ˈliːv] 99
Abflug departure [dɪˈpɑːtʃə] 82
Abführmittel laxative [ˈlæksətɪv] 244
abgeben hand in [hænd ɪn] 241
abholen collect [kəˈlekt] 221, pick up [pɪk ʌp] 51, 104, 176
Abkürzungen abbreviations [əbriːvɪˈeɪʃn] →13f.
ablaufen expire [ɪksˈpaɪə] 63
abreisen leave [liːv] 110; **Abreisetag** day of departure [deɪ əv dɪˈpɑːtʃə] 99
Abschleppwagen recovery vehicle [rɪˈkʌvərɪ ˈvɪəkl] 237
abschneiden cut off [kʌt ɒf] 230
Absender sender [ˈsendə] 221
Absicht purpose [pɜːpəs]; **absichtlich** on purpose [ɒn pɜːpəs] 48
Abstand distance [ˈdɪstəns]
abstellen turn off [tɜːn ɒf] 69, 115
abwärts down [daʊn]
acht eight [eɪt] 16
achtgeben watch out [wɒtʃ aʊt] 234, look out [lʊk aʊt] 234
Achtung attention [əˈtenʃən] 266
achtzehn eighteen [eɪˈtiːn] 16
achtzig eighty [ˈeɪtɪ] 16
Adapter adapter [əˈdæptə] 115, 272
Adresse address [əˈdres] 44, 104, 216
ähnlich similar [ˈsɪmɪlə]
Aktivität activity 188 [ækˈtɪvətɪ]
akzeptieren accept [əkˈsept] 21
Alkohol alcohol [ˈælkəhɒl]; **~ika** hard drinks [hɑːd drɪŋks] 153; **alkoholfrei** non-alcoholic [nɒnælkəˈhɒlɪk] 125
alle, alles all [ɔːl]
allein alone [əˈləʊn]
allergisch allergic [əˈlɜːdʒɪk] 249, 256
Allgemeinarzt/ärztin general practitioner (GP) [ˈdʒenrəl prækˈtɪʃnə (dʒiːˈpiː)] 246
als when *(zeitl.)* [wen]; than *(Vergleich)* [ðæn]
also thus [ðʌs]; so [səʊ]
alt old [əʊld] 44, 210
Alter age [eɪdʒ] 44
Altstadt old (part of the) town [əʊld (pɑːt əv ðə) taʊn] 199
Ampel traffic lights *pl.* [ˈtræfɪk laɪts] 59
an at [æt] 61
Ananas pineapple [ˈpaɪnæpl] 165
anbieten offer [ˈɒfə] 52, 269
andere(r, s) other [ˈʌðə] 105
ändern change [tʃeɪndʒ]
Anfang beginning [bɪˈgɪnɪŋ]; **anfangen** begin [bɪˈgɪn] 291
Angebot offer [ˈɒfə] 263, 269
Angel fishing rod [ˈfɪʃɪŋ rɒd] 189, 192; **angeln** fish [fɪʃ] 185
Angst fear [fɪə]; **ängstlich** fearful [ˈfɪəfʊl]
ankommen arrive [əˈraɪv] 62, 74, 98, 243, 269; **Ankunft** arrival [əˈraɪvl] 77, 82
Anlasser starter [ˈstɑːtə] 239
anmelden enrol [ɪnˈrəʊl] 189
anprobieren try on [traɪ ɒn] 167
Anruf phone call [fəʊn kɔːl] 107; **anrufen** call [kɔːl] 266

Anschluß connection [kə'nekʃən] 75; extension [ɪk'stenʃn] 265
anschnallen fasten seatbelt ['fɑ:sn 'si:tbelt] 84
Anschrift address [ə'dres] 241, 266
ansehen have a look [hæv ə lʊk] 105
Ansicht view [vju:]; **~skarte** picture postcard ['pɪktʃə 'pəʊstkɑ:d] 178
anspringen start [stɑ:t] 238
Antibiotikum antibiotic [æntɪbaɪ'ɒtɪk] 249
Antiquitäten antiques [æn'ti:ks] 152
Antwort answer ['ɑ:nsə]; **antworten** answer ['ɑ:nsə]
anzeigen report [rɪ'pɔ:t] →241f.
Anzug suit [sju:t] 169
Apfel apple ['æpl] 124, 165; **~kuchen** apple pie ['æpl paɪ] 143, apple tart ['æpl tɑ:t] 148; **~saft** apple juice ['æpl dʒu:s] 124
Apfelsine orange ['ɒrɪndʒ] 165
Apfelwein cider ['saɪdə] 126
Apotheke chemist's ['kemɪsts] →243ff., pharmacy [fɑ:məsɪ] →173, 243ff.
Aprikose apricot ['eɪprɪkɒt] 150, 165
April April ['eɪprəl] 27
Arbeit work [wɜ:k]; **arbeiten** work [wɜ:k] 46, 259; **arbeitslos** unemployed ['ʌnɪmplɔɪd] 45
Architekt/in architect ['ɑ:kɪtekt] 202; **Architektur** architecture [ɑ:kɪ'tektʃə] 46, 196
Arm arm [ɑ:m] 252; **~banduhr** watch [wɒtʃ] 180
arm poor [pʊə]
Ärmel sleeve [sli:v] 170, 248
Art way [weɪ]; method ['meθəd]
Arzt/Ärztin doctor ['dɒktə] 235, →246ff.; physician [fɪ'zɪʃn] →246ff.; **ärztlich** medical ['medɪkəl] 67; **Arztpraxis** doctor's practice ['dɒktəz 'præktɪs] 246
Aschenbecher ashtray ['æʃtreɪ] 146
Atem breath [breθ] 249; **atmen** breathe [bri:ð] 249
auch too [tu:], as well [æz wel] 171
auf on [ɒn] 61
Aufenthalt stay [steɪ] 99, 242; **~sdauer** duration of stay [djʊ'reɪʃən əv steɪ] 99
aufgeben post [pəʊst] 221; *(Gepäck)* check in [tʃek 'ɪn] 79
Aufmerksamkeit attention [ə'tenʃn] 266
aufpassen keep an eye [ki:p ən aɪ] 186
Aufruf call [kɔ:l] 84
Aufschnitt cold meat [kəʊld mi:t] →162
Aufzug act [ækt] 207; lift [lɪft] 268
Auge eye [aɪ] 252; **~nblick** moment ['məʊmənt]
August August ['ɔ:gəst] 27
aus out [aʊt]
Ausfahrt exit ['eksɪt] 67, 72
Ausflug excursion [ɪk'skɜ:ʃn] 190, tour [tʊə] 201
Ausgang exit ['eksɪt] 275
ausgeben spend [spend] 158
ausgezeichnet excellent ['eksələnt] 147, perfect ['pɜ:fɪkt] 264
Auskunft directory enquiries [dɪ'rektərɪ ɪn'kwaɪrɪz] 224
ausländisch foreign ['fɒrən] 215; **Auslandsgespräch** international call [ɪntə'næʃənl kɔ:l] 109, 223; **Auslandsvorwahl** international access code [ɪntə'næʃənl 'ækses kəʊd] 223
auslaufen leak ['li:k] 238
ausleihen borrow ['bɒrəʊ] 190
Auspuff exhaust [ɪg'zɔ:st] 239
ausrichten leave a message [li:v ə 'mesɪdʒ] 227, 266
Außenspiegel exterior mirror [ɪk'stɪərɪə 'mɪrə] 239

außer besides [bɪ'saɪdz]; **~halb** outside [aʊt'saɪd]
Aussicht view [vjuː]; **~spunkt** vantage point ['vɑːntɪdʒ pɔɪnt] 200
aussteigen get off [get ɒf] 60, 89
Ausstellung exhibition [eksɪ'bɪʃn] 199, 275, exposition [ekspəʊ'zɪʃn] 275; **Ausstellungskatalog** exhibition catalogue [eksɪ'bɪʃn 'kætəlɒg] 275
austauschen replace [rɪ'pleɪs] 180
Auster oyster ['ɔɪstə] 136, 164
auswählen choose ['tʃuːz] 144, 218, 291, select [sɪ'lekt] 274
Ausweis identification [aɪdentɪfɪ'keɪʃn] 71, identity card [aɪ'dentɪtɪ kɑːd] 106; **~papiere** documents ['dɒkjʊmənts] 45
Auto car [kɑː] 58, 66, 70, 237; **~bahn** motorway ['məʊtəweɪ] 59, 65, 235, **~panne** breakdown ['breɪkdaʊn] 237, →239f.; **~verleih** car rental [kɑː 'rentl] 70; **~teile** car accessories [kɑː ək'sesərɪz] →239f.
Automatik automatic [ɔːtə'mætɪk] 70

B

Baby baby ['beɪbɪ]; **~artikel** layette [leɪ'et] →174f.; **~nahrung** baby food ['beɪbɪ fuːd] 175; **~wäsche** baby clothes ['beɪbɪ kləʊðz] 175
Bäcker baker ['beɪkə]; **Bäckerei** bakery ['beɪkərɪ] 147, 153
Bad bathroom ['bɑːθruːm] 96, 103, 113, 255; **~eanzug** bathing costume ['beɪθɪŋ 'kɒstjuːm] 187; **~ehose** swimming trunks *pl.* ['swɪmɪŋ trʌnks] 187, 291; **~emeister** (pool) attendant [(puːl) ə'tendənt] 186; **baden** bathe [beɪð] →184; **Badewanne** bath tub [bɑːθ tʌb] 113
Bahn train [treɪn]; **~hof** railway station ['reɪlweɪ 'steɪʃn] 153, train station [treɪn 'steɪʃən] 59, 104, 73, 74; **~steig** platform ['plætfɔːm] 77
bald soon [suːn] 28, 101, 228
Banane banana [bə'nɑːnə] 165
Bank bank [bæŋk] 24, 46, →214ff., 219, 243; **~leitzahl** branch code [brɑːntʃ kəʊd] 219
Bar bar [bɑː] 121
bar cash [kæʃ] 21
Bargeld cash [kæʃ] 22, 216, 217
Bart beard [bɪəd] 229
Basketball basketball ['bɑːskətbɔːl] 190
Bauch belly ['belɪ] 252, stomach ['stʌmək] 249; **~schmerzen** stomach cramps ['stʌmək kræmps] 247
bauen build [bɪld]
Bauer farmer ['fɑːmə]; **~nhof** farm [fɑːm]
Baum tree [triː]
beachten observe [əb'zɜːv] 73
bedanken, sich say thank you [seɪ θæŋk juː] →48
bedauern regret [rɪ'gret] 265
bedeuten mean [miːn] 39; **Bedeutung** meaning ['miːnɪŋ]
bedienen serve [sɜːv] 155; **Bedienung** service 133 ['sɜːvɪs]
beeilen hurry ['hʌrɪ]
beenden terminate ['tɜːmɪneɪt] 274
Befehl command [kə'mænd] 274
befinden, sich be situated [biː 'sɪtjʊeɪtɪd] 202
beginnen commence [kə'mens] 199
begleiten accompany 268 [ə'kʌmpənɪ]
begrüßen greet [griːt] 269
behalten keep [kiːp] 147, 291
Behinderte(r) disabled [dɪs'eɪbld] 100, 198
bei at [æt]
beide both [bəʊθ]

Beilage side-dish ['saɪddɪʃ] 135, → 141f.
Bein leg [leg] 252
beinahe nearly ['nɪəlɪ] 29
Bekleidung clothes [kləʊðz] 152
bekommen get [get] 216, 291
Beleg receipt [rɪ'si:t] 218
benachrichtigen inform [ɪn'fɔ:m]
benötigen need [ni:d] 269
benutzen use [ju:z] 90, 250, 271
Benzin petrol ['petrəl] 237
bequem comfortable ['kʌmfətəbl] 156, 269
berechnen charge [tʃɑ:dʒ] 270
Berg mountain ['maʊntɪn] 100, 202; **~steigen** mountaineering [maʊntɪ'nɪərɪŋ] 191
Beruf occupation [ɒkjə'peɪʃən] → 45f.
beschreiben describe [dɪ'skraɪb] 242
Beschwerde complaint [kəm'pleɪnt]
besetzt busy ['bɪzɪ], engaged [ɪn'geɪdʒd] 79, 225; taken ['teɪkən] 78, 134
besichtigen visit ['vɪsɪt] 197; **Besichtigung** sightseeing ['saɪtsi:ɪŋ]
besitzen own [əʊn] 56; **Besitzer/in** owner ['əʊnə] 112
Besprechung meeting ['mi:tɪŋ] 263
bestätigen confirm [kən'fɜ:m] 82, 218, 255, 274
Besteck cutlery ['kʌtlərɪ] 114
bestellen order ['ɔ:də] 91, 108, → 144f., 158; **Bestellung** order ['ɔ:də] 135
Besuch visit ['vɪzɪt]; **~er** visitor ['vɪzɪtə] 275; **besuchen** visit ['vɪzɪt]; **Besuchszeit** visiting hours *pl.* ['vɪzɪtɪŋ 'aʊəz] 254
Betrag amount [ə'maʊnt] 218
Bett bed [bed] 113, 251; **~laken** sheet [ʃi:t] 114; **~wäsche** bed-linen ['bedlɪnɪn] 114
bevor before [bɪ'fɔ:] 245
bewegen move [mu:v]
bezahlen pay [peɪ] → 20f., 21, 64, → 147, 219, 291; **Bezahlung** payment ['peɪmənt] 218
bezweifeln doubt [daʊt] 53
Bier beer [bɪ:ə] 125, 160; *(obergärig)* ale [eɪl] 125
Bild painting ['peɪntɪŋ] 55; picture ['pɪktʃə] 199
billig cheap [tʃi:p]
Binde *(Frauen-)* sanitary towel ['sænɪtərɪ 'taʊəl] 174
Birne pear [peə] 165
bis until [ən'tɪl] 99, (zu) as far as [əz fɑ:r əz] 59
bißchen a little [ə 'lɪtl] 144
Bitte request [rɪ'kwest] 218
bitte please [pli:z] 21, 38; *(bei Nachfragen)* Pardon? ['pɑ:dn] 38; **bitten** (um) ask (for) [ɑ:sk fɔ:] 270
blau blue [blu:] 36
bleiben stay [steɪ] 51, 98, 251
bleifrei unleaded [ʌn'ledɪd] 68
Bleistift pencil ['pensl] 178, 272
Blick view [vju:] 100
Blinddarmentzündung appendicitis [əpendɪ'saɪtɪs] 250
Blinker indicator ['ɪndɪkeɪtə] 239
Blitz lightning ['laɪtnɪŋ] 33, 35; **~licht** flash ['flæʃ] 175
Blume flower ['flaʊə] 152
Blumenkohl cauliflower ['kɒlɪflaʊə] 142
Bluse blouse [blaʊs] 168, 231
Blut blood [blʌd] 251
Bohne bean [bi:n] 141, 164
Boot boat [bəʊt] 85, 188, 192; **~sverleih** boats for hire [bəʊts fə 'haɪə] 188
Bordeaux claret ['klærət] 126
Bordkarte boarding card ['bɔ:dɪŋ kɑ:d] 81, 83
böse angry ['æŋgrɪ]
Botanischer Garten Botanic Gar-

dens *pl.* [bə'tænɪk 'gɑ:dnz] 200
Braten joint [dʒɔɪnt] 163, roast [rəʊst] 163; **Bratwurst** Cumberland sausage ['kʌmbələnd 'sɒsɪdʒ] 162
brauchen need [ni:d] 39, 144, 216
braun brown [braʊn] 36
brechen break [breɪk]
Bremse brake [breɪk] 88, 239; **Bremsleuchte** brake-light ['breɪklaɪt] 240
brennen burn [bɜ:n] 101, 234, 291
Brief letter ['letə] 220; **~kasten** post-box ['pəʊstbɒks] 214, 221; **~marke** stamp [stæmp] 152, 178, 214, 221; **~tasche** wallet ['wɒlɪt] 241; **~umschlag** envelope ['envələʊp] 178
Brille glasses ['glɑ:sɪz] →181
bringen bring [brɪŋ] 60, 108, 146, 291
Brombeere blackberry ['blækbərɪ] 165
Brot bread [bred] 129, 153, 160; **Brötchen** roll [rəʊl] 130, 160; *(süß)* bun [bʌn] 148
Brücke bridge [brɪdʒ]
Bruder brother ['brʌðə]
Brust breast [brest] 252; chest [tʃest] 252
Buch book [bʊk] 96, 153, 177
buchen book [bʊk] 82
bügeln iron ['aɪən] 108, 232
bunt colourful ['kʌləfʊl] 170
Burg castle ['kɑ:sl] 199
Burgunder Burgundy ['bɜ:gəndɪ] 126
Büro office ['ɒfɪs] 46, 265, →271f.
Bürste brush [brʌʃ] 173
Bus bus [bʌs] 58, 60, →80, 89, 201; **~bahnhof** bus station [bʌs 'steɪʃn] 153; **~haltestelle** bus-stop ['bʌsstɒp] 89
Busen bosom ['bʊzəm] 252
Butter butter ['bʌtə] 129, 161; **~kekse** shortbread *sg.* ['ʃɔ:tbred] 149

C

Café café ['kæfeɪ] 121, coffee house ['kɒfɪhaʊs] 121
Campinggas camping gas ['kæmpɪŋ gæs] 118; **Campingplatz** campsite ['kæmpsaɪt] 94
Champagner champagne [ʃæm'peɪn] 126
Champignon mushroom ['mʌʃrʊm] 129, 136, 164
Charakter character ['kærəktə]
Chicorée chicory ['tʃɪkərɪ] 142, 164
Chirurgie surgical ward ['sɜ:dʒɪkl wɔ:d] 254
chronisch chronic ['krɒnɪk] 249
Computer computer [kəm'pju:tə] →272ff.
Couch couch [kaʊtʃ] 114

D

Damenkleidung women's clothing ['wɪmɪnz 'kləʊðɪŋ] 168
da there [ðeə]; because [bɪ'kɒz]
damals then [ðen]
danach after ['ɑ:ftə] 245
danken thank [θæŋk]; **Danke!** thank you [θæŋk ju:] 38, 47
dann then [ðen]
Darm bowels *pl.* ['baʊəlz] 253, intestines *pl.* [ɪn'testɪnz] 253
das the [ði:]; that [ðæt] 157
daß that [ðæt]
Daten data ['deɪtə] 274
Datum date [deɪt] 29, 104
dauern last [lɑ:st]; take [teɪk] 238
Dauerwelle perm [pɜ:m] 229
Decke cover ['kʌvə] 113
dein your [jɔ:] 287
denken think [θɪŋk] 291
Denkmal monument ['mɒnjʊmənt] 197

der the [ði:] 280; that [ðæt]
Dessert desert [dɪ'zɜ:t] →143
deutsch German ['dʒɜ:mən] 38; **Deutsche/r** German ['dʒɜ:mən] 43; **Deutschland** Germany ['dʒɜ:mənɪ] 220
Dezember December [dɪ'sembə] 27
Dia slide [slaɪd] 175
Diabetes diabetes [daɪə'bi:tɪz] 249
Diät diet ['daɪət] 251
dich you [ju:]
dick fat [fæt]
Diebstahl theft [θeft] →240f.
Dienstag Tuesday ['tju:zdɪ] 26
Diesel diesel ['di:zl] 68
diese(r, s) this [ðɪs]
Ding thing [θɪŋg]
dir (to) you [(tu:) ju:] 286
Direktor/in director [dɪ'rektə] 261
D-Mark deutschmark ['dɔɪtʃmɑ:k] 216
Dokument document ['dɒkjʊmənt] 274
Dolmetscher interpreter [ɪn'tɜ:prɪtə] 39
Dom cathedral [kə'θi:drəl] 197
Donner thunder ['θʌndə] 35
Donnerstag Thursday ['θɜ:zdɪ] 26
doppel double ['dʌbl] 127; **Doppelbett** double bed ['dʌbl bed] 103; **Doppelzimmer** double room ['dʌbl ru:m] 96, 102
dort there [ðeə] 59; **~hin** there [ðeə] 95
Dose can [kæn] 123, 160; **~nöffner** tin-opener ['tɪnəʊpənə] 115
Drama drama ['drɑ:mə] 207
draußen outside ['aʊtsaɪd]
drehen turn [tɜ:n]
drei three [θri:] 16; **~ßig** thirty ['θɜ:tɪ] 16; **~zehn** thirteen [θɜ:'ti:n] 16
dringend urgent ['ɜ:dʒənt] 226, 235, 266
drinnen inside ['ɪnsaɪd]
dritte(r, s), Drittel third [θɜ:d] 17
Drogerie chemist's ['kemɪsts] 153, 173, 243
drücken press [pres] 171, 218, 274, push [pʊʃ] 78
du you [jʊ] 286
dumm stupid ['stju:pɪd]
dunkel dark [dɑ:k] 231; **Dunkelbier** stout [staʊt] 125
dünn thin [θɪn]
dunstig misty ['mɪstɪ] 33
durch through [θru:]; **Durchfall** diarrh(o)ea [daɪə'rɪə] 244, 248; **Durchreise** (auf der) on the way to [ɒn ðə weɪ tʊ] 64
dürfen may [meɪ] 41, 285
Durst thirst ['θɜ:st] 254; **durstig** durstig ['θɜ:stɪ]
Dusche shower ['ʃaʊə] 35, 96, 103, 113,117,187; **duschen** have a shower [hæv ə 'ʃaʊə] 117; **Duschgel** shower gel ['ʃaʊə dʒel] 173
Dutzend dozen ['dʌzn] 19

E

Ebbe low tide [ləʊ taɪd] 185
echt genuine ['dʒenjʊɪn] 169; pure [pjʊə] 180; real [rɪəl] 172
Ecke corner ['kɔ:nə] 59; **eckig** angular ['æŋgjʊlə] 157
Ehefrau wife [waɪf]; **Ehemann** husband ['hʌzbənd]
ehrlich honest ['ɒnɪst]
Ei egg [eg] 129, 161
Eilbrief express letter [ɪk'spres 'letə] 221; **eilig** (es ... haben) hurry ['hʌrɪ] 91
ein a/an [eɪ/æn] 280; one [wʌn] 16
Einbahnstraße one-way street ['wʌnweɪ stri:t] 72
Einbruch burglary ['bɜ:glərɪ] 241

Eindruck impression [ɪm'preʃn] 53
eine(r,s) a [eɪ]; an [æn]
einfach single ['sɪŋgl] 75
einfarbig plain [pleɪn] 170
Eingang entrance ['entrəns] 113, 275
eingerichtet furnished ['fɜ:nɪʃt] 111
einige couple [kʌpl] 19, few [fju:] 19
einkaufen do the shopping [dʊ ðə 'ʃɒpɪŋ] 117, → 151ff.
einladen invite [ɪn'vaɪt] 51; **Einladung** invitation [ɪnvɪ'teɪʃn] 51, 258
einmal once [wʌns]
eins one [wʌn] 286
Einschreiben registered letter ['redʒɪstəd 'letə] 221
einsteigen board [bɔ:d] 77, get on [get ɒn] 60
Eintopf stew [stju:] 140
eintreffen arrive [ə'raɪv] 178
Eintritt admission [əd'mɪʃn] 198, 211; **~skarte** ticket ['tɪkɪt] 194, 211
einzahlen lodge [lɒdʒ] 219
Einzelheit detail ['di:teɪl] 263
Einzelzimmer single room ['sɪŋgl ru:m] 102
Eis ice-cream [aɪs'kri:m] 143, → 149f.; **~hockey** ice hockey [aɪs 'hɒkɪ] 191
Eisenbahn railway ['reɪlweɪ]
Eiskaffee iced coffee [aɪst 'kɒfɪ] 149
elektrisch electric [ɪ'lektrɪk] 174; **Elektrizität** electricity [ɪlek'trɪsətɪ]; **Elektroartikel** electrical appliances [ɪ'lektrɪkl ə'plaɪənsɪz] 153; **Elektrogeschäft** electrical shop [ɪ'lektrɪkl ʃɒp] 153
elf eleven [ɪ'levn] 16
Eltern parents ['peərənts]
Empfang reception [rɪ'sepʃn] 267; **empfangen** receive [rɪ'si:v] 267; **Empfänger** addressee [ædre'si:] 221
empfehlen recommend [rekə'mend] 95, 197, 210, 237, 246
Ende end [end] 59; **enden** end [end]
eng narrow ['nærəʊ] 72; tight [taɪt] 167, 171
englisch English ['ɪŋglɪʃ] 39
Ente duck(ling) ['dʌk(lɪŋ)] 139, 163
Entfernung distance ['dɪstəns]
entscheiden decide [dɪ'saɪd] 144
Entschuldigung excuse [ɪks'kju:z] 23; *(Ausruf)* Sorry! ['sɒrɪ] 38; Excuse me! [ɪks'kju:z mɪ] 38, 134
entwickeln develop [dɪ'veləp] 176
Entzündung inflammation [ɪnflə'meɪʃn]
Epoche period ['pɪərɪəd] 202
er he [hi:] 286
Erbse pea [pi:] 137, 142, 165
Erdbeere strawberry ['strɔ:bərɪ] 124, 143, 150, 165
Erdnuß peanut ['pi:nʌt] 125
erhalten receive [rɪ'si:v] 267
erinnern remember [rɪ'membə]
Erkältung cold [kəʊld] 247
erklären explain [ɪk'spleɪn] 271
erlauben permit [pə'mɪt] 116, 185
Ermäßigung reduction [rɪ'dʌkʃn] 90, 97,198
ernst serious ['sɪərɪəs] 250
Ersatzteil part [pɑ:t] 238
erste(r, s) first [fɜst] 17, 155
erstatten refund [rɪ'fʌnd] 226
Erwachsene/r adult ['ædʌlt] 86
erwarten expect [ɪk'spekt] 243, 268
es it [ɪt] 286
essen eat [i:t] 121, 256, 291; **Essen** food [fu:d] 145; **Essenszeiten** meal-times ['mi:ltaɪmz] → 120, 254
Essig vinegar ['vɪnɪgə] 131
etwas a bit [ə bɪt] 160, a little [ə 'lɪtl] 231
euch you [ju:] 286
Euroscheck eurocheque ['jʊərəʊtʃek] 216; **~karte** eurocheque card ['jʊərəʊtʃek kɑ:d] 216
evening meal ['i:vnɪŋ mi:l] 120
Exportbier lager ['lɑ:gə] 125

F

Fabrik factory ['fæktəri] 46
fähig able ['eibl]; **Fähigkeit** ability [ə'biləti]
Fähre ferry (boat) ['feri (bəʊt)] 2, 85; **Fährhafen** ferry port [feri pɔ:t] 84
fahren drive [draiv] 236, 291; **Fahrer/in** driver ['draivə] 70, 73; **Fahrgast** passenger ['pæsindʒə] 77; **Fahrkarte** ticket ['tikit] 91, 153; **Fahrt** trip [trip] 62, 201
Fahrrad bicycle ['baisikl] →87f., 88, bike [baik] 88; **~werkstatt** bicycle repair shop ['baisikl ri'peə ʃɒp] 87
Fahrzeug vehicle ['vi:ikl] 66; **~papiere** vehicle documents ['vi:ikl 'dɒkjʊmənts] 73
fallen fall [fɔ:l] 291; **Fallschirm** parachute ['pærəʃu:t] 192
falls if [if]
falsch wrong [rɒŋ] 60, 228
Familie family ['fæmili]; **~nname** surname ['sɜ:neim] 44; **~nstand** marital status ['mæritl 'steitəs] 45
Farbe colour ['kʌlə] →36, 157, 230; **Farbfilm** colour film ['kʌlə film] 175
Fasan pheasant ['feznt] 140
fast nearly ['niəli] 29
Faxgerät fax machine [fæks mə'ʃi:n] 107, 271
Februar February ['febrʊəri] 27
fehlen miss [mis] 146
Fehler error ['erə] 274, mistake [mis'teik] 22, 147
feiern celebrate ['selibreit] 209; **Feiertag** (bank) holiday [('bæŋk) 'hɒlədei] 26
Feinkost delicatessen [delikə'tesn] 153
Fenster window ['windəʊ] 69, 101, 113
Ferien vacation [və'keiʃn]; **~häuschen** chalet ['ʃælei] 95; **~wohnung** apartment [ə'pa:tmənt] 110
Ferngespräch long-distance call [lɒŋ'distəns kɔ:l] 223
Fernlicht full beam [fʊl bi:m] 240
Fernseher TV [ti:'vi:] 103
Fernsprecher phone box [fəʊn bɒks] 222
fertig ready ['redi] 106, 232
Fett fat [fæt]; **fettig** greasy [gri:zi] 173
Feuer fire ['faiə] 234; **~wehr** fire brigade ['faiə bri'geid] 235; **~werk** fireworks *pl.* ['faiəwɜ:ks] 31; **~zeug** lighter ['laitə] 177
Fieber fever ['fi:və] 247
Filet fillet ['filit] 139, 163
Filiale branch [bra:ntʃ] 259, 260
Film film [film] 176
finden find [faind] 152, 155, 179, 240, 254, 291
Finger finger ['fiŋgə] 252
Firma business ['biznis] 262
Fisch fish [fiʃ] 154, 161, →164; **~braterei** fish & chip shop [fiʃ ən tʃip ʃɒp] 122; **~geschäft** fishmonger's ['fiʃmʌŋgəz] 154; **~restaurant** seafood restaurant ['si:fu:d 'restrɒnt] 122
Flasche bottle ['bɒtl] 18, 52, 123, 160; **~nöffner** bottle-opener ['bɒtl'əʊpənə] 115
Fleck stain [stein] 232
Fleisch meat [mi:t] 135, 139, 154, 161, 163; **~er** butcher's ['bʊtʃəz] 154
fliegen fly [flai] 58
Flug flight [flait] 62, 81; **~gesellschaft** airline ['eəlain] 81; **~hafen** airport ['eəpɔ:t] 59, 62, 81, 104, 264; **~steig** boarding gate ['bɔ:diŋ geit] 82; **~zeug** (aero)plane [('eərə)plein] 81, 104

Flur hall [hɔːl] 113
Fluß river ['rɪvə] 184, 200, 202
Flut (high) tide [(haɪ) taɪd] 34, 185
folgen follow ['fɒləʊ] 60
Folienkartoffel jacket potatoe ['dʒækɪt pə'teɪtəʊ] 141
fönen blow-dry ['bləʊdraɪ] 229
Forelle trout [traʊt] 138, 164
Format *(Bild)* size [saɪz] 176
Formular form [fɔːm] 106, 255
fortgeschritten advanced [əd'vɑːnst] 189
Foto photo ['fəʊtəʊ]; **~apparat** camera ['kæmərə] 175, 241; **~artikel** cameras and accessories ['kæmərəz ənd ək'sesərɪz] 153, →175f.; **fotografieren** take a photo [teɪk ə 'fəʊtəʊ] 48
Frage ask [ɑːsk]; **fragen** ask [ɑːsk]
französisch French [frentʃ] 38
Frau woman ['wʊmən] 156, 281; *(Anrede)* Mrs [mɪsɪz], Ms [mɪz] 40, 260; *(Ehefrau)* wife [waɪf] 41; **~enarzt/ärztin** gynaecologist [gaɪnə'kɒlədʒɪst] 247; **Fräulein** *(Anrede)* Miss [mɪs], Ms [mɪz] 40
frei available [ə'veɪləbl] 96, 103, 134; free [friː] 198; **Freibad** open-air pool [əʊpn'eə puːl] 186; **Freiheit** freedom [friːdəm]
Freitag Friday ['fraɪdɪ] 26
Fremdenverkehrsamt tourist office ['tʊərɪst 'ɒfɪs] 197; **Fremdenzimmer** Bed & Breakfast (B&B) [bed ənd 'brekfəst (biː ən biː)] 94
Freund/in friend [frend]; **freundlich** kind [kaɪnd] 47, 267
frisch fresh [freʃ] 35, 146; **Frischkäse** cream cheese [kriːm tʃiːz] 161
Friseur barber ['bɑːbə] →228ff., hairdresser ['heədresə] →228ff.; **Frisur** hairstyle ['heəstaɪl] 229
fritiert deep-fried [diːp'fraɪd] 136
froh happy ['hæpɪ]
Frost frost [frɒst] 34
früh early ['ɜːlɪ] 25, 28
Frühling spring [sprɪŋ] 31, 32
Frühstück breakfast ['brekfəst] 97, 108; **~sspeck** bacon ['beɪkən] 129, 162
fühlen feel [fiːl] 248, 291
führen guide [gaɪd] 189; lead ['liːd] 194, 259; *(im Geschäft)* sell [sel] 155, 178
Führerschein driving licence ['draɪvɪŋ 'laɪsəns] 71, 73, 240
Führung guided tour ['gaɪdɪd tʊə] 198
Fundbüro lost property office [lɒst 'prɒpətɪ 'ɒfɪs] 240
fünf five [faɪv] 16; **fünfte(r, s), Fünftel** fifth [fɪfθ] 17; **fünfzehn** fifteen [fɪf'tiːn] 16; **fünfzig** fifty ['fɪftɪ] 16
funktionieren work ['wɜːk] 101, 225, 271
für for [fɔː]
Fuß foot [fʊt] 252, 281; **= 30,48 cm** foot [fʊt] 19; **~ball** football ['fʊtbɔːl] 193, →195f., soccer ['sɒkə] 191, →195f.; **~boden** floor [flɔː] 72

G

Gabel fork [fɔːk] 88, 114, 146
Gallone = 4,55 l gallon ['gælən] 18, 19
Gang gear [gɪə] 69; aisle [aɪl] 83; **~schaltung** gears *pl.* [gɪəz] 88
Gans goose [guːs] 139, 163
ganz whole [həʊl] 245
Garage garage space ['gærɪdʒ speɪs] 100
Garderobe cloakroom ['kləʊkrʊm] 206
Garnele prawn [prɔːn] 136, 138
Garten garden ['gɑːdən] 100

Gas gas [gæs] 113; **~flasche** gas-cylinder [gæs'sılındə]; **~kocher** gas cooker [gæs 'ku:kə] 118
Gast guest [gest] 211; **~wirtschaft** inn [ın] 122
Gebäck pastry ['peıstrı] 147
Gebäude building ['bıldıŋ] 202
geben give [gıv] 104, 160, 251, 291
geboren born [bɔ:n]
gebraten roasted ['rəʊstıd] 136
gebrauchen use [ju:z]; **Gebrauchsanweisung** instructions (*pl.*) [ın'strʌkʃənz] 112
Gebühr charge [tʃɑ:dʒ] 69, 109
Geburt birth [bɜ:θ]; **~sdatum** date of birth [deıt əv bɜ:θ] 44; **~sort** place of birth [pleıs əv bɜ:θ] 45
Gedanke idea [aı'dıə]
Gefahr danger ['deındʒə] 72, 234; **gefährlich** dangerous ['deındʒərəs] 185
Gefallen favour ['feıvə] 47, 270; **gefallen** like [laık] 54, 157
Geflügel poultry ['pəʊltrı] 135, 161
gegen *(Uhrzeit)* around [ə'raʊnd] 98
Gegenstand item ['aıtəm] 242
gegenüber opposite ['ɒpəzıt] 59, 61
gehen go [gəʊ] 60, 255, 291; *(zu Fuß)* walk [wɔ:k] 58
gekocht boiled [bɔıld] 129, 136, cooked [kʊkt] 162
gelb yellow ['jeləʊ] 36; **Gelbe Seiten** Yellow Pages ['jeləʊ 'peıdʒız] 223
Geld money ['mʌnı] 20, 108, 159, →215ff., 241; **~automat** cashpoint ['kæʃpɔınt] 22, →217f.; **~schein** banknote ['bæŋknəʊt]; **~wechsel** Bureau de Change ['bjʊərəʊ də tʃeındʒ] 215, exchange [ıks'tʃeındʒ] 216
Gemüse vegetables *pl.* ['vedʒtəblz] 135, 154, 161, →164f.; **~händler** greengrocer's ['gri:ngrəʊsəz] 154
genießen enjoy [ın'dʒɔı] 52, 134
genug enough [ı'nʌf] 160
geöffnet open ['əʊpn] 24, 190
Gepäck luggage ['lʌgıdʒ] 79, 106; **~aufbewahrung** left-luggage office ['leftlʌgıdʒ 'ɒfıs] 76, 79; **~aufgabe** luggage check-in ['lʌgıdʒ 'tʃekın] 79; **~ausgabe** luggage claim ['lʌgıdʒ kleım] 79, 82
gerade straight [streıt] 230; **geradeaus** straight on [streıt ɒn] 59, 61
Gerät appliance [ə'plaıəns] 154
geräuchert smoked [sməʊkt] 162
Geräusch noise [nɔız] 238
Gericht dish [dıʃ] 135
Geruch smell [smel]
Geschäft business ['bıznıs] 262, shop [ʃɒp] 24, →152ff.; **~sreise** business trip ['bıznıs trıp] 64
geschehen happen ['hæpən]
Geschenk gift [gıft] 156; **~artikel** fancy goods ['fænsı gʊdz]
Geschichte history ['hıstərı]
geschieden divorced [dı'vɔ:st] 45
Geschirr crockery ['krɒkərı] 114
Geschlecht sex [seks] 45
geschlossen closed [kləʊzd] 24
Geschwindigkeit speed [spi:d] 72; **~sbeschränkung** speed limit [spi:d 'lımıt] 73
Gesellschaft company ['kʌmpənı] 262
Gesetz law [lɔ:]
Gespräch conversation [kɒnvə'seıʃən]; *(Telefon)* call [kɔ:l] 109, 223
gestatten allow [ə'laʊ] 47
gestern yesterday ['jestədı] 27
gesund healthy ['helθı]; **Gesundheitswesen** national health service ['næʃænl helθ 'sɜ:vıs] 246
Getränk beverage ['bevərıdʒ] →123ff., 135, drink [drıŋk] 135; *(nicht-alkoholisch)* soft drink [sɒft drıŋk]

Getreideflocken cereal *sg.* ['sɪərɪəl] 129
getrennt separate ['sepərət] 147; *(Familienstand)* separated ['sepəreɪtɪd] 45
Gewitter (thunder)storm [('θʌndə)stɔ:m] 33
Gewürze seasonings ['si:znɪŋz], spices ['spaɪsɪz]
gezapft on draught [ɒn drɑ:ft] 125
Gipsverband plaster cast ['plɑ:stə kɑ:st] 251
Glas glass [glɑ:s] 114, 123, 146, 156; *(Brille)* lens [lenz] 181
glauben believe [bɪ'li:v] 53; think [θɪŋk] 53
gleich same [seɪm] 145; equal ['ikwəl]
Gleis platform ['plætfɔ:m] 76
Glück luck [lʌk] 49; **glücklich** happy ['hæpɪ]; **Glücksspiel** game of chance [geɪm əv tʃɑ:ns] 212; **Glückwunsch** congratulations [kəngrætjʊ'leɪʃənz] 49
Gold gold [gəʊld] 180
Golf golf(ing) ['gɒlf(ɪŋ)] 191; **~platz** golf course [gɒlf kɔ:s] 190, 192
Gott God [gɒd]; **~esdienst** service ['sɛ:vɪs] 200
Grab grave [greɪv] 202
Grad degree [dɪ'gri:] 20; (Celsius) centigrade ['sentɪgreɪd] 20
Gramm gramme [græm] 18
grau gray [greɪ] 36, grey [greɪ] 36
Grenze border ['bɔ:də]
Grill grill [grɪl] 118; **~hähnchen** roasted chicken ['rəʊstɪd 'tʃɪkɪn] 131
Grippe flu (influenza) [flu: (ɪnflʊ'enzə)]
groß big [bɪg] 171, large [lɑ:dʒ] 111, 171, 259; **Größe** size [saɪz] 157, 166; **Großbritannien** Great Britain [greɪt 'brɪtn] 63; **Großmutter/Großvater** grandmother/grandfather ['grænmʌðə/'grænfɑ:ðə]
grün green [gri:n]; **Grünkohl** green cabbage [gri:n 'kæbɪdʒ] 142
Grund reason ['ri:zn] 64
Gruppe group [gru:p] 198; **Gruppenfahrkarte** group ticket [gru:p 'tɪkɪt] 76
Gulaschfleisch steak pieces [steɪk pi:sɪz] 159
gültig valid ['vælɪd] 45, 90
Gummistiefel wellingtons ['welɪŋtənz] 171
günstig *(Preis)* reasonable ['ri:znəbl] 121
Gurke cucumber ['kju:kʌmbə] 137, 165
Gürtel belt [belt] 172
gut good [gʊd] 47, 290
Guthaben credit ['kredɪt] 219
Gymnastik keep-fit exercises *pl.* [ki:p'fɪt 'eksəsaɪzɪz] 191

H

Haar hair [heə] 173; **~shampoo** shampoo [ʃæm'pu:] 173; **~trockner** hair-drier ['heədraɪə] 187
Hackfleisch mince [mɪns] 139, minced meat [mɪnst mi:t] 159
haben have [hæv] 291
Hafen harbour ['hɑ:bə]
hageln hailstone ['heɪlstəʊn] 33
Hähnchen chicken ['tʃɪkɪn] 139, 163
halb half [hɑ:f] 17, 123; **Halbpension** half board [hɑ:f bɔ:d] 97; **halbtrocken** semi-dry [semɪ'draɪ] 126; **Hälfte** half [hɑ:f] 17, 123, 160
Halle hall [hɔ:l]
Hallo Hello [hə'ləʊ] 40
Hals neck [nek] 252; **~schmerzen** sore throat [sɔ: θrəʊt]
Halt stop [stɒp] 72, 202; **halten** hold [həʊld] 249, 291; stop [stɒp] 72, 202

Hamburger beef burger [bi:f 'bɜ:gə] 131, bunburger ['bʌn'bɜ:gə] 131
Hammer hammer ['hæmə] 118
Hand hand [hænd] 252; **~ball** handball ['hændbɔ:l] 191; **~bremse** handbrake ['hændbreɪk] 69; **~gepäck** hand luggage [hænd 'lʌgɪdʒ] 83; **~schuh** glove [glʌv] 168, 172; **~tasche** handbag ['hændbæg] 172; **~tuch** towel ['taʊəl] 108, 114
hart hard [hɑ:d] 129, 181; **Hartkäse** hard cheese [hɑ:d tʃi:z] 161
häufig often ['ɔ:fən]
Hauptgericht main dish [meɪn dɪʃ]144
Hauptpost general post office ['dʒenrəl pəʊst 'ɒfɪs] 214, main post office [meɪn pəʊst 'ɒfɪs] 243
Hauptsaison high season [haɪ 'si:zn] 96
Haus house [haʊs] 47, 241; **~besitzer/in** landlady ['lænleɪdɪ] 112, landlord ['lænlɔ:d] 112; **~frau** housewife ['haʊswaɪf] 45; **hausgemacht** home-made [həʊm'meɪd] 135; **Haushaltswaren** household goods ['haʊshəʊld gʊdz] 153
Haut skin [skɪn]
heben lift [lɪft]
Hecht pike [paɪk] 138
Heft note-book ['nəʊtbʊk] 179
Heidelbeere blueberry ['blu:bərɪ] 150
Heilbutt halibutt ['hælɪbət] 138
heiß hot [hɒt] 33, 123
heißen be called [bi: kɔ:ld] 39, 202
Heizung heating ['hi:tɪŋ] 103
helfen help [help] 48, 155
hell light [laɪt] 231; *(Bier)* pale (ale) [peɪl (eɪl)] 125
Hemd shirt [ʃɜ:t] 168
herabsetzen reduce [rɪ'dju:s] 72
herausfallen fall out [fɔ:l aʊt] 256
Herbst autumn ['ɔ:təm] 32
Herd cooker ['kʊkə] 113
Hering herring ['herɪŋ] 138
Herr Mister ['mɪstə] 260; **~enkleidung** men's clothing [menz 'kləʊðɪŋ] 169
Herz heart [hɑ:t] 253; **~infarkt** heart attack [hɑ:t ə'tæk] 249
Heuschnupfen hay fever [heɪ fi:və]
heute today [tə'deɪ] 28; *(abend, nacht)* tonight [tə'naɪt] 27, 103,133
Hexenschuß lumbago [lʌm'beɪgəʊ]
hier here [hɪə] 21, 171
Hilfe help [help] 234
Himbeere raspberry ['rɑ:zbərɪ]150, 165
Himmel heaven ['hevn]
hinten in the back [ɪn ðə bæk] 205, 255
hinter behind [bɪ'haɪnd] 61; **~legen** deposit [dɪ'pɒzɪt] 108; leave [li:v] 106
Hitze heat [hi:t] 34
HIV-positiv HIV positive [eɪtʃaɪ'vi: 'pɒzətɪv] 250
hoch high ['haɪ] 172; **Hochglanz** gloss finish [glɒs 'fɪnɪʃ] 176; **Hochsaison** high season [haɪ 'si:zən] 97
Höchstgeschwindigkeit maximum speed ['mæksɪməm spi:d] 67
hoffen hope [həʊp]; **~tlich** hopefully ['həʊpfʊlɪ]
Höhe height [haɪt]
holen get [get] 235, 291
Holz timber ['tɪmbə] 156; wood [wʊd] 156
homöopathisch homoepathic [həʊmjəʊ'pæθɪk] 244
Honig honey ['hʌnɪ] 129
hören hear [hɪə] 228, 291; **Hörer** handset ['hændsət] 226
Hose pants *pl.*. [pænts] 168, trousers *pl.* ['traʊzəz] 168, 231
Hotel hotel [həʊ'tel] 95, 264; **~reservierung** hotelreservation [həʊ'tel rezə'veɪʃn] → 101ff.
hübsch pretty ['prɪtɪ] 47

Hügel hill [hɪl] 201
Huhn chicken ['tʃɪkɪn] 130; **Hühnerbrust** chicken breast ['tʃɪkɪn brest] 139; **Hühnerkeule** drumstick ['drʌmstɪk] 139
Hummer lobster ['lɒbstə] 138, 164
Hund dog [dɒg] 234
hundert hundred ['hʌndrəd] 17
Hunger hunger ['hʌŋgə]; **hungrig** hungry ['hʌŋgrɪ]
Husten cough [kɒf]
Hut hat [hæt] 168

I

ich I [aɪ] 286
ihm to him [tu: hɪm] 286
ihn him [hɪm] 286
ihr/Ihr to her/your [tu: hɜ:/jɔ:] 286
Imbiß snack [snæk]; **~stube** snack bar ['snækbɑ:] 122
immer always ['ɔ:lweɪz] 29, 40
Impfung vaccination [væksɪ'neɪʃn] 65
in in [ɪn]; **~ Ordnung** alright [ɔ:l'raɪt] 236
Infektion infection [ɪn'fekʃn]
Inhaber/in owner ['əʊnə] 261, proprietor [prə'praɪətə] 261
inklusive including [ɪn'klu:dɪŋ] 71, inclusive [ɪn'klu:sɪv] 104
Inlandsgespräch domestic call [də'mestɪk kɔ:l]
innen inside ['ɪnsaɪd]
Insekt insect ['ɪnsekt] 108; **~enstich** insect bite ['ɪnsekt baɪt] 108
interessant interesting ['ɪntrəstɪŋ] 47, 55, 197; **Interesse** interest ['ɪntrəst]
international international [ɪntə'næʃənl] 259
irisch Irish ['aɪərɪʃ] 20; **~es Pfund** punt [pʌnt] 20
Irrtum mistake [mɪs'teɪk] 22

J

ja yes [jes]
Jacke jacket ['dʒækɪt] 168, 172
Jackett jacket ['dʒækɪt] 169
Jahr year [jɪə] 28; **~hundert** century ['sentʃərɪ] 182
Januar January ['dʒænjʊərɪ] 27
jeder everyone ['evrɪwʌn]
jemand somebody ['sʌmbədɪ] 39
jene(r, s) that [ðæt]
jetzt now [naʊ]
Joghurt yoghurt ['jɒgət] 129
Johannisbeere *(rot)* redcurrant [red'kʌrənt] 166; *(schwarz)* blackcurrant [blæk'kʌrənt] 166
Jugendherberge youth hostel [ju:θ 'hɒstəl]
Juli July [dʒu:'laɪ] 27
jung young [jʌŋ] 210
Junge boy [bɔɪ]
Juni June [dʒu:n] 27
Juwelier/in jewellery shop ['dʒu:əlrɪ ʃɒp] 154

K

Kabeljau cod [kɒd] 137, 164
Kabriolet convertible [kən'vɜ:tɪbl] 70
Kaffee coffee ['kɒfɪ] 52, 123, 161; **~löffel** teaspoon ['ti:spu:n] 114
Kakao cocoa ['kəʊkəʊ] 123
Kalb *(Fleisch)* veal [vi:l] 139, 163
kalorienarm low in calories [ləʊ ɪn 'kælərɪz] 145
kalt, Kälte cold [kəʊld] 33, 145, 185, 230
Kamm comb [kəʊm] 173; **kämmen** comb [kəʊm]
Kaninchen rabbit ['ræbɪt] 139
kaputt broken ['brəʊkən] 238
Karfreitag Good Friday [gʊd 'fraɪdɪ] 30

Karotte carrot ['kærət] 142
Kartentelefon cardphone ['kɑːdfəʊn] 223, payphone ['peɪfəʊn] 223
Kartoffel potato [pə'teɪtəʊ] 137, 141, 161, 165
Käse cheese [tʃiːz] 130, 160; **~sahnetorte** cheese cake ['tʃiːz keɪk] 148
Kasse *(Theater)* box office [bɒks 'ɒfɪs] 204; **~nbon** receipt [rɪ'siːt] 21
Kassierer(in) cashier [kæ'ʃɪə] 216
Katalog catalogue ['kætəlɒg] 199
Kathedrale cathedral [kə'θiːdrəl] 200
Katze cat [kæt]
kaufen buy [baɪ] 62, 152, 194, 214, 291; **Kaufhaus** department store [dɪ'pɑːtmənt stɔː] 152,173
kaum hardly ['hɑːdlɪ]
Keilriemen V-belt ['viːbelt] 240
keine(r, s) none [nʌn]
Keks biscuit ['bɪskɪt] 148
Keller basement ['beɪsmənt] 113
Kellner/in waiter, waitress ['weɪtə, weɪtrɪs]
kennen know [knəʊ]; **~lernen** meet [miːt] 42
Kilogramm kilogramme ['kɪləgræm] 18
Kilometer kilometre ['kɪləmiːtə] 18
Kind child [tʃaɪld] 90, 97, 185, 198, 281; **~erbett** cot [kɒt] 103; **~erspielplatz** playground ['pleɪgraʊnd] 117; **~erteller** children's portion ['tʃɪldrənz 'pɔːʃn] 145
Kino cinema ['sɪnəmə] 50, 204, →208
Kirche church [tʃɜːtʃ] 200, 202
Kirsche cherry ['tʃerɪ] 166
Klasse class [klɑːs] 75; *(Ausruf)* Great! [greɪt] 49
Klebstoff adhesive [əd'hiːsɪv] 272
Kleid dress [dres] 168; **~erbügel** hanger ['hæŋə] 108; **~ung** clothing ['kləʊðɪŋ] →166ff., 232
klein small [smɔːl] 259; **Kleingeld** small change [smɔːl tʃeɪndʒ] 216
Kloster monastery ['mɒnəstərɪ] 200
klug clever ['klevə]
Kneipe pub [pʌb] 122, 210
Knie knee [niː] 252
Knoblauch garlic ['gɑːlɪk] 136, 165
Knöchel ankle ['æŋkl] 251, 252
Knopf button [bʌtn] 170
Koch cook [kʊk]; **kochen** cook [kʊk]
koffeinfrei decaf ['diːkæf] 123
Koffer suitcase ['suːtkeɪs] 64, 172; **~raum** boot [buːt] 64, 239
Kognak cognac ['kɒnjæk] 126
Kohl cabbage ['kæbɪdʒ] 142, 165
kohlensäurehaltig sparkling ['spɑːklɪŋ] 124
Kollege/in colleague ['kɒliːg] 260
kommen come [kʌm] 43, 258, 268, 291
Konditorei cake-shop ['keɪkʃɒp] 121, pastry shop ['peɪstrɪ ʃɒp] 147
Kondom condom ['kɒndəm] 245
können can [kæn] 216, 285
Kontaktlinse contact lense ['kɒntækt lenz] 181
Konto account [ə'kaʊnt] 219; **~stand** balance ['bæləns] 218
kontrollieren check [tʃek] 68, 281
Konzern concern [kən'sɜːn] 263
Konzert concert ['kɒnsət] 50, 204, 207; **~saal** concert hall ['kɒnsət hɔːl] 204
Kopf head [hed] 234, 252; **~hörer** headphones ['hedfəʊnz] 179; **~kissen** pillow ['pɪləʊ] 113; **~schmerzen** headache ['hedeɪk] 247
Kopie copy ['kɒpɪ] 271
Korkenzieher corkscrew ['kɔːkskruː] 115
Körper body ['bɒdɪ]; **~pflege** personal hygiene ['pɜːsnl 'haɪdʒiːn] →173f.
Korrespondenz correspondence [kɒrɪ'spɒndəns] →266f.

Kosmetik cosmetic [kɒz'metɪk] →173f.
kosten cost [kɒst] 104, 180, 220, 238, 291; *(Geschmack)* try [traɪ] 96
köstlich delicious [dɪ'lɪʃəs] 52
Kostüm suit [su:t] 168
Kotelett chop [tʃɒp] 139, 163, cutlet ['kʌtlɪt] 139, 163
Kotflügel wing [wɪŋ] 239
Krabbe crab [kræb] 164, prawn [prɔ:n] 138, shrimp [ʃrɪmp] 138
krank ill [ɪl]; **Krankenhaus** hospital ['hɒspɪtl] 46, 59, 235, 251, →253ff.; **Krankenschwester** nurse [nɜ:s] 254; **Krankheit** disease [dɪ'zi:z] 249
Kräuter herbs [hɜ:bz] 123; **~tee** herb(al) tea [hɜ:b(l) ti:] 123
Krawatte necktie ['nektaɪ] 169
Krebs crab [kræb] 138
Kreditkarte credit card ['kredɪt kɑ:d] 20, 110, 216, 241
Kreis circle ['sɜ:kl]; **~verkehr** roundabout ['raʊndəbaʊt] 61, 65
Kreuz cross [krɒs]; **Kreuzung** crossroads ['krɒsrəʊdz] 59, 71, junction ['dʒʌŋkʃən] 61
Kroketten croquettes [krɒ'kets] 141
Küche kitchen ['kɪtʃən] 113
Kuchen cake [keɪk] →147ff., 148, 153
Kugel ball [bɔ:l] 149; **~schreiber** ball-pen ['bɔ:lpen] 179, 272
Kuh cow [kaʊ]
kühl cool [ku:l] 33; **Kühler** radiator ['reɪdɪeɪtə] 68, 240; **Kühlschrank** fridge [frɪdʒ] 113
Kühlwasser coolant ['ku:lənt] 238;
kümmern, sich look after [lʊk 'ɑ:ftə] 106; see to [si: tə] 101
Kunde/in customer ['kʌstəmə] 219
Kunst art [ɑ:t] →196ff., 199; **~gewerbe** arts and craft [ɑ:ts ən krɑ:fts] 153; **Künstler/in** artist ['ɑ:tɪst] 202
Kupplung clutch [klʌtʃ] 240
kurz short [ʃɔ:t] 167, 230; **~sichtig** short-sighted [ʃɔ:t'saɪtɪd] 181
Kuß kiss [kɪs]; **küssen** kiss [kɪs]

L

lachen laugh [lɑ:f]; **lächeln** smile [smaɪl]
Lachs salmon ['sæmən] 136, 138, 164
Laden shop [ʃɒp]
Laib loaf [ləʊf] 160
Lamm lamb [læm] 139
Lampe lamp [læmp]
Land country ['kʌntrɪ] 44; **~eskennzahl** country code ['kʌntrɪ kəʊd] 223; **~häuschen** cottage ['kɒtɪdʒ] 95; **~karte** map [mæp] 178
lang long [lɒŋ] 55, 230, 238; **Länge** length [leŋθ]
langsam slow [sləʊ] 39, 72
Languste spiny lobster ['spaɪnɪ 'lɒbstə] 138
Lärm noise [nɔɪs]
lassen leave [li:v] 79
Lastwagen (Lkw) lorry ['lɒrɪ] 66, truck [trʌk] 66
Lauch leek [li:k] 142, 165
laufen walk [wɔ:k]
laut noisy [nɔɪzɪ] 101
Leben life [laɪf]; **leben** live [lɪv]; **~smittelhändler** grocer's ['grəʊsəz] 24, 153, victualler's ['vɪtləz] 153
Leber liver ['lɪvə] 139, 253; **~pastete** liver paté ['lɪvə 'pæteɪ] 136
Leder leather ['leðə] 156, 169, →170ff., 172
ledig single ['sɪŋgl] 45
leer empty ['emptɪ] 245
legen set [set] 229
lehren teach [ti:tʃ] 292
leicht mild [maɪld] 244

leid tun be sorry [bi: 'sɒrɪ]
Leiden disease [dɪ'zi:z] 249; **leiden an** suffer from ['sʌfə frəm] 248
leider unfortunately [ʌn'fɔ:tʃnətlɪ] 157, 264;
leihen lend [lend] 219; rent [rent] 187
Leinen linen ['lɪnɪn] 169
leise quiet [kwaɪət] 186
Leiter/in director [dɪ'rektə] 260, manager ['mænɪdʒə] 260
Leitung line [laɪn] 225, 265
Lenkrad steering wheel ['stɪərɪŋ wi:l] 239
lernen learn [lɜ:n] 292
lesen read [ri:d] 292
Leute people [pi:pl] 111
Licht light [laɪt] 101, 240
lieb dear [dɪə]; **Liebe** love [lʌv]; **~en** love [lʌv] 54
Lied song [sɒŋ]
liefern deliver [dɪ'lɪvə] 270; **Lieferwagen** van [væn] 66
liegen lie [laɪ] 249; **~lassen** leave behind [li:v bɪ'haɪnd] 241; **Liegewagen** couchette [ku:'ʃet] 75
Likör liqueur [lɪ'kjʊə] 126
lila purple [pɜ:pl] 36
Limonade lemonade [lemə'neɪd] 124
Linie line [laɪn] 73, 265; **~nflug** scheduled flight ['ʃedju:ld flaɪt] 82
links left [left] 59, 61, 255
Linse lentil ['lentɪl] 137, 142, 165
Lippe lip [lɪp] 252
Liter litre ['li:tə] 18, 19, 123
Loch hole [həʊl] 22
Löffel spoon [spu:n] 114, 146
Lorbeer bayleaf ['beɪli:f]
Lotterie lottery ['lɒtərɪ] 211
Luft air [eə]; **~matratze** air-bed ['eəbed] 188, lilo ['laɪləʊ] 118, 188; **~post** airmail ['eəmeɪl] 221
Lunge lung [lʌŋ] 253; **~nentzündung** pneumonia [nju:'məʊnjə] 250
lustig funny ['fʌnɪ]
luxuriös luxurious [lʌg'ʒʊərɪəs] 99

M

machen make [meɪk] 292; do [du:] 291
Macht power ['paʊə]
Mädchen girl [gɜ:l]
Magen stomach ['stʌmək] 245, 253; **~verstimmung** indigestion [ɪndɪ'dʒestʃən]
Mahlzeit meal [mi:l]
Mai May [meɪ] 27
Mais maize [meɪz] 165, sweetcorn ['swi:tkɔ:n] 137
Makrele mackerel ['mækrəl] 138, 164
Mal time [taɪm]
Malerei painting ['peɪntɪŋ] 196
manchmal sometimes ['sʌmtaɪmz] 29
Mandel almond ['ɑ:mənd]; **~entzündung** tonsilitis [tɒnsɪ'laɪtɪs]
Mann man [mæn] 45, 281; *(Ehemann)* husband ['hʌzbənd] 41; **männlich** male [meɪl] 45
Mantel coat [kəʊt] 168, 241, 269
Margarine margarine [mɑ:dʒə'ri:n] 129
Markt market ['mɑ:kɪt]
Marmelade jam [dʒæm] 129, 149
März March [mɑ:tʃ] 27
Material material [mə'tɪərɪəl] 156, 169
matt matt finish [mæt 'fɪnɪʃ] 176
Mauer wall [wɔ:l] 22
Mechaniker mechanic [mɪ'kænɪk] 237
Medikament drug [drʌg] →243ff., 244, (pl.) medication [medɪ'keɪʃn] 249
Medizin medicine ['medsɪn] 46
Meer sea [si:] 100, 201; **~esfrüchte** seafood ['si:fu:d] 134, 138, 154

Mehl flour [flaʊə] 161
mehr more [mɔː] 158, 160
Mehrwertsteuer VAT (= Value Added Tax) [viːeɪ'tiː] 71, 133
Meile = 1,609 km mile [maɪl] 18, 19
mein my [maɪ] 287
meinen mean [miːn]; **Meinung** opinion [ə'pɪnjən] 53, 270
meiste most [məʊst]; **meistens** mostly ['məʊstlɪ]
Melone melon ['melən] 136
Menge quantity ['kwɒntətɪ] →18f.
Mensch human being ['hjuːmən 'biːɪŋ]
Menü set meal [set miːl] 133
Messe fair [feə] →275f., 276
Messer knife [naɪf] 114, 146
Metall metal ['metl] 156
Meter metre ['miːtə] 18
Metzger butcher's ['bʊtʃəz] 154
mich me [miː] 287
Miete rent [rent] 185; **mieten** hire ['haɪə] 108, rent [rent] 98, 110, 185
Milch milk [mɪlk] 123, 129, 159, 161; **~kaffee** white coffee [waɪt 'kɒfɪ] 123; **~reis** rice pudding [raɪs 'pʊdɪŋ] 143
Milliliter millilitre ['mɪlɪliːtə] 19
Millimeter millimetre ['mɪlɪmiːtə] 18
Million million ['mɪljən] 17
mindestens at least [ət liːst]
Mineralwasser mineral water ['mɪnrəl 'wɔːtə] 124, 160
Minute minute ['mɪnɪt] 23, 24
mir me [miː] 286
mit with [wɪð]
Mitglied member ['membə] 211
Mittag midday ['mɪddeɪ] 26, noon [nuːn] 26; **~essen** lunch [lʌntʃ] 108; **~szeit** lunchtime ['lʌntʃtaɪm] 26
Mitte middle ['mɪdl] 205, 230
Mittel remedy ['remədɪ] 244
mitteilen inform [ɪn'fɔːm]
Mitternacht midnight ['mɪdnaɪt] 26
Mittwoch Wednesday ['wenzdɪ] 26
mögen like [laɪk] 54, 158
möglich possible ['pɒsɪbl] 99, 101; **Möglichkeit** possibility [pɒsə'bɪlətɪ] 74
Möhre carrot ['kærət] 165
Moment moment ['məʊmənt] 218, 265, 268
Monat month [mʌnθ] →27, 28; **Monatskarte** monthly ticket ['mʌnθlɪ 'tɪkɪt] 76, 91
Mond moon [muːn]
Montag Monday ['mʌndɪ] 26
Morgen morning ['mɔːnɪŋ] 25, 28, 40, 245; **morgen** tomorrow [tə'mɒrəʊ] 28, 50, 98, 103, 133
Motor engine ['endʒɪn] 69, 238, 239; **~boot** motorboat ['məʊtəbəʊt] 85, 188; **~rad** (motor)bike [('məʊtə)baɪk] 58, 66, 70
müde tired ['taɪəd]
Mülleimer dust bin [dʌst bɪn] 112
Mund mouth [maʊθ] 245, 252, 256; **mündlich** oral ['ɔːrəl] 245
Münze coin [kɔɪn] 117, 226; (Chip) chip [tʃɪp] 68; **Münztelefon** payphone ['peɪfəʊn] 223
Museum museum [mjuː'zɪəm] 24, 59, 197, 199
Musik music ['mjuːzɪk] 46, →179, 186, 207
Muskel muscle ['mʌsl] 251
Müsli muesli ['mjuːzlɪ] 129
müssen have to [hæv tə] 42
Mutter mother ['mʌðə]; **~tag** Mother's Day ['mʌðəz deɪ] 32
Mütze cap [kæp] 168

N

nach after ['ɑːftə] 245; past [pɑːst] 23
Nachbar neighbour ['neɪbə]
nachdem after ['ɑːftə]

nachfragen enquire [ɪn'kwaɪə] 157
Nachmittag afternoon [ɑ:ftə'nu:n] 26; ~**simbiß** five o'clock tea [faiv ə'klɒk ti:] 120
Nachname surname ['sɜ:neɪm] 44
Nachricht message ['mesɪdʒ]
nachsehen check [tʃek] 68
nachsenden forward ['fɔ:wəd] 221
Nachspeisen dessert [dɪ'zɜ:t] 135, sweets *pl.* [swi:ts] 135
nächste(r, s) nearest ['nɪərɪst] 235; next [nekst] 59, 155, 263
Nacht night [naɪt] 26, 40, 96, 98; ~**hemd** night-dress ['naɪtdres] 169; ~**leben** nightlife ['naɪtlaɪf] 209
Nagelschere nail-scissors ['neɪl sɪzəz] 174
nahe near [nɪə]; **in der Nähe** nearby [nɪə'baɪ] 44, 95
Nahrungsmittel food [fu:d] →160f.
Name name [neɪm] 41, 103, 133, 265
Nase nose [nəʊz] 252
naß wet [wet]
Nationalpark national park ['næʃənl pɑ:k] 201
Natur nature ['neɪtʃə] →199ff., 200; **natürlich** no problem [nəʊ 'prɒbləm] 48, of course [əv kɔ:s] 48; **Naturschutzgebiet** nature reserve ['neɪtʃə rɪ'zɜ:v] 201; **Naturwissenschaften** science ['saɪəns] 46
Nebel fog [fɒg] 32, 35; **nebelig** foggy ['fɒgɪ] 33
neben beside [bɪ'saɪd] 61; **Nebenkosten** extra costs ['ekstrə kɒsts] 97, extras ['ekstrəz] 111; **Nebensaison** off-peak season ['ɒfpi:k 'si:zn] 97
nehmen take [teɪk] 60, 105, 111, 157, 249, 292
nein no [nəʊ]
nett kind [kaɪnd] 47, 267
neu new [nju:] 99
neun nine [naɪn] 16; ~**zehn** nineteen [naɪn'ti:n] 16; ~**zig** ninety ['naɪntɪ] 16
nicht not [nɒt]
nichts nothing ['nʌθɪŋ] 64, 250
nie(mals) never ['nevə] 29
niedrig low [ləʊ] 172
niemand nobody ['nəʊbədɪ]
Niere kidney ['kɪdnɪ] 253
noch still [stɪl] 195; ~ **einmal** again [ə'gen] 251; ~ **nicht** not yet [nɒt jet] 178
Norden north [nɔ:θ] 35
Not need [ni:d]; ~**bremse** emergency break [ɪm'ɜ:dʒənsɪ breɪk] 79; ~**fall** emergency [ɪm'ɜ:dʒənsɪ] →234ff., 234
Notizbuch notebook ['nəʊtbʊk] 272
Notrufnummer emergency number [ɪm'ɜ:dʒənsɪ 'nʌmbə] 235, 236
November November [nəʊ'vembə] 27
Nudeln pasta ['pæstə] 161
null, Null nought [nɔ:t] 16, zero ['zɪərəʊ] 16
Nummer number ['nʌmbə] 45, 219, 254; *(Schuhgröße)* size [saɪz]170, 171
nun now [naʊ]
nur only ['əʊnlɪ] 155, 230

O

ob if [ɪf]
oben up [ʌp]
Ober waiter ['weɪtə] 134
obere(r, s) upper ['ʌpə]
Obst fruit [fru:t] 129, 154, 161, →165f.
obwohl although [ɔ:l'ðəʊ]
oder or [ɔ:]
offen open ['əʊpən]; **öffnen** open ['əʊpən] 64, 101, 274; **Öffnungszeiten** opening hours ['əʊpenɪŋ 'aʊəz] →24f., 198
oft often ['ɒ:fən] 29
ohne without [wɪ'ðaʊt]

Ohr ear [ɪə] 252; **~enschmerzen** *pl.* earache ['ɪəreɪk]
okay okay [əʊ'keɪ] 40
Oktober October [ɒk'təʊbə] 27
Öl oil [ɔɪl] 67, 68, 238; **~gemälde** oil painting [ɔɪl 'peɪntɪŋ] 199
Onkel uncle [ʌŋkl]
Optiker optician's [ɒp'tɪʃnz] 154
oral oral ['ɔ:rəl] 245
Orange orange ['ɒrɪndʒ] 124; **Orangensaft** orange juice ['ɒrɪndʒ dʒu:s] 124, 129
organisieren organise ['ɔ:gənaɪz] 201
Orientierung orientation [ɔ:rɪen'teɪʃn] 246
Ort place [pleɪs]; **örtlich** local ['ləʊkl]; **Ortsgespräch** local call ['ləʊkl kɔ:l] 109, 223; **Ortsnetzkennzahl** area code ['eərɪə kəʊd] 223
Osten east [i:st] 35
Ostern Easter ['i:stə] 30
Österreich Austria ['ɒstrɪə] 220; **Österreicher/in** Austrian ['ɒstrɪən] 43; **österreichisch** Austrian ['ɒstrɪən] 216;
oval oval ['əʊvl] 157

P

Paar pair [peə] 19
paar, Paar couple [kʌpl] 19
Päckchen packet ['pækɪt] 176, parcel ['pɑ:sl] 221
Paket packet ['pækɪt] 221
Panne breakdown ['breɪkdaʊn] 236; **~ndienst** breakdown service ['breɪkdaʊn 's3:vɪs] 67
Papier paper ['peɪpə] 272; **~e** documents ['dɒkjʊmənts] 240
Paprika pepper ['pepə] 165; **~pulver** red paprika [red 'pæprɪkə]
Parfum perfume ['p3:fju:m] 174
parken parking ['pɑ:kɪŋ] 70; **Parkhaus** multi-story car park [mʌltɪ stɔ:rɪ 'kɑ:pɑ:k] 69, 70; **Parkplatz** carpark ['kɑ:pɑ:k] 69
Paß passport ['pɑ:spɔ:t] 106, 240
Passagier passenger ['pæsɪndʒə] 81
passen fit [fɪt] 101; suit [su:t] 264
passieren happen ['hæpən] 49, 241
Pastete pie [paɪ] 140
Patient patient ['peɪʃnt] 255
Pause interval ['ɪntəvl] 206
Penis penis ['pi:nɪs[
Penny penny ['penɪ] 20; **~s** pence *pl.* [pens] 20
Pension guesthouse ['gesthaʊs] 95
Perle pearl [p3:l] 180
Person person ['p3:sən] 70, 96, 260; **~al** staff [stɑ:f]; **Personalausweis** identity card [aɪ'dentətɪ kɑ:d] 45, 63, 216; **~ien** particulars *pl.* [pə'tɪkjʊləz] → 44f
Petersilie parsley ['pɑ:slɪ]
Pfanne frying pan ['fraɪɪŋ pæn] 114; **Pfannkuchen** pancake ['pæŋkeɪk] 143
Pfeffer pepper ['pepə]
Pfeffermühle pepper-mill ['pepəmɪl] 146
Pfeife pipe [paɪp] 177; **~ntabak** tobacco [tə'bækəʊ] 176
Pfingsten Whit [wɪt] 31
Pfirsich peach [pi:tʃ] 143, 166
planen plan [plæn]
Pflanze plant [plɑ:nt] 152
Pflaster sticking plaster ['stɪkɪŋ 'plɑ:stə] 244
Pflaume plum [plʌm] 166
Pfund pound [paund] 20, 159, 216; **~ Sterling** pound sterling [paund 'st3lɪŋ] 20
Pille pill [pɪl] 244, 250
Pizzeria pizza parlour ['pi:tsə 'pɑ:lə] 122
Plastik plastic ['plæstɪk] 20, 156

Platz seat [si:t] 52; square [skweə] 61;
Plätzchen biscuit ['bɪskɪt] 148, 160
Platzkarte seat reservation [si:t rəzə'veɪʃən] 76
plötzlich suddenly ['sʌdnlɪ]
Polizei police [pə'li:s] 235; **~revier** police station [pə'li:s 'steɪʃn] 240; **~stunde** closing time ['kləʊzɪŋ taɪm] 127
Pommes frites chips [tʃɪps] 131, 141, French fries [frentʃ fraɪz] 141
Portemonnaie purse [pɜ:s] 173
Portion portion [pɔ:ʃn] 132
Porzellan china ['tʃaɪnə] 156
Position position [pə'zɪʃən] 261
Post mail [meɪl] 115, → 220ff., 221, post [pəʊst] 107; **~amt** post office [pəʊst 'ɒfɪs] 152, 214, 222; **~anweisung** postal order ['pəʊstəl 'ɔ:də] 222; **~fach** post office (PO) box [pəʊst 'ɒfɪs (pi:'əʊ) bɒks] 222; **~karte** postcard ['pəʊstkɑ:d] 220, 222; **~leitzahl** post(al) code ['pəʊst(əl) kəʊd] 44, 222
Pralinen chocolates ['tʃɒkələts] 52, 148
Preis price [praɪs]; **~liste** price-list ['praɪslɪst] 269; **~nachlaß** reduction [rɪ'dʌkʃən] 97; **preiswert** inexpensive [ɪnɪk'spensɪv] 99, 111, 156
Premiere first night [fɜ:st naɪt] 204
pro per [pɜ:] 104
Probe sample ['sɑ:mpl] 251
Problem problem ['prɒbləm] 247; trouble ['trʌbl] 247
Programm program(me) ['prəʊgræm] 203, 274
Prosit Cheers [tʃɪəz[
Prozent per cent [pə'sent] 17
Publikum audience ['ɔ:djens] 206
Puder powder ['paʊdə] 174
Pullover jumper ['dʒʌmpə] 156, 168, sweater ['swetə] 168
pur *(ohne Eis)* neat [ni:t] 127, straight [streɪt] 127
Pute turkey ['tɜ:kɪ] 140, 163

Q

Quadrat square [skweə] 19
Qualle jelly-fish ['dʒelɪfɪʃ] 185
Quittung receipt [rɪ'si:t] 21, 159, 21

R

R-gespräch reverse charge call [rɪ'vɜ:s tʃɑ:dʒ kɔ:l] 223
Rad wheel [wi:l] 88; **~fahren** cycling ['saɪklɪŋ] 191
Radieschen radishes ['rædɪʃɪz] 160
Ragout hash [hæʃ] 139
Rang dress circle [dres 'sɜ:kl] 205
Rasierapparat razor ['reɪzə] 174; **rasieren** shave [ʃeɪv] 229
Raststätte services ['sɜ:vɪsɪz] 67
Rat advice [əd'vaɪs]; **raten** advise [əd'vaɪz]
Rauch smoke [sməʊk] 32; **rauchen** smoke [sməʊk] 269; **Raucher** smoker ['sməʊkə] 83
Raum room [ru:m] 268
räumen *(Zimmer)* vacate [və'keɪt] 110
Rebhuhn partridge ['pɑ:trɪdʒ] 140
Rechnung bill [bɪl] 110, 147, 219; invoice ['ɪnvɔɪs] 218; receipt [rɪ'si:t] 21
rechts right [raɪt] 59, 61, 255
Rede speech [spi:tʃ]; **reden** talk [tɔ:k]; speak [spi:k]
reduzieren reduce [rɪ'dju:s] 158
Reformhaus health food shop [helθ fu:d ʃɒp] 159
Regal shelves *pl.* [ʃelvz] 114
Regelblutung period ['pɪərɪəd] 250

Regen rain [reɪn] 33, 35; **~mantel** mac [mæk] 168, mackintosh [ˈmækɪntɒʃ] 168, rain coat [reɪn kəʊt] 168
regnen rain [reɪn] 33
reich rich [rɪtʃ]
Reifen tyre [ˈtaɪə] 68, 239
reinigen clean [kliːn] 68, 108, 231; **Reinigung** dry cleaner's [draɪ ˈkliːnəz] →231f., 231
Reis rice [raɪs] 141, 161
Reise trip [trɪp] 43; **~führer** guidebook [ˈgaɪdbʊk] 177, 178, 197; **reisen** travel [ˈtrævl] 104;
Reisepaß passport [ˈpɑːspɔːt] 45, 63, 106, 216; **Reisescheck** traveller's cheque [ˈtrævləz tʃek] 22, 216
reißen tear [teə]
Reißverschluß zip [zɪp] 170
Reiten horseriding [ˈhɔːsraɪdɪŋ] 191; **reiten** ride [raɪd] 189
reklamieren complain about [kəmˈpleɪn əˈbaʊt] →100f.
rennen run [rʌn] 292
Rentner/in old age pensioner [əʊld eɪdʒ ˈpenʃənə] 90, pensioner [ˈpenʃənə] 45
Reparaturwerkstatt garage [ˈgærɑːdʒ] 238
reparieren fix [fɪks] 238, repair [rɪˈpeə] 101, 180, 238
reservieren book [bʊk] 98, 110, 133, 205; **Reservierung** reservation [rezəˈveɪʃn] 78
Restaurant restaurant [ˈrestrɒnt] 106, 122, →133ff.
retten save [seɪv]; **Rettungsboot** life boat [laɪf bəʊt] 85, 235
Rezeption reception [rɪˈsepʃn] 107
richtig right [raɪt] 230
Richtung direction [dɪˈrekʃn] 235
Rind cattle [ˈkætl] 234; *(Fleisch)* beef [biːf] 139; **Rinderbraten** roast beef [rəʊst biːf] 140
Ring ring [rɪŋ] 180
Risiko risk [rɪsk] 255
Rochen ray [reɪ] 132, 138
Rock skirt [skɜːt] 168
Rollstuhl wheelchair [ˈwiːltʃeə] 103
rosa pink [pɪnk] 36
Rosé rosé wine [ˈrəʊzeɪ waɪn] 126
Rosenkohl Brussels sprouts *pl.* [ˈbrʌslz spraʊts] 142
Rosine raisin [ˈreɪzn]; **~nbrot** fruit loaf [fruːt ləʊf], malt bread [mɔːlt bred]; **~nkuchen** fruit cake [fruːt keɪk] 148
rot red [red] 36, 184, 231; **Rotkohl** red cabbage [redˈkæbɪdʒ] 142; **Rotwein** red wine [red waɪn] 126
Route route [ruːt] 197
Rücken back [bæk] 249, 252; **~schmerzen** backache [ˈbækeɪk]
Rückfahrkarte return ticket [rɪˈtɜːn ˈtɪkɪt] 75
Rücklicht rear light [rɪə laɪt] 88, 240
Rucksack backpack [ˈbækpæk]
Rückspiegel interior mirror [ɪnˈtɪərɪə ˈmɪrə] 239
Ruder oar [ɔː]; **~boot** rowing boat [ˈrəʊɪŋ bəʊt] 188; **rudern** row [ˈrəʊ] 190
rufen call [kɔːl] 235
ruhig quiet [ˈkwaɪət] 95
Rührei scrambled egg [ˈskræmbld eg] 129
Ruine ruins *pl.* [ˈrʊɪnz] 200
Rumpsteak sirloin steak [ˈsɜːlɔɪn steɪk] 139
rund round [raʊnd] 157; **Rundfahrt** round trip [raʊnd trɪp] 201

S

Sache matter [ˈmætə] 270; thing [θɪŋ] 270; **~n** belongings [bɪˈlɒngɪŋz] 186

Saft juice [dʒu:s] 124
sagen say [seɪ] 292
Sahne cream [kri:m] 123, 143
Salat salad ['sæləd] 130, 134, 137; **~sauce** dressing ['dresɪŋ] 137
Salbe cream [kri:m] 244
Salbei sage ['seɪdʒ]
Salz salt [sɔ:lt] 130, 161; **salzig** salty ['sɔ:ltɪ] 145; **Salzstreuer** salt sprinkler [sɔ:lt 'sprɪŋklə] 146
Samstag Saturday ['sætədɪ] 26
Sand sand [sænd]; **sandig** sandy ['sændɪ] 185
Sanitäter/in ambulance man ['æmbjʊləns mæn]
Sardelle anchovy ['æntʃəvɪ] 137, 164
Sardine sardine [sɑ:'di:n] 138, 164
satt full [fʊl] 52
sauber clean [kli:n] 185
Schachtel box [bɒks] 176
schade too bad [tu: bæd]
Schaf sheep [ʃi:p] 234; **~skäse** sheep's milk cheese [ʃi:ps mɪlk tʃi:z] 162
Schal scarf [skɑ:f] 168
Schalter counter ['kaʊntə] 215; switch [swɪtʃ]
schauen look [lʊk]; **Schaufenster** (shop)window [(ʃɒp) 'wɪndəʊ] 155
Schaumwein sparkling wine ['spɑ:klɪŋ waɪn] 126
Scheck cheque [tʃek] 21, 219; **~karte** banker's card ['bæŋkəz kɑ:d] 22, 216
Scheibe slice [slaɪs] 160; **~nwischer** windscreen wiper ['wɪndskri:n 'waɪpə] 239
Scheide vagina [və'dʒaɪnə]
scheinen seem [si:m] 147; **Scheinwerfer** headlight ['hedlaɪt] 239
schenken give [gɪv]
Schere scissors *pl.* ['sɪzəz] 272
schicken send [send] 104, 237, 292
schieben push [pʊʃ] 237
Schiff boat [bəʊt] 58, →84ff., 85, ship [ʃɪp] 85
Schild sign [saɪn] 234
Schilling shilling ['ʃɪlɪŋ] 20, 216
Schinken ham [hæm] 130, 140, 160, 162
Schirm umbrella [ʌm'brelə] 199
Schlaf sleep [sli:p]; **~anzug** pyjamas *pl.* [pə'dʒɑ:məz] 168; **schlafen** sleep [sli:p] 292; **Schlafwagen** sleeping car ['sli:pɪŋ kɑ:] 75; **Schlafzimmer** bedroom ['bedru:m] 113
schlagen hit [hɪt]
schlecht bad [bæd] 34, 228, 290; *(Übelkeit)* sick [sɪk] 247
schließen close [kləʊz] 69, 101, 274, 292; **Schließfach** locker ['lɒkə] 76, 79, 187
schlimm bad [bæd]
Schloß castle [kɑ:sl] 200; lock [lɒk] 88
Schlüssel key [ki:] 101, 240
schmecken taste [teɪst] 147; (gut) enjoy [ɪn'dʒɔɪ] 147
Schmerz(en) pain [peɪn] 248; **schmerzen** hurt [hɜ:t] 248, 291; **Schmerzmittel** pain killer [peɪn 'kɪlə] 244, 255, 256
Schmuck jewellery ['dʒu:əlrɪ] 154, →180
schmutzig dirty ['dɜ:tɪ] 185, polluted [pə'lu:tɪd]
Schnaps spirit ['spɪrɪt] 126
Schnee snow [snəʊ] 33, 34
schneiden cut [kʌt] 229, 248, 291
schneien snow [snəʊ] 33
schnell fast [fɑ:st] 236, quick [kwɪk] 59, 235; **Schnellimbiß** fast food ['fɑ:st fu:d]
Schnitzel cutlet ['kʌtlɪt] 163, escalope [e'skælɒp] 139, 163
Schnuller comfort ['kʌmfət] 175
Schnupfen runny nose ['rʌnɪ nəʊz]

Schokolade chocolate ['tʃɒkələt] 123, 150
Scholle plaice [pleɪs] 132, 138, 164
schon already [ɔ:l'redɪ]
schön beautiful ['bju:təfʊl] 33, 55, 231, nice [naɪs] 32
Schrank wardrobe ['wɔ:drəʊb] 114
schreiben write [raɪt] 292; **Schreibtisch** desk [desk] 272; **Schreibwaren** stationary ['steɪʃnərɪ] 154, → 177ff., 272
Schuh shoe [ʃu:] 152, 154, → 170ff., 171, 172
Schuld fault [fɔ:lt] 236
Schule school [sku:l] 46; **Schüler** pupil ['pju:pl]
Schulter shoulder ['ʃəʊldə] 252
schwach weak [wi:k] 247
schwanger pregnant ['pregnənt] 250
schwarz black [blæk] 36, 123, 231
Schwein pig [pɪg]; *(Fleisch)* pork [pɔ:k] 139, 163
Schweiz Switzerland ['swɪtsələnd] 220; **~er Franken** Swiss frank [swɪs fræŋk] 216; **~er/in** Swiss [swɪs] 43
schwer heavy ['hevɪ]
schwierig difficult ['dɪfɪkəlt] 190; **Schwierigkeit** difficulty ['dɪfɪkəltɪ] 267
Schwimmbad swimming pool ['swɪmɪŋ pu:l] 184; **schwimmen** swim [swɪm] 185, 188, 292
schwindelig dizzy ['dɪzɪ] 248
sechs six [sɪks] 16; **sechste(r, s)**; **sechzehn** sixteen [sɪks'ti:n] 16; **sechzig** sixty ['sɪkstɪ] 16
See lake [leɪk] 100, 184, 201
Segelboot sailing boat ['seɪlɪŋ bəʊt] 188; **segeln** sail [seɪl] 190
sehen see [si:] 155, 206, 260, 292; **Sehenswürdigkeit** point of interest [pɔɪnt əv 'ɪntrəst] 197, sight [saɪt] 197
sehr very ['verɪ]
Seife soap [səʊp] 173
sein be [bi:] 284, 291
sein (Pron.) his [hɪz] 286
seit since [sɪns] 29
Seite side [saɪd] 205, 249
Sekretär/in secretary ['sekrətrɪ] 260
Sekt champagne [ʃæm'peɪn] 126
Sekunde second ['sekənd] 17, 24
selber -self [self]
Selbstbedienung self-service [self'sɜ:vɪs] 122
Sellerie celery ['selərɪ] 142
selten rarely ['reəlɪ] 29, seldom ['seldəm] 29
seltsam funny [fʌnɪ] 238
senden send [send] 292
Senf mustard ['mʌstəd]
Senior senior citizen ['si:njə 'sɪtɪzn] 90
senkrecht upright ['ʌpraɪt] 84
September September [sep'tembə] 27
servieren serve [sɜ:v] 108
Serviette napkin ['næpkɪn] 146
Sessel armchair ['ɑ:mtʃeə] 114
setzen set [set] 292; put [pʊt] 292
sicher safe [seɪf] 43, 189; **Sicherheit** security [sɪ'kjʊərətɪ]; **Sicherheitsgurt** safety-belt ['seɪftɪbelt] 72, 239
Sie you [jʊ] 286
sie she [ʃi:] 286
sieben seven ['sevn] 16; **siebzehn** seventeen [sevn'ti:n] 16; **siebzig** seventy ['sevntɪ] 16
Silber silver ['sɪlvə] 180
Silvester New Year's Eve [nju: jɪəz i:v] 97
singen sing ['sɪŋ] 207, 292
Sitz seat [si:t] 204, 205, 239, 269; **sitzen** sit [sɪt] 292
Slip briefs *pl.* [bri:fs] 169, panties *pl.* ['pæntɪz] 169
so so [səʊ]
Socke sock [sɒk] 169

sofort at once [ət wʌns] 28, immediately [ɪ'mi:djətlɪ] 28
Sohn son [sʌn]
sollen should [ʃʊd] 285
Sommer summer ['sʌmə] 32
Sonnabend saturday ['sætədɪ]
Sonne sun [sʌn] 33, 34; **sonnen** sunbathe ['sʌnbeɪð] 188; **Sonnenbrille** sunglasses *pl.* ['sʌnglɑ:sɪz] 187; **Sonnencreme** suncream ['sʌnkri:m] 187; **sonnig** sunny ['sʌnɪ] 34
Sonntag Sunday ['sʌndɪ] 26
spanisch Spanish ['spænɪʃ] 38
Sparbuch savings book ['seɪvɪŋz bʊk] 22; **sparen** save [seɪv]; **Sparkonto** savings account ['seɪvɪŋz ə'kaʊnt] 219
Spargel asparagus [ə'spærəgəs] 136, 141, 165
Spaß fun [fʌn] 43
spät late [leɪt] 23, 25, 28, 42, 178; **Spätvorstellung** late showing [leɪt 'ʃəʊɪŋ] 208
Speise food [fu:d]; **~karte** menu ['menju:] 133; **~saal** dining room ['daɪnɪŋ ru:m] 106; **~wagen** dining car ['daɪnɪŋ kɑ:] 75
Spezialität speciality ['speʃltɪ] 135
Spiegelei fried egg [fraɪd eg] 129
Spiel game [geɪm] 188; *(Sport)* match [mætʃ] 194, play [pleɪ] 188; **spielen** play [pleɪ] 188; **Spielfilm** feature film ['fi:tʃə fɪlm] 208; **Spielzeug** toys *pl.* [tɔɪz] 175
Spinat spinach ['spɪnɪdʒ] 142, 165
Spirituosen spirits ['spɪrɪts] 63
Sport sport [spɔ:t] → 188ff., 188; **~anlage** sports facilities [spɔ:ts fə'sɪlətɪz] 100; **~arten** sport [spɔ:t] → 190f., **~artikel** sports equipment [spɔ:ts ɪ'kwɪpmənt] 154, → 192f.; **~schuh** casual shoe ['kæʒʊəl ʃu:] 172

Sprache language ['læŋgwɪdʒ] 46, 201; **sprechen** speak [spi:k] 38, 227, 246, 265, 292, talk [tɔ:k] 227, 260; **Sprechstunde** surgery hours *pl.* ['sɜ:dʒərɪ 'aʊəz] 246
Spritze injection [ɪn'dʒekʃn] 251, 256
spülen rinse [rɪns] 256; **Spüllappen** dishcloth ['dɪʃklɒθ] 114; **Spülmaschine** dishwasher ['dɪʃwɒʃə] 111, 113
Stachelbeere gooseberry ['gʊzbərɪ] 166
Stadt city ['sɪtɪ]; town [taʊn]; **~besichtigung** sightseeing tour ['saɪtsi:ɪŋ tʊə] 201; **~mauer** (town / city) walls *pl.* [(taʊn / 'sɪtɪ) wɔ:lz] 200; **~mitte** City Centre ['sɪtɪ 'sentə] 60; **~plan** street map [stri:t mæp] 178
Stand stand [stænd] 275, 276; **~licht** sidelight ['saɪdlaɪt] 240
stark strong [strɒŋ] 185, 244
starten start [stɑ:t]; **Starthilfekabel** jump leads *pl.* [dʒʌmp li:dz] 237
statt instead of [ɪn'sted əv] 145
Staubsauger vacuum cleaner ['vækjʊəm 'kli:nə] 68
Steckdose socket ['sɒkət] 273; **Stecker** plug [plʌg] 273
stehen stand [stænd] 292
stehlen steal [sti:l] 241
Stein stone [stəʊn]; **~butt** turbot ['tɜ:bət] 138; **steinig** pebbly ['peblɪ] 185
sterben (an) die (of) [daɪ (əv)]
Steward steward [stjʊəd] 81; **~eß** stewardess [stjʊə'des] 81
Stiefel boot [bu:t] 172
Stier bull [bʊl] 234
still still [stɪl] 124
Stock(werk) floor [flɔ:] 17, 155, 268
Stoff cloth [klɒθ] 169, 259
stören disturb [dɪs'tɜ:b] 78, 269
Stoßstange bumper ['bʌmpə] 239

Strand beach [bi:tʃ] 100, 184
Straße road [rəʊd] 60, 235, street (Abk.: *St.*) [stri:t] 44; **~nbahn** tram [træm] 58, 89
Streichholz match [mætʃ] 176
Strom electricity [ɪlek'trɪsətɪ]; **~spannung** voltage ['vəʊltɪdʒ] 234
Strömung current ['kʌrənt] 185
Strümpfe stockings ['stɒkɪŋz] 168
Strumpfhose tights *pl.* [taɪts]
Stück piece [pi:s] 19, 148, 160, 255
Student/in student ['stju:dnt] 45, 90, 198; **studieren** study ['stʌdɪ] 46
Stufe step [step] 234
Stuhl chair [tʃeə] 114, 134, 146; **~gang** stool [stu:l] 249
Stunde hour ['aʊə] 24, 256
Sturm storm [stɔ:m] 35
Sturz fall [fɔ:l]; **stürzen** fall [fɔ:l] 248
Suche search [sɜ:tʃ]; **suchen** look for ['lʊk fɔ:] 58, 96, 156, 166, 260
Süden south [saʊθ] 35
Summe sum [sʌm] 219
super super ['su:pə] 68; **Supermarkt** supermarket ['su:pəmɑ:kɪt] 117, 152, 173
Suppe broth [brɒθ] 134, soup [su:p] 134, 136
Surfbrett surfboard ['sɜ:fbɔ:d] 185, 188, 189
süß sweet [swi:t]; **Süßigkeiten** sweets [swi:ts] 154; **Süßstoff** artifical sweetener [ɑ:tɪ'fɪʃl 'swi:tnə] 130
sympathisch nice [naɪs] 47

T

Tabak tobacco [tə'bækəʊ] 154; **~laden** tobacconist's [tə'bækənɪsts] 154, 176; **~waren** pl. tobacco [tə'bækəʊ] → 176f.
Tablette tablet ['tæblɪt] 244
Tafel blackboard ['blækbɔ:d] 271
Tafelwein table wine [teɪbl waɪn]
Tag day [deɪ] 25, 251; **~esgericht** today's special [tə'deɪz 'speʃl] 135; **täglich** daily ['deɪlɪ] 29; **Tageszeiten** time [taɪm] → 25f.
Tal valley ['vælɪ] 201
Tank tank [tæŋk] 239; **tanken** tank [tæŋk] → 67ff.; **Tankstelle** petrol station ['petrəl steɪʃn] 67
Tante aunt [ɑ:nt]
tanzen dance [dɑ:ns] 207, 210; **Tanzsaal** ballroom ['bɔ:lrʊm] 210
Tasche bag [bæg] 199; **~nlampe** torch [tɔ:tʃ] 118; **~nrechner** calculator ['kælkjʊleɪtə] 272
Tasse cup [kʌp] 52, 114, 123
Tatsache fact [fækt]
tauchen dive [daɪv] 186, 190
tausend thousand ['θaʊznd] 17
Taxi taxi ['tæksɪ] 89, → 91f., 108
Tee tea [ti:] 52, 123, 161; **~löffel** teaspoon ['ti:spu:n] 245
Teil part [pɑ:t]; **teils** partly ['pɑ:tlɪ] 35
Telefax fax [fæks] 267
Telefon phone [fəʊn] 266, telephone ['telɪfəʊn] 44, 103, 107, 111, 223, 272; **~buch** telephone directory ['telɪfəʊn dɪ'rektərɪ] 223; **telefonieren** call [kɔ:l] 265, make a phone-call [meɪk ə 'fəʊnkɔ:l] 117, → 222ff., 255; **Telefonkarte** phonecard ['fəʊnkɑ:d] 222f; **Telefonnummer** phone number [fəʊn 'nʌmbə] 104, 223, 242; **wichtige ~nummern** → 224; **Telefonzelle** phone (box / booth) ['fəʊn (bɒks/bu:ð)] 214, 223, 226
Telegramm telegram ['telɪgræm] 221
telegraphieren wire ['waɪə] 243
Teller plate [pleɪt] 114
Temperatur temperature ['tempratʃə] 230, 250

Tennis tennis ['tenɪs] 191; **~platz** tennis court ['tenɪs kɔ:t] 100, 189, 192
Termin appointment [ə'pɔɪntmənt] 246, date [deɪt] →263f.
Tetanus tetanus ['tetənəs] 249
teuer expensive [ɪk'spensɪv] 99, 158
Theater theatre ['θɪətə] 108, 204, →206f.
Thunfisch tuna(-fish) ['tju:nə(fɪʃ)] 130, 138, 164
Thymian thyme ['taɪm]
Ticket ticket ['tɪkɪt]
tief deep [di:p] 185, 249; **Tiefe** depth [depθ]
Tier animal ['ænɪml]; **~arzt** veterinary ['vetərɪnərɪ] 65
Tisch table ['teɪbl] 114, 134, 146; **~gedeck** cover ['kʌvə] →144f.
Toast(brot) slice of toast [slaɪs əv təʊst] 129
Tochter daughter ['dɔ:tə]
Toilette rest-room ['restrʊm] 206, toilet ['tɔɪlɪt] 76, 107, 117, 187, 206, 255
toll great [greɪt] 47
Tomate tomato [tə'mɑ:təʊ] 124, 130, 137, 142, 165
Topf pan [pæn] 114
Tor goal [gəʊl] 195, 196
Torte gateau ['gætəʊ] 147
Torwart goalie ['gəʊlɪ] 195, goalkeeper ['gəʊlki:pə] 195
Tod death [deθ]; **tot** dead [ded]; **töten** kill [kɪl]
Tour tour [tʊə] 189; **Tourist** tourist ['tʊərɪst]
tragen carry ['kærɪ]
Trainer coach [kəʊtʃ] 195
trampen hitchhike ['hɪtʃhaɪk] 58
Traube grape [greɪp] 124
Traum dream [dri:m]; **träumen** dream [dri:m]
traurig sad [sæd]
treffen meet [mi:t] 50, 264, 292
Treppe stairs [steəz] 113; **~nhaus** staircase ['steəkeɪs] 113
treu true [tru:]
trinken drink [drɪŋk] 269, 291; **Trinkgeld** tip [tɪp] 128, 147; **Trinkwasser** drinking water [drɪŋkɪŋ 'wɔ:tə] 78
trocken dry [draɪ] 126, 173
tschüs bye [baɪ] 42, cheerio [tʃɪərɪ'əʊ] 228
tun do [du:] 155, 291
Tür door [dɔ:] 101, 113, 239
Turnschuh trainer ['treɪnə] 172
Tüte bag [bæg] 156
typisch typical ['tɪpɪkl] 156

U

U-Bahn tube [tju:b] 89, underground ['ʌndəgraʊnd] 58, 89; **~station** underground station ['ʌndəgraʊnd 'steɪʃn]] 89
übel nauseous ['nɔ:sjəs]; **Übelkeit** nausea ['nɔ:sjə]
über above [ə'bʌv] 61; over ['əʊvə] 61
überall everywhere ['evrɪweə]
Überfall mugging ['mʌgɪŋ] 241
übergeben, sich vomit ['vɒmɪt] 248
überholen overtake [əʊvə'teɪk] 72
überlegen think about [θɪŋk ə'baʊt] 157
übernachten spend the night [spend ðə naɪt] 96
überqueren cross [krɒs] 60
Übersetzer translator [trænz'leɪtə] 39
übrig left [left]
Uhr clock [klɒk] 154; watch [wɒtʃ] 154, 180; **~macher** watchmaker ['wɒtʃmeɪkə] 154; **~zeiten** times [taɪmz] →23
um at [æt]

Umleitung diversion [daɪ'vɜːʃn] 72
umsteigen change (trains) [tʃeɪndʒ (treɪnz)] 75
Umtausch exchange [ɪks'tʃeɪndʒ] 158; **umtauschen** exchange [ɪks'tʃeɪndʒ] 159; **Umtauschgebühren** *pl.* commission [kə'mɪʃn] 216
unabhängig independent [ɪndɪ'pendənt]
unbegrenzt unlimited [ʌn'lɪmɪtəd] 71
unbequem uncomfortable ['ʌnkʌmftəbl] 171
und and [ænd]
Unfall accident ['æksɪdənt] 234, 236; **~versicherung** accident insurance ['æksɪdənt ɪn'ʃɔːrəns] 71
ungefährlich safe [seɪf] 116
unmöglich impossible [ɪm'pɒsəbl]
uns us [ʌs] 286; **unser** our ['aʊə] 287
unten downstairs [daʊn'steəz]
unter below [bɪ'ləʊ] 61; under ['ʌndə] 61
unterbringen accommodate [ə'kɒmədeɪt] 111
unterhalten entertain [entə'teɪn] 270
Unterhemd vest [vest] 169
Unterhose briefs *pl.*. [briːfs] 169, underpants *pl.* ['ʌndəpænts] 169
Unterkunft accommodation [əkɒmə'deɪʃn] →94ff., 94
Unterlagen documents ['dɒkjʊmənts] 271
Unternehmen company ['kʌmpənɪ] 259, enterprise ['entəpraɪz] 263
unterschreiben sign [saɪn] 21, 71, 106, 216
Unterschrift signature ['sɪgnɪtʃə] 21, 106
Untertasse saucer ['sɔːsə] 114
Unterwäsche underwear ['ʌndəweə] 168
Unze ounce [aʊns] 18
Urin urine ['jʊərɪn] 251
Urlaub holidays ['hɒlɪdeɪz] 55, 64

V

Vanille soße custard ['kʌstəd] 143
Vase vase [veɪz] 115
Vater father [fɑːðə]
vegetarisch vegetarian [vedʒɪ'teərɪən] 135
verabreden, sich make an appointment [meɪk ən ə'pɔɪntmənt]; **Verabredung** appointment [ə'pɔɪntmənt] 258, 267
Veranstaltungskalender calendar of events ['kælɪndə əv ɪ'vents] 197
verändern change [tʃeɪndʒ]
verantwortlich responsible [rɪ'spɒnsəbl] 260; **Verantwortung** responsibility [rɪspɒnsə'bɪlətɪ] 255
verbieten forbid [fə'bɪd] 184
verbinden connect [kə'nekt] 227, 265; *(Telefon)* put through [pʊt θruː] 103, 265
verbleit leaded ['ledɪd] 68
vergessen forget [fə'get] 291
Vergewaltigung rape [reɪp] 241
vergoldet gilded ['gɪldɪd] 180
Verhandlung negotiation [nɪgəʊʃɪ'eɪʃn] 269
verheiratet married ['mærɪd] 45, 56
Verhütungsmittel contraceptive [kɒntrə'septɪv] 250
Verkauf sale [seɪl] 260; **verkaufen** sell [sel] 152, 292
Verkehr traffic ['træfɪk] 268; **~shinweise** radio traffic service ['reɪdɪəʊ 'træfɪk 'sɜːvɪs] →71f.; **~sunfall** road accident [rəʊd 'æksɪdənt] 235, →236f.
Verleih hire ['haɪə] 100; **verleihen** lend [lend]
verletzen injure ['ɪndʒə] 235; **Verletzung** injury ['ɪndʒərɪ]
verlieren lose [luːz] 181, 194, 238, 292; **Verlust** loss [lɒs] 240
vermieten rent [rent]

Vermittlung *(Person)* operator ['ɒpəreɪtə] 235
verschicken send [send] 221
verschieden different ['dɪfrənt]
Versicherung insurance [ɪn'ʃɔ:rəns] 71; **~snummer** insurance number [ɪn'ʃɔ:rəns 'nʌmbə] 236
versilbert silver-plated [sɪlvə'pleɪtɪd] 180
Verspätung delay [dɪ'leɪ] 77, 82
Verstand mind [maɪnd]
verstehen understand [ʌndə'stænd] 39, 292
Verstopfung constipation [kɒnstɪ'peɪʃn]
versuchen try [traɪ]
Vertrag contract ['kɒntrækt]
verwitwet widowed ['wɪdəʊd] 45
Verzeihung! Excuse me! [ɪk'skju:z mɪ] 105, Sorry! ['sɒrɪ] 38
verzollen declare [dɪ'kleə] 64
Videorekorder video recorder ['vɪdɪəʊ rɪ'kɔ:də] 271
viel much [mʌtʃ] 21, 158, 290
vielleicht maybe ['meɪbɪ] 50, 53, perhaps [pə'hæps] 157, 241
vier four [fɔ:] 16; **vierte(r, s)** fourth [fɔ:θ] 17; **viertel, Viertel** quarter ['kwɔ:tə] 17, 123; **vierzehn** fourteen [fɔ:'ti:n] 16; **vierzig** forty ['fɔ:tɪ] 16
Visum visa ['vi:zə] 63
Vogel bird [bɜ:d]
Volk people [pi:pl]; **~smusik** folk music [fəʊk 'mju:zɪk] 179, 207
voll full [fʊl]; **Vollpension** full board [fʊl bɔ:d] 97; **volltanken** fill up [fɪl ʌp] 67
von from [frɒm] 99
vor ago [ə'gəʊ] 23; before [bɪ'fɔ:] 245; in front of [ɪn frɒnt ɒv] 61; to [tu:] 23
vorbestellen book in advance [bʊk ɪn əd'vɑ:ns] 204
Vorderlicht front light [frʌnt laɪt] 88
Vorfahrt right of way [raɪt əv weɪ] 72, 236
vorhanden available [ə'veɪləbl] 264
vorher before [bɪ'fɔ:]
Vorhersage forecast ['fɔ:kɑ:st] 34
Vormittag morning ['mɔ:nɪŋ] 25
vorn(e) in front [ɪn frɒnt] 255
Vorname Christian name ['krɪstʃən] neɪm] 44
Vorsicht caution ['kɔ:ʃən] 71, *(Ausruf)* Watch out! [wɔtʃ aʊt] 234 **vorsichtig** careful ['keəfʊl]
Vorspeise appetizer ['æpɪtaɪzə] 134, → 136f., starter ['stɑ:tə] 134
vorstellen introduce [ɪntrə'dju:s] 41, 258; (sich etw.) imagine [ɪ'mædʒɪn] 54; **Vorstellung** performance [pə'fɔ:məns] 204
Vorverkauf advance booking [əd'vɑ:ns 'bʊkɪŋ] 204
Vorwahl destination code [dəstɪ'neɪʃn kəʊd] 223
vorziehen prefer [prɪ'fɜ:] 145, 159, 230

W

wachsen grow [grəʊ] 291
Wagen *(Auto)* car [kɑ:] 70, 104, 238, *(Zug)* carriage ['kærɪdʒ] 78; **~heber** jack [dʒæk] 237
wählen select [sɪ'lekt] 218; *(Telefon)* dial ['daɪəl] 109, 226
wahr true [tru:] 53
während during ['djʊərɪŋ] 242
Wahrheit truth [tru:θ]
wahrscheinlich probably ['prɒbəblɪ] 53
Währung currency ['kʌrənsɪ] 20, 215, 217
Wald forest ['fɒrəst] 201
Wand wall [wɔ:l] 22

wandern hike [haɪk] 191; **Wanderweg** walkway ['wɔ:kweɪ] 189
wann when [wen] 27, 44, 98, 279
Ware goods *pl.* [gʊdz] 158, 270; wares *pl.* [weəz]
warm warm [wɔ:m] 33, 185, 230; **Wärme** warmth [wɔ:mθ]
warnen warn [wɔ:n]; **Warnung** warning ['wɔ:nɪŋ]; **Warnung vor ...** beware of [bɪ'weə əv] 234
warten wait [weɪt] 92, 218, 226; **Wartesaal** waiting room ['weɪtɪŋ rʊm] 76
warum why [waɪ] 279
was what [wɒt] 279
waschen wash [wɒʃ] 117, 229, 232; **Wäschetrockner** tumble-drier ['tʌmbldraɪə] 113; **Waschmaschine** washing machine ['wɒʃɪŋ mə'ʃi:n] 111; **Waschsalon** launderette [lɔ:ndə'ret] 232
Wasser water ['wɔ:tə] 115, 230, 245; **~fall** waterfall ['wɔ:təfɔ:l] 201; **~hahn** tap [tæp] 101, 113, 115
WC toilet ['tɔɪlət] 96, 103, 113
Wechselgeld change [tʃeɪndʒ] 21, 147; **wechseln** change [tʃeɪndʒ] 68, 108, 214, 216
wecken call [kɔ:l] 108
Weg way [weɪ] 60; **~beschreibungen** description [dɪs'krɪpʃn] →58ff; **weg** away [ə'weɪ]; **~gehen** leave [li:v] 42
wegen because of [bɪ'kɒz əv]
weiblich female ['fi:meɪl] 45
weich soft [sɒft] 129, 181
Weihnachten Christmas ['krɪsməs] 31, 49, 97
weil because [bɪ'kɒz]
Weile while ['waɪl] 51
Wein wine [waɪn] 52, →126; **~lokal** wine bar [waɪn bɑ:] 122; **~traube** grape [greɪp] 166
weinen cry [kraɪ]
weiß white [waɪt] 36; **Weißwein** white wine [waɪt waɪn] 126
weit loose [lu:s] 167; far [fɑ:] 62; wide [waɪd] 167; **weitsichtig** long-sighted [lɒŋ'saɪtɪd] 181
welche(r, s) which [wɪtʃ] 89, 279, 288
Welt world [wɜ:ld]
wenig few [fju:] 290; **~er** less [les] 160
wenn if [ɪf]
wer who [hu:] 279
werden will [wɪl] 285
Wertsachen valuables ['væljʊəblz] 106
weshalb why [waɪ]
Westen west [west] 35
Wette bet [bet] 212
Wetter weather ['weðə] →32ff., 33, 34
wichtig important [ɪm'pɔ:tənt] 197
wie how [haʊ] 279
wieder again [ə'gen] 56, 251; **~holen** repeat [rɪ'pi:t] 39; **Wiedersehen!** Good bye! [gʊd baɪ] 42
wieviel how much [haʊ mʌtʃ] 104, 158, 279
Wild venison ['venɪzn] 139
wild wild [waɪld] 138
willkommen welcome ['welkəm] 42
Wind wind [wɪnd] 35
Windel nappy ['næpɪ] 175
windig windy ['wɪndɪ] 33
Windschutzscheibe windscreen ['wɪndskri:n] 68, 239
Winter winter ['wɪntə] 32
wir we [wi:] 286
wirklich really ['rɪəlɪ] 54
wissen know [nəʊ]
wo where [weə] 44, 279
Woche week [wi:k] 28; **~nende** weekend ['wi:kend] 26, 28, 43, 193; **~ntage** weekdays ['wi:kdeɪz] →26
wöchentlich weekly ['wi:klɪ]

wohnen live [lɪv] 43; **Wohnmobil** camper van ['kæmpə væn] 116; **Wohnort** place of residence [pleɪs əv 'rezɪdəns] 44; **Wohnung** flat [flæt]; **Wohnwagen** caravan ['kærəvæn] 66, 116
Wort word [wɜ:d] 39; **Wörterbuch** dictionary ['dɪkʃənrɪ]
Wunde wound [wu:nd]
wünschen request [rɪ'kwest] 225
Wurst cold meat [kəʊld mi:t] 154, 161; **Wurstwaren** *pl.* sausages ['sɒsɪdʒəz] →161f.; **Würstchen** sausage ['sɒsɪdʒ] 130, 162

Y

Yard = 91,44 cm yard [jɑ:d] 19

Z

Zahl number ['nʌmbə] 16; **~en** →16f.
zahlen pay [peɪ] 21, 110, 147
zählen count [kaʊnt]
Zahn tooth [tu:θ] 255, 281; **~arzt/ärztin** dentist ['dentɪst] 247, →255f.; **~bürste** toothbrush ['tu:θbrʌʃ] 174; **~pasta** toothpaste ['tu:θpeɪst] 174; **~schmerzen** *pl.* toothache ['tu:θeɪk] 255
Zeh toe [təʊ] 252
zehn ten [ten] 16
Zeichen sign [saɪn]
zeigen show [ʃəʊ] 208, 268, 292
Zeit time [taɪm] →27ff.
Zeitschriften magazine [mægə'zi:n] 177
Zeitung newspaper ['nju:speɪpə] 154, 177
Zelt tent [tent] 116, 118
Zentimeter centimetre ['sentɪmi:tə] 18
Zentrum centre ['sentə] 59, 95
Zeuge/in witness ['wɪtnɪs] 237
ziehen draw [drɔ:] 217, pull [pʊl] 78, 251
ziemlich quite [kwaɪt] 33
Zigarette cigarette [sɪgə'ret] 64, 176, 177; **~npapier** cigarette papers *pl.* [sɪgə'ret 'peɪpəz] 177; **Zigarillo** cigarillo [sɪgə'rɪləʊ] 177; **Zigarre** cigar [sɪ'gɑ:] 177
Zimmer room [ru:m] 96, 254, 268
Zimt cinnamon ['sɪnəmən]
Zitrone lemon ['lemən] 123, 150, 166
Zoll customs *pl.* ['kʌstəmz] 63, 82; = 2,54 cm inch [ɪntʃ] 18; **zollfrei** duty-free [dju:tɪ'fri:] 63
Zoo zoo [zu:] 201
zu to [tu:]: too [tu:]
Zubehör accessories *pl.* [ək'sesərɪz] 153, 272
Zucchini courgette [kɔ:'ʒet] 142
Zucker sugar ['ʃʊgə] 130, 161; *(med.)* diabetes [daɪə'bi:tɪz] 249
zuerst first [fɜ:st] 264
Zufall chance [tʃɑ:ns] 241
Zug train [treɪn] 58, 62, 104
zuhören listen ['lɪsn]
zuletzt last [lɑ:st]
Zündung ignition [ɪg'nɪʃn] 240
Zunge tongue [tʌŋ] 139
zurück back [bæk] 159; **~geben** return [rɪ'tɜ:n] 71, 159; **~kommen** come back [kʌm bæk] 202
zusammen together [tə'geðə]
Zuschauer spectator [spek'teɪtə] 195
zuviel too much [tu: mʌtʃ]
zwanzig twenty ['twentɪ] 16
zwei two [tu:] 16; **Zweibettzimmer** twin room [twɪn ru:m] 102
zweifeln doubt [daʊt] 53
Zweigstelle branch [brɑ:ntʃ] 259
Zwiebel onion ['ʌnjən] 137, 142, 165
zwischen between [bɪ'twi:n] 61
zwölf twelve [twelv] 16

Wörterbuch Englisch–Deutsch

A

a ein, eine
able fähig
about etwa, ungefähr
above oben; über 61
accept akzeptieren, hinnehmen 21
accessories *pl.* Zubehör 153, 272
accident Unfall 234, 236; ~ **insurance** Unfallversicherung 71
accommodation Unterkunft 94
accompany begleiten 268
account Konto 219
ache Schmerz; schmerzen
across quer durch/über; hin-/ herüber
act Tat; handeln; **~ivity** Aktivität 188; **~ion** Tat
additional ... Zusatz ... 71, 103
address Adresse, Anschrift 44, 104, 216, 241, 266; adressieren
admission Eintritt 198, 211
adult Erwachsene/r 86
advance booking Vorverkauf 204
advantage Vorteil
advice Rat
afraid ängstlich; **to be ~ of** Angst haben vor
after nach 245; nachdem
afternoon Nachmittag 26; **~ tea** Nachmittagsimbiß 120;
afters *pl.* Nachspeisen 135
aftershave Rasierwasser 174
afterwards danach, nachher
again noch einmal, nochmals, wieder 56, 157, 251
against gegen, wider
age Alter 44
ago vor(her) 23
agree übereinstimmen 263; **~d** einverstanden 50
air Luft; ~ **hostess** Stewardeß 81; ~**line** Fluggesellschaft 81; ~**mail** Luftpost 221; ~**port** Flughafen 59, 62, 81, 104, 264
alcohol Alkohol
ale Bier (obergärig) 125
all alles 155; ganz; jeder; ~ **together** zusammen
allergic allergisch 249, 256
allow gestatten 47
almond Mandel
almost beinahe
alone allein, einsam
already schon, bereits
alright in Ordnung 236
also auch; außerdem
although obwohl
always immer 29, 40
a.m. vormittags 22
ambulance Krankenwagen 235
amount Betrag 218; Menge
and und
angry zornig, böse
animal Tier
ankle Knöchel 251, 252
another ein/e andere(r, s)
answer Antwort; (be)antworten
any (irgend)eine(r), jede(r), (irgend)etwas; ~**body/one** jemand 107; ~**thing** etwas 155
apartment Ferienwohnung 110
aperitif Aperitif 52, 144
appendicitis Blinddarmentzündung 250; **appendix** Blinddarm 253
apple Apfel 124, 165; ~ **juice** Apfelsaft 124; ~ **pie** Apfelkuchen 143; ~ **tart** Apfelkuchen 148
appointment Termin, Verabredung 246, 258, 267
apricot Aprikose 150, 165
April April 27

architect Architekt/in 202; **architecture** Architektur 46, 196
area Gegend 182; **~ code** Ortsnetzkennzahl 223
arm Arm 252; **~chair** Sessel 114
around *(Uhrzeit)* gegen 98
arrange ausmachen 263
arrival Ankunft 77, 82; **arrive** ankommen, eintreffen 62, 74, 98, 178, 243, 269
art Kunst 199; **~ collection** Gemäldesammlung 199
artichoke Artischocke 141, 164
artificial sweetener Süßstoff 130
artist Künstler/in 202
arts and craft Kunstgewerbe 153
as als, wie; so; da, weil; **~ far as** bis (zu) 59; **~ well** auch 171
ashtray Aschenbecher 146
ask fragen; ~ **for** bitten um, erbitten 270
asparagus Spargel 136, 141, 165
at an 61; auf; in; **~ once** sofort 28
attention Achtung 266; Aufmerksamkeit 266
August August 27
aunt Tante
Austria Österreich 220; **Austrian** Österreicher/in 43; österreichisch 216
äußere(r, s) external 245
automatic Automatik 70; **~ telling machine (ATM)** Geldautomat 22
Automobile Association Autofahrerclub 65; **Automobile Club** Verkehrsclub 65
autumn Herbst 32
available frei 96, 103, 134, verfügbar 86, vorhanden 264; **~ only on prescription** verschreibungspflichtig 244
avoid (ver)meiden
away weg, fort; entfernt

B

baby Baby, Säugling; **~ clothes** Babywäsche 175; **~ food** Babynahrung 175; **~ milk** Säuglingsmilch 175
back zurück 159; Rücken 249, 252; **~ache** Rückenschmerzen; **~ward(s)** rückwärts, nach hinten
bacon Frühstücksspeck 129, 162
bad schlecht 34, 228; schlimm
bag Tüte 156; Tasche 199
baggage Reisegepäck
bake backen; **~d** gebacken 135, 141; **~~potatoes** Folienkartoffeln 141; **~ry** Bäckerei 147, 153
ball Ball 192, 196; Kugel 149; **~-pen** Kugelschreiber 179, 272
ballet Ballett 207
ballroom Tanzsaal 210
banana Banane 165
bank Bank 24, 46, 214, 219, 243; **~ holiday** Feiertag 26; **~er** Bankier; **~~'s card** Scheckkarte 22, 216; **~note** Geldschein
bar Bar, Schankstube 121
barbecued gegrillt 135
barber Friseur 228
basement Keller 113
basket Korb; **~ball** Basketball 190
bath Bad; **~tub** Badewanne 113; **~room** Bad 96, 103, 113, 255; **~e** baden 184; **~ing costume** Badeanzug 187
bay Bucht 200
bayleaf Lorbeer
be sein; **~ called** heißen 39, 202; **~ sorry** leidtun 48
beach Strand 100, 184; ~ **robe** Bademantel 187, Strandmatte 187
bean Bohne 141, 164
beard Bart 229
beauty Schönheit

because weil; ~ **of** wegen
become werden
bed Bett 113, 251; ~ **& Breakfast** (B&B) Fremdenzimmer 94; **~-linen** Bettwäsche 114; ~**room** Schlafzimmer 113
beef Rind 139; Rindfleisch 130, 163
beer Bier 125, 160
before bevor, ehe; vor 245
begin anfangen; **~ner** Anfänger 189; **~ning** Anfang
behave sich benehmen
behind hinter 61
being Wesen; Dasein
believe glauben 53
bell Klingel 88
belongings Sachen 102, 186
below unten; unterhalb 61
belt Gürtel 172
bend Kurve 72; biegen
beside neben 61
best beste(r, s); am besten
bet Wette 212; wetten
better besser
between zwischen 61
beverage Getränk 135
beware of Vorsicht, ... 234
bicycle Fahrrad 88
big groß 171
bike Fahrrad 88
bill Rechnung 110, 147, 219
bird Vogel
birth Geburt; **~day** Geburtstag
biscuit Keks 148, Plätzchen 148, 160
bit etwas 160
bite beißen 248
bitter bitter; Bitterbier 125
black schwarz 36, 123, 231; ~ **Forest gateau** Schwarzwälder Kirschtorte 148; **~berry** Brombeere 165; ~**currant** schwarze Johannisbeere 166
blanket Decke
block sperren 219; **~ed** verstopft 101; ~ **nose** Schnupfen
blond(e) blond 231
blood Blut 251
blouse Bluse 168, 231
blue blau 36; **~berry** Heidelbeere, Blaubeere 150, 165
board einsteigen 77; ~**ing card** Bordkarte 81, 83; **~ing gate** Flugsteig 82
boat Schiff 58, 85, Boot 85, 188, 192
body Körper
boil kochen; **~ed** gekocht 129, 136; **~~ potatoes** Salzkartoffeln 141
bone Knochen
book Buch 96, 153, 177; buchen, reservieren 82, 98, 110, 133, 205; ~**shop** Buchladen 153
boot Kofferraum 64, 239; Stiefel 172
border Grenze
borrow ausleihen 190
bosom Busen 252
Botanic Gardens *pl.* Botanischer Garten 200
both beide
bottle Flasche 18, 52, 123, 160; Fläschchen 175; ~**warmer** Fläschchenwärmer 175; ~**opener** Flaschenöffner 115
bottom (at the) unten 255
bowels *pl.* Darm 253
bowl Schüssel 114
box Schachtel 176; Loge 205; ~**office** Kasse 204; **Boxing Day** (GB) 2. Weihnachtsfeiertag 31
boy Junge; **~friend** Freund 41
bra BH 169
brain Gehirn; Verstand
brake Bremse 88, 239; **~-light** Bremsleuchte 240
branch Zweigstelle, Filiale 259, 260; ~ **code** Bankleitzahl 219
brandy Weinbrand 126

bread Brot 129, 153; 160; **~stick** Stangenbrot
break kaputtgehen 115, 181; **~ in** einbrechen 241; **~off** abbrechen 255; **~down** Panne, Autopanne 236; **~~ vehicle** Abschleppwagen 237
breakfast Frühstück 97, 108
breast Brust 252
breath Atem 249; **~e** atmen 249
bridge Brücke
brief guide Kurzführer 199
briefs *pl.* Slip, Unterhose 169
bring bringen 60, 108, 146
Britain Großbritannien 63; **British** britisch
broken kaputt 238
broth Suppe 134
brother Bruder
brown braun 36
bruise prellen; Prellung
brush Bürste 173
Brussels sprouts *pl.* Rosenkohl 142
build bauen; **~ing** Gebäude 202
bull Stier 234
bumper Stoßstange 239
bun Brötchen 129, 160; (süß) 148
Bureau de Change Geldwechsel 215
burglary Einbruch 241
burn brennen 101, 234; verbrennen 238
bus Bus 58, 60, 89, 201; **~ station** Busbahnhof 153; **~-stop** Bushaltestelle 89
business Betrieb, Firma, Geschäft 262; **~ trip** Geschäftsreise 64
busy besetzt
but aber; sondern
butcher Fleischer, Metzger 154
butter Butter 129, 161
buttock Gesäß 252
button Knopf 170
buy kaufen 62, 152, 194, 214
by durch; von; an; bei
bye tschüs 42
bypass Umgehungsstraße 65

C

cab Taxi 89
cabbage Kohl 142, 165
cabin Kajüte, Kabine (Schiff) 86
café Café, Imbißlokal 121, Tanzcafé 210
cake Kuchen 148, 153
calculator Taschenrechner 272
calendar of events Veranstaltungskalender 197
call telefonieren 265; rufen 235, anrufen 266; Anruf 107, 267, Aufruf 84; **~ back** zurückrufen 227; **~card** Telefonkarte 222, 223; **~ charge** Telefongebühren *pl.* 223
calm ruhig, still
camp zelten 116; **~site** Campingplatz 94; **~er van** Wohnmobil; **~ing gas** Campinggas 118
can können 216; Dose 123, 160
cancel abbrechen 274; stornieren 82
canoe Paddelboot 188
cap Mütze 168
car Auto, Wagen 58, 66, 70, 104, 237, 238; **~park** Parkplatz, Parkhaus 69; **~ rental** Autoverleih 70
caravan Wohnwagen 66, 116
carbonated kohlensäurehaltig, sprudelnd 124
card Karte 196
care Pflege; sich hüten; (for, about) sorgen (für); **~taker** Hausmeister/in 112
carriage *(Zug)* Wagen 78
carrier Gepäckträger 88
carrot Karotte, Möhre 142, 165
carry tragen

carton Karton 18; *(Zigaretten)* Stange 176
carwash Waschanlage 68
cash bar; Bargeld 21, 22, 216; einlösen 216, 219; ~ **dispenser** Geldautomat 22, 214; **~point** Geldautomat 22; **~ier** Kassierer(in) 216
cassette Kassette 179
castle Burg 199; Schloß 200
cat Katze
catalogue Katalog 199
catch (auf)fangen; fassen
cathedral Dom 197, Kathedrale 200
cattle Rind(vieh) 234
cauliflower Blumenkohl 142
cause Ursache, Grund
caution Vorsicht 71
celebrate feiern 209
celery Sellerie 142
centigrade Grad Celsius 20
centimetre Zentimeter 18
central heating Zentralheizung 103
centre Zentrum 59, 95
century Jahrhundert 182
cereal *sg.* Getreideflocken 129
certain sicher, gewiß
certify bescheinigen 255
chain Kette 88
chair Stuhl 114, 134, 146
chalet Ferienhäuschen 95
champagne Champagner; Sekt 126
chance Zufall 241
change wechseln 68, 108, 214, 216; *(Wetter)* umschlagen 34; *(Züge)* umsteigen 75; Wechselgeld 21, 147; Geldwechsel 215
charge verlangen (Geld) 109; berechnen 270; Gebühr 69, 109
charter flight Charterflug 82
cheap billig; minderwertig
check kontrollieren, nachschauen; ~ **in** aufgeben (Gepäck) 79
cheerio tschüs 228
Cheers Prosit 124
cheese Käse 130, 160; ~ **cake** Käsesahnetorte 148; ~ **spread** Streichkäse 161
chemist's Drogerie 153, 173; Apotheke 243
cheque Scheck 21, 219
cherry Kirsche 166
chest Brust 252
chew zerkauen 245
chicken Huhn 130, Hähnchen 139, 163; ~ **breast** Hühnerbrust 139; **~pox** Windpocken 250
chicory Chicorée 142, 164
child Kind 90, 97, 185, 198; **~'s passport** Kinderpaß 63; **~ren's portion** Kinderteller 145
chilly frostig 33
china Porzellan 156, Porzellanwaren 153
chips Pommes frites 131, 141
chives Schnittlauch
chocolate Schokolade 123, 150, Praline 52, 148; ~ **gateau** Schokoladentorte 148
choice Wahl, Auswahl
choose auswählen 144, 218
chop Kotelett 139, 163
Christian name Vorname 44
Christmas Weihnachten 31, 49, 97
church Kirche 200, 202
cider Apfelwein 126
cigar Zigarre 177; **~ette** Zigarette 64, 176, 177; ~ **papers** *pl.* Zigarettenpapier 177; **~illo** Zigarillo 177
cinema Kino 50, 204
cinnamon Zimt
circle Kreis
city Stadt; ~ **centre** Stadtmitte 60; ~ **walls** *pl.* Stadtmauer 200
claret Bordeaux 126
clarify klären 263
class Klasse 75

cost kosten 104, 180, 220, 238
cot Kinderbett 103
cottage Landhäuschen 95; ~ **cheese** Hüttenkäse 162
cotton Baumwolle 169
couch Couch 114; **~ette** Liegewagen 75
cough husten; Husten 249
count zählen; rechnen; **~er** Schalter 215
country Land 44; ~ **code** Landeskennzahl 223
county Grafschaft 44
couple einige; Paar 19
courgette Zucchini 142
cover Decke 113
cow Kuh
crab Krebs 138; Krabbe 164
craft shop Kunstgewerbehandel 153
cream Creme; Sahne 123, 143; Salbe 244; ~ **cheese** Frischkäse 161; ~ **tartlet** Cremetörtchen 148
credit Darlehen; Guthaben 219; ~ **card** Kreditkarte 20, 110, 216, 241; ~ **transfer** Überweisung 243
cress Kresse 142
crime Verbrechen
crockery Geschirr 114
cross Querpaß 196; Kreuz; überqueren 60, kreuzen 234; **~ing** Überfahrt 62, 86; **~roads** Kreuzung 59, 71
crowd (Menschen-)Menge
cruel grausam
cruise Kreuzfahrt 85
cry Schrei, Ruf; rufen; weinen
cucumber Gurke 137, 165
cup Tasse 52, 114, 123; **~board** Schrank
cure heilen; Heilung
currency Währung 20, 215, 217; **current account** Girokonto 219
custard Vanillesoße 143
customer Kunde/Kundin 219
customs *pl.* Zoll 63, 82
cut Schnitt, schneiden 229, 248; ~ **off** abschneiden 230; unterbrechen 225
cutlery Besteck 114
cutlet Kotelett 139; Schnitzel 163
cycling Radfahren 191

D

daily täglich 29
dance tanzen 207, 210
danger Gefahr 72, 234; **~ous** gefährlich 185
dark dunkel 231; Dunkelheit
date Datum 29, 104; Verabredung 258; (of birth) Geburtsdatum 44
daughter Tochter
dauphinois Kartoffelgratin 141
day Tag 25, 251; ~ **of arrival** Anreisetag; ~ **of departure** Abreisetag 99
dead tot
deal handeln mit 259, 265
death Tod
debit *(Konto)* Soll 219
decaf koffeinfrei 123
December Dezember 27
decide entscheiden 144
deck Deck 85; ~ **chair** Liegestuhl 187
declare verzollen 64
deep tief 185, 249; **~-fried** fritiert 136
degree Grad 20
delay Verspätung 77, 82
delete löschen 274
delicatessen Feinkost, Feinkostgeschäft 153
delicious köstlich 52
deliver liefern 270
demand verlangen, fordern

duration (of stay) (Aufenthalts-) Dauer 99
during während 242
dust Staub; **~bin** Mülleimer, Mülltonne 112
duty-free zollfrei 63

E

each jede(r,s)
ear Ohr 252; **~ring** Ohrring 180; **~ache** Ohrenschmerzen *pl.*
early früh 25, 28
earn verdienen
east Osten 35
Easter Ostern 30
easy leicht, einfach
eat essen 121, 256
eel Aal 138
egg Ei 129, 161
eight acht 16; **~een** achtzehn 16; **~y** achtzig 16
either eine(r,s) von beiden; **~ ... or** entweder ... oder
electric(al) elektrisch 174; **electric** Elektro- 113; **electricity** Strom
eleven elf 16; **~ses** *pl.* zweites Frühstück 120
else sonst (noch); anders
emergencies *pl.* Notfallstation 253
emergency Notfall 234; **~break** Notbremse 79; **~number** Notrufnummer 235, 236; **~service** Notdienst 235
empty leer 245
end Ende 59
engaged besetzt 79, 225
engagement Termin 264
engine Motor 69, 238, 239
England England; **English** englisch 39
enjoy genießen 52, 134; (gut) schmecken 147
enough genug 160
enquire nachfragen 157
en suite mit Dusche (und WC) 103
enter be-/eintreten
enterprise Unternehmen 263
entertain unterhalten 270; **~ing** unterhaltsam 203
entrance Eingang 113, 275
equal gleich
error Fehler 274
escalope Schnitzel 139, 163
escape Flucht
essential wesentlich
eurocheque Euroscheck 216; **~ card** Euroscheckkarte 216
even eben, gerade; sogar
evening Abend 26, 40, 112; **~ dress** Abendgarderobe 210; **~meal** Abendessen 120
ever jemals, je
every jede(r,s); **~body** jede(r,s); **~thing** alles; **~where** überall,
examination Untersuchung 248
excellent ausgezeichnet 147
except (for) außer, abgesehen von
exchange Umtausch 158; Geldwechsel 216; umtauschen 159; **~rate** Wechselkurs 216
excursion Exkursion, Ausflug 190, 196
excuse Entschuldigung 23; **~ me!** Verzeihung! 105; Entschuldigen Sie! 38, 134
exhaust Auspuff 239
exhibition Ausstellung 199, 275; **~ catalogue** Austellungskatalog 275
exist vorhanden sein, existieren
exit Ausgang 275; Ausfahrt 67, 72
expensive teuer 99, 158
explain erklären 271
export exportieren 259
exposition Ausstellung 275
exposure Belichtung 175

express ausdrücken; Eilzustellung 221; **~ion** Ausdruck; **~ letter** Eilbrief 221
exterior mirror Außenspiegel 239
extra besonders, extra
eye Auge 252

F

face Gesicht
facilities *pl.* Einrichtungen 100
fact Tatsache
factory Fabrik 46
fall stürzen 248, fallen
family Familie
far weit 62, fern
farm Bauernhof; **~ed** gezüchtet 138
fashionable modisch 156
fast schnell 236; **~ food** Schnellimbiß
fasten seatbelt anschnallen 84
fat fett, dick; Fett
father Vater
fault Fehler; Schuld
favour Gefallen 47, 270
fax faxen 270; Fax, Telefax 104, 221, 267
fear Furcht; Schrecken
February Februar 27
feed füttern; verpflegen
feel fühlen 248; **~ing** Gefühl
female weiblich 45
fennel Fenchel 142
ferry (boat) Fähre 62, 85; **~ port** Fährhafen 84
fever Fieber 247
few wenig; einige 19
fifteen fünfzehn 16
fifth fünfte(r, s); Fünftel 17
fifty fünfzig 16
fill (auf)füllen 68; **~ in** ausfüllen 106; **~up** volltanken 67
fillet Filet 139, 163
film Film 176
filter Filter 177
find finden 152, 155, 179, 240, 254
fine schön 33, 34, 231
finger Finger 252
finish Ende; beendigen
fire Feuer 234; **~ brigade** Feuerwehr 235; **~works** *pl.* Feuerwerk 31
firm Firma 263
first erste(r, s) 17, 155; zuerst 264; zunächst 269; **~ name** Vorname 44; **~ night** Premiere 204
fish Fisch 154, 161; angeln 185; **~ & chip shop** Fischbraterei 122; **~monger's** Fischgeschäft 154
fit passen 101
five fünf 16; **~ o'clock tea** Nachmittagsimbiß 120
fix reparieren 238
flag Fahne 184
flash Blitzlicht 175
flat Wohnung
flat tyre Platten 237
flavour Geschmacksrichtung 150
flight Flug 62, 81; **~ number** Flugnummer 81
floor Fußboden; Stock(werk) 17, 155, 268
florist's Blumengeschäft 152
flounder Flunder 138
flour Mehl 161
flower Blume 152; **~ shop** Blumengeschäft 152
flu (influenza) Grippe
fly fliegen 58
fog Nebel 32, 35; **~gy** nebelig 33
folk music Volksmusik 179, 207
follow folgen; nachfahren 60
food Essen 145; **~ poisoning** Lebensmittelvergiftung 250
foot Fuß 252; Fuß = 30,48 cm 19; **~ball** Fußball 193
for für; nach; als; zu

foreign ausländisch 215
forest Wald 201
forget vergessen
fork Gabel 88, 114, 146
forty vierzig 16
forward vorwärts, voran; nachsenden
four vier 16; **~teen** vierzehn 16; **~th** vierte(r, s) 17
free frei 198; **~dom** Freiheit
French französisch 38; **~ beans** grüne Bohnen 141;**~ fries** Pommes frites 141
frequent häufig
fresh frisch 35, 146
Friday Freitag 26
fridge Kühlschrank 113
fried Brat- 141; geröstet; **~ egg** Spiegelei 129
friend Freund 41; **~ly** freundlich
from von; aus; vor 99
front Vorderseite; vorn 255; **~ light** Vorderlicht 88
fruit Obst 129, 154, 161, 165; **~ salad** Obstsalat 143
fry-up in der Pfanne gebratenes Frühstück 128
full voll; satt 52; **~ beam** Fernlicht 240; **~ board** Vollpension 97
fun Spaß 43; **~ny** spaßig, komisch; seltsam 238
function funktionieren 271
furnished eingerichtet 111
furniture Möbel 154

G

gallon Gallone = 4,55 l 18, 19
game Spiel 188
gammon steak Schinkensteak 139
garage Reparaturwerkstatt 238
garden Garten 100
garlic Knoblauch 136, 165
gas Gas 113; **~ cooker** Gaskocher 118
gate Tor
gateau Torte 147
gear Gang 69; **~s** *pl.* Gangschaltung 88
general post office Hauptpost 214
general practitioner (GP) Allgemeinarzt/-ärztin 246
genitals Geschlechtsorgane 252
gentleman Herr
genuine echt 169
German deutschsprachig 177; deutsch 38; Deutsche/r 43; **~y** Deutschland 220
get bekommen 216; holen 235; **~ off** aussteigen 60, 89; **~ on** einsteigen 60
gift Geschenk 156
gilded vergoldet 180
ginger Ingwer
girl Mädchen; **~friend** Freundin 41
give geben 104, 160, 251
glad froh
glass Glas 114, 123, 146, 156; **~ware** Glaswaren 153
gloss finish hochglanz 176
gloves *pl.* Handschuhe 168, 172
gnat Mücke
go gehen 60, 255; fahren 60; **~ out** ausgehen 210
goal Tor 195, 196; **~keeper** Torwart 195
God Gott
gold Gold 180
golf course Golfplatz 190, 19
good gut; **G~ bye!** Wiedersehen! 42; **G~ Friday** Karfreitag 30; **~s** *pl.* Ware 158, 270
goose Gans 139, 163; **~berry** Stachelbeere 166
gramme Gramm 18
granary loaf Vollkornbrot 160
grandfather/~mother Großvater/-mutter

grape Weintraube 166; **~ juice** Traubensaft 124
grave Grab 202
great groß; bedeutend; toll 47, 49
green grün 36, 137; **~ cabbage** Grünkohl 142; **~grocer's** Gemüsehändler 154
greet (be-)grüßen 269
grey grau 36
grill Grill 118; **~ed** gegrillt 135
grocer's Lebensmittelhändler 24, 153
group Gruppe 198; **~ ticket** Gruppenfahrkarte 76
grow wachsen
guest Gast 211; **~house** Pension 95
guide führen 189; **~book** Reiseführer 177, 178, 197; **~ed tour** Führung 198
guilty schuldig
guinea = 1 Pfund und 1 Schilling 20
gust Bö 35
gym(nasium) Fitneßcenter 192

H

haddock Schellfisch 132, 138, 164
hail hageln 33
hair Haar 173; **~-drier** Fön 187; **~dresser** Friseur 228
hake Seehecht 138
half halb, Hälfte 17, 123; Halbzeit 196; **~ board** Halbpension 97
halibutt Heilbutt 138
hall Halle; Flur 113
ham Schinken 130, 140, 160, 162
hand Hand 252; **~brake** Handbremse 69; **~ luggage** Handgepäck 83; **~set** Hörer 226
hang (auf-)hängen 226
hanger Kleiderbügel 108
happen sich ereignen; passieren 49, 241
happy glücklich
harbour Hafen 59, 85
hard hart 129, 181; **~ drinks** Alkoholika 153; **~ly** kaum; **~ware** Haushaltswaren 153
hat Hut 168
hate Haß; hassen
have haben, besitzen; **~ to** müssen 42; **~ a look** umschauen 155; ansehen 105
hay fever Heuschnupfen
he er
head Kopf 234, 252; Leiter/in 260; **~ache** Kopfschmerzen 247; **~light** Scheinwerfer 239
health Gesundheit; **~ food shop** Reformhaus 159; **~y** gesund
hear hören 228
heart Herz 253; **~ attack** Herzinfarkt 249; **~burn** Sodbrennen 244
heat Hitze 34; **~ing** Heizung 103
heavy schwer
heel *(Schuh)* Absatz 172
hello hallo 40
help helfen 48, 155; Hilfe 234
her sie; ihr
herb(al) tea Kräutertee 123; **herbs** Kräuter 123
here hier 21, 171; hierher
herring Hering 138
hide verstecken
high hoch 172; **~ chair** Kindersitz 146, 175; **~ season** Hauptsaison 96; **~ tide** Flut 185; **~ voltage** Hochspannung 234
hike Wanderung 190; **hiking** Wandern 191; **hiking boot** Wanderschuh 193
hill Hügel 201
him ihn; ihm
hire mieten 70, 108; Verleih 100
his sein *(Pron.)*
history Geschichte
hit treffen; schlagen

HIV positive HIV-positiv 250
hold halten 249
hole Loch 22
holiday Ferien, Urlaub 55, 64
home Heim; nach Hause; **~-made** hausgemacht 135
honest ehrlich
honey Honig 129
hope Hoffnung; hoffen
hors d'œuvre Vorspeise 134
horse Pferd; **~riding** Reiten 191
hospital Krankenhaus 46, 59, 235, 251
hot heiß 33, 123
hotel Hotel 95, 264
hour Stunde 24, 256
house Haus 47, 241; **~ wine** Hauswein 122, 126; **~hold goods** Haushaltswaren 153; **~wife** Hausfrau 45
how wie; **~ever** aber, jedoch; dennoch; **~ much** wieviel 104, 158
hundred hundert 17
hunger Hunger; **hungry** hungrig
hunt jagen 192
hurry in Eile sein 91
hurt verletzen 235; schmerzen, wehtun 248
husband (Ehe-)Mann 41

I

I ich
ice Eis; **~-cream** Speiseeis 143; **~-skating** Schlittschuhlaufen 191
idea Idee
identity card (Personal-)Ausweis 45, 63, 106, 216
if wenn, falls; ob
ignition Zündung 240
ill krank; **~ness** Krankheit
imagine (sich etw.) vorstellen 54
immediately sofort 28
immunize against impfen gegen 249
import importieren 259; **~ duty** Einfuhrzoll 64
important wichtig 197
impossible unmöglich
impression Eindruck 53
in in; an; auf; hinein; **~ advance** im voraus 135
in-door market Markthalle 159
inch Zoll = 2,54 cm 18
included inbegriffen, inklusive 97, 104, 135; **inclusive** inklusive 104
incomplete unvollständig 267
indeed wirklich 167
independent unabhängig
indicator Blinker 239
indigestion Magenverstimmung
industry Industriezweig 261
inexpensive preiswert 99, 111, 156
infection Infektion
inflammation Entzündung
inform benachrichtigen; **~ation** Auskunft
influenza Grippe
injection Spritze 251, 256
injure verletzen 235; **injury** Verletzung
inn Gastwirtschaft, Gasthof, Landgasthof 95, 122
insect Insekt 108; **~ bite** Insektenstich 108
insert einwerfen 117; eingeben 226; einführen 218
inside inner; inwendig
inspect kontrollieren 185
instead statt dessen 145
instructions *pl.*Gebrauchsanweisung 112
insurance Versicherung 71; **~ number** Versicherungsnummer 236
interest Anteil; interessieren; **~ing** interessant 47, 55, 197
interior mirror Rückspiegel 239

let lassen; zulassen; vemieten
letter Brief 220; Schreiben 270
lettuce Kopfsalat 165
level crossing Bahnübergang 72
liberty Freiheit
lie liegen 249
life Leben; ~ **boat** Rettungsboot 85, 235
lift Aufzug 268
light hell 231; Licht 101, 240
lighter Feuerzeug 177
like gleich; ähnlich; wie; gefallen 54, 157, mögen 54, 158; **~ly** wahrscheinlich
line Leitung 225, 265; ~ Linie 73, 265
linen Haushaltswäsche 114
lip Lippe 252
liqueur Likör 126
litre Liter 18, 19, 123
little klein; wenig 144, 231
live leben; wohnen 43
liver Leber 139, 253
living room Wohnzimmer 114
loaf Laib 160
local örtlich 251; ~ **call** Ortsgespräch 109, 223
lock Schloß 88; **~er** Schließfach 76, 79, 187
long lang 55, 230, 238; **~-distance call** Ferngespräch 223
look sehen, blicken; ~ **for** suchen 58, 96, 156, 166, 260
lorry Lastwagen (Lkw) 66
lose verlieren 181, 194, 238; **loss** Verlust 240; **lost property office** Fundbüro 240
loud laut
love Liebe; lieben 54
low niedrig 172; ~ **tide** Ebbe 185
luck Glück 49; **~y** glücklich
luggage Gepäck 79, 106; ~ **check-in** Gepäckaufgabe 79; ~ **claim** Gepäckausgabe 79, 82; ~ **ticket** Gepäckschein 79
lunch Mittagessen 108; **~time** Mittagszeit 26
lung Lunge 253
luxurious luxuriös 99

M

mac(intosh) Regenmantel 168
mackerel Makrele 138, 164
mad verrückt
made hergestellt 156
magazine Zeitschrift 177
mail Post 115, 221
main Haupt-; ~ **dish** Hauptgericht 144; ~ **post office** Hauptpost 243
maize Mais 165
make machen; ~ **a call** telefonieren 109
male männlich 45; ~ **nurse** Krankenpfleger 254
man Mann 45
manager Geschäftsführer/in 261
manual Handbuch 273
many viele
map Landkarte 178
March März 27
margarine Margarine 129
marital status Familienstand 45
market Markt
marmalade Orangenmarmelade 129
married verheiratet 45, 56
mashed gestampft 141
match Spiel 194; Streichholz 176
material Material 156, 169
matt finish *(Photo)* matt 176
matter Angelegenheit 270
maximum speed Höchstgeschwindigkeit 67
may dürfen 41; **~be** vielleicht 50, 53
May Mai 27; ~ **Day Holiday** Maifeiertag 31

music Musik 46, 186, 207
mussel (Mies-)Muschel 136, 138, 164
mustard Senf
mutton Hammel 139; Hammelfleisch 163
my mein

N

name Name 41, 103, 133, 265
napkin Serviette 146
nappy Windel 175
narrow eng 72
nation Volk; Nation; **~al code** Landeskennzahl 223; **~al park** Nationalpark 201
nature Natur 200; **~ reserve** Naturschutzgebiet 201
nausea Übelkeit
near nahe 59; **~ by** in der Nähe 44, 95; **~est** nächst 235; **~ly** beinahe 29, ~ fast 29
neat pur (ohne Eis) 127
nectarine Nektarine 166
need benötigen 269, brauchen 39, 144, 216
neighbour Nachbar(in)
neither keine(r,s)
never nie(mals) 29
new neu 99; **~s** Nachricht; **~spaper** Zeitung; **~ wool** Schurwolle 169; **New Year's Eve** Silvester 97
next nächste(r, s) 59, 155, 263
nice hübsch 32; sympathisch 47
night Nacht 26, 40, 96, 98; **~-dress** Nachthemd 169; **~life** Nachtleben 209
nil null, Null 16
nine neun 16; **~teen** neunzehn 16; **~ty** neunzig 16
no nein; **~body** niemand
noise Geräusch 238; **noisy** laut 101
non-alcoholic alkoholfrei 125
none keiner
non-smoking Nichtraucher 103; **~ compartment** Nichtraucherabteil 76
noodles Nudeln 141
noon Mittag 26
normal normal
north Norden 35
nose Nase 252
not nicht; **~yet** noch nicht 178
note Notiz; **~-book** Heft 179
nothing nichts 64, 250
November November
now jetzt, nun
nowhere nirgends
number Zahl 16
nurse Krankenschwester 254
nutmeg Muskatnuß

O

o'clock ... Uhr 22
observe beachten 73
obviously offensichtlich
occupation Beruf 45
October Oktober 27
of von; über; aus; **~ course** natürlich 48, selbstverständlich 48
off fort; weg; **~-licence** Spirituosengeschäft 153; **~-peak season** Nebensaison 97
offer anbieten 52, 269, Angebot 263, 269
office Büro 46, 265
often oft 29
oil Öl 67, 68, 238
O.K., OK., okay okay 40
old alt 44, 210
on auf 61; in; an; **~ business** geschäftlich 55; **~ draught** gezapft 125
one ein(s) 16; man; **~-way street** Einbahnstraße 72

onion Zwiebel 137, 142, 165
only nur 155, 230
open aufmachen 256, öffnen 64, 101, 274; geöffnet 24, 190
opera Oper 204, 207
operator *(Person)* Vermittlung 235; ~ **assisted** handvermittelt 223
opinion Meinung 53, 270
opposite gegenüber 59, 61
optician's Optiker 154
or oder
oral mündlich 245; oral 245
orange Apfelsine 165, Orange 36, 124; ~ **juice** Orangensaft 124, 129
order bestellen 91, 108, 158; Bestellung 135
organise organisieren 201
orientation Orientierung 246
other andere(r, s) 105; **~wise** sonst
ounce Unze 18
our unser(e)
out aus; hinaus; **~side** draußen 116
oval oval 157
over über 61; hinüber;
overcast bedeckt 35
overtake überholen 72
owe schulden 21
own besitzen 56; **~er** Hausbesitzer/in 112; ~ Inhaber/in 261
oxtail Ochsenschwanz 137
oyster Auster 136, 164

P

packet Päckchen 176, Paket; Packung 160, 176
pain Schmerz(en) 248; ~ **killer** Schmerzmittel 244, 255, 256
painter Maler/in 202; **painting** Bild 55; Gemälde 199, 202
pair Paar 19
palace Palast 200
pan Topf 114
pancake Pfannkuchen 143
panties *pl.* Slip 169
paper Papier 272; Zeitung
paramedic Sanitäter/in
parcel Päckchen 221
pardon Verzeihung
park parken 70; **~ing assistant** Parkwächter 70
parsley Petersilie
part Ersatzteil 238; Rolle 207; ~ **of the body** Körperteil 252; **~ly** teils 35
partridge Rebhuhn 140
pass Paß; Durchgang; vorbeigehen
passenger Fahrgast 77, Passagier 81
passport Paß 106, 240, Reisepaß 45, 106, 63, 216; ~ **case** Brieftasche
past Vergangenheit; vergangen; nach 23
pasta Nudeln 161
pastry Gebäck 147
patient Patient 255
pay (be)zahlen 21, 64, 110, 147, 219; **~ment** Bezahlung 218; **~phone** Kartentelefon 223; Münztelefon 223
pea Erbse 137, 142, 165
peace Friede; Ruhe
peach Pfirsich 143, 166
peanut Erdnuß 125
pear Birne 165
pearl Perle 180
pedal Pedal 88; **~boat** Tretboot 185, 188
pedestrian area Fußgängerzone 72
pence *pl.* Pennys 20
pencil Bleistift 178, 272
penis Penis
penny Penny 20
pensioner Rentner/in 45
people Leute 111

pepper Paprika 165, Paprikaschote 142; Pfeffer; **~-mill** Pfeffermühle 146
per pro 104; **~ cent** Prozent 17
perch Flußbarsch 138
perfect ausgezeichnet 264
performance Veranstaltung 205; Vorstellung 204
perfume Parfum 174
perhaps vielleicht 157, 241
permit erlauben 116, 185; Lizenz 192
person Person 70, 96, 260; **~al** persönlich; **~~ identification number** Geheimzahl 216
petrol Benzin 237; **~ station** Tankstelle 67
pharmacy Apotheke 173, 243
pheasant Fasan 140
phone Telefon 266; telefonieren 235, 265; **~(box / booth)** Telefonzelle 214, 223, 226, Fernsprecher 222; **~ call** Anruf 107; **~card** Telefonkarte 222, 223; **~ number** Telefonnummer 104, 223, 242
photograph Photographie; **~ic shop** Fotogeschäft 153
physician Arzt/Ärztin 246
pick up abholen 51, 104, 176
picture Bild 199; **~ postcard** Ansichtskarte 178
pie Pastete 140
piece Stück 19, 148, 160, 255
pike Hecht 138
pill Pille 244, 250
pillow Kopfkissen 113
pilot Pilot/in 81
pineapple Ananas 165
pint (of beer) Pint (0,568l) 19
pipe Pfeife 177
pistachio Pistazie 150
pity Mitleid; bemitleiden
place Ort; **~of birth** Geburtsort 45; **~ of residence** Wohnort 44
plaice Scholle 132, 138, 164
plain einfarbig 170
plan Plan; planen; vorhaben 50
plane Flugzeug 81, 104
plastic Plastik 20, 156
plate Teller 114
platform Bahnsteig 77, Gleis 76
play Spiel 188, spielen 188
pleasant angenehm 47; **please** bitte 21, 38; gefallen 231; **pleased to meet you!** Angenehm! 42; **pleasure** Vergnügen
plenty Fülle; Überfluß
plug Stecker 273
plum Pflaume 166
p.m. nachmittags 22
pneumonia Lungenentzündung 250
pocket Tasche
point Spitze; zeigen; **~ of interest** Sehenswürdigkeit 197
police Polizei 235; **~man** Polizist; **~ station** Polizeirevier 240
polluted schmutzig 185
poor arm
popular volkstümlich; beliebt
porcelain Porzellan 156
pork Schwein 139; Schweinefleisch 163
porridge Haferbrei 129
port Hafen 59, 85
porter Gepäckträger
portion Portion 132
position Position 261
possess besitzen
possibility Möglichkeit 74; **possible** möglich 99, 101
post aufgeben 221; Post 107; **~-box** Briefkasten 214, 221; **~card** Postkarte;**~ code** Postleitzahl 44, 222; **~ office** Postamt 152, 214, 222; **~ office (PO) box** Postfach 222
pot Topf

potato Kartoffel 137, 141, 161, 165
poultry Geflügel 135, 161
pound Pfund 20, 159, 216; ~ **sterling** Pfund Sterling 20
pour (ein-)gießen
power Macht; Kraft
prawn Garnele 136, 138
prefer vorziehen 145, 159, 230
pregnant schwanger 250
prepare vorbereiten
presentation Präsentation 271
president Generaldirektor/in 261
press drücken 171, 218, 274
pretty hübsch 47
prevent verhindern 264
price Preis 96, 270
probable wahrscheinlich 53
problem Problem 247
produce produzieren 259; **product** Erzeugnis 259
profession Beruf
program(me) Programm 203, 274; Programmheft 205
proper passend; richtig; geeignet
proud stolz
psychiatrist Psychiater/in 247
public Publikum; öffentlich; **pub(lic house)** Kneipe 122, 210
pudding Nachspeise 135
pull ziehen 78, 251
punch Punsch 126
punt irisches Pfund 20
pupil Schüler
pure echt 180
puréed püriert 141
purple lila 36
purpose Absicht
purse Portemonnaie 173
push drücken 78; schieben 237
put setzen; stellen; legen; ~ **aside** zurücklegen 158; ~ **in** einlegen 176
pyjamas *pl.* Schlafanzug 168

Q

quality Qualität; Eigenschaft
quantity Quantität; Menge
quarter Viertel 17, 123
queen Königin
question Frage; bezweifeln
quick schnell 59, 235
quiet leise 186, ruhig 95
quite ziemlich 33

R

rabbit Kaninchen 139
radiator Kühler 68, 240
radio Radio
radishes Radieschen 160
railway Eisenbahn; ~ **station** Bahnhof 153
rain Regen 33, 35; regnen; ~ **coat** Regenmantel 168
raisin Rosine
rape Vergewaltigung 241
rare selten
raspberry Himbeere 150, 165
rather eher; lieber; ziemlich
ray Rochen 132, 138
razor Rasierapparat 174; **~-blade** Rasierklinge 174
reach erreichen 242
read lesen
ready fertig 106, 232
real echt 172; wirklich 54
rear light Rücklicht 88, 240
reason Grund 64; **reasonable** *(Preis)* günstig 121
receipt Beleg 218; Kassenbon 21; Quittung 21, 159, 218; Rechnung 21
reception Empfang 267; Rezeption 107
recommend empfehlen 95, 197, 210, 237, 246

recovery vehicle Abschleppwagen 237
red rot 36, 184, 231; **~currant** rote Johannisbeere 166; **~ paprika** Paprikapulver
reduce herabsetzen 72, reduzieren 158; **reduction** Ermäßigung 90, 97,198; Preisnachlaß 97
reflector Reflektor 88
refund erstatten 226
registered letter Einschreiben 22
registration (plate) Nummernschild 73
regret bedauern 265
regular regelmäßig 185; Normalbenzin 68
remain übrig bleiben
remember sich erinnern an
remove entfernen 232
rent leihen 187, mieten 98, 110, 185; Miete 185, Mietpreis 111
repair reparieren 101, 180, 238; Reparatur 172, 180, 238
repeat wiederholen 39
replace austauschen 180
request Bitte 218; wünschen 225
reservation Reservierung 78
resist widerstehen
responsible zuständig für 260; verantwortlich 260
rest Ruhe; (aus)ruhen; **~-room** Toilette 206
restaurant Restaurant 106, 122, ~ Speiselokal 122; **~ car** Speisewagen 75
result Ergebnis
return zurückkehren; zurückgeben 71, 159; **~ flight** Hin- und Rückflug 82; **~ ticket** Rückfahrkarte 75
rheumatism Rheuma
rhubarb Rhabarber 143, 166
rice Reis 141, 161; **~ pudding** Milchreis 143
rich reich
ride reiten 189
right recht; richtig; rechts 59, 61, 255; **~ of way** Vorfahrt 72, 236
rim Felge 88
ring anrufen 228, 266; Ring 180
rinse spülen 256; **rinsing solution** Aufbewahrungslösung 181
risk Risiko 255
river Fluß 184, 200, 202
road Straße 60, 235; **~ accident** Verkehrsunfall 235; **~ works** Straßenbauarbeiten 72
roast Braten 163; **~ beef** Rinderbraten 140; **~ed** gebraten 136
rob (be)rauben 240
rock Fels
roll Brötchen 130, 160
room Zimmer 96, 254, 268, Raum 268
rose-fish Goldbarsch 138
rosemary Rosmarin
rose wine Rosé 126
round rund 157; **~about** Kreisverkehr 61, 65; **~ trip** Rundfahrt
route Route 197
row Reihe 205; rudern 190
run rennen; laufen; **~ny nose** Schnupfen

S

sad traurig
safe Safe 103; sicher 43, 189, ungefährlich 116; **~ty** Sicherheit; **~~-belt** Sicherheitsgurt 72, 239
sage Salbei
sail *(Schiff)* fahren 86; segeln 190
salad Salat 130, 134, 137
salmon Lachs 136, 138, 164
salt Salz 130, 161; **~ cellar** Salzstreuer 146; **~y** salzig 145
same der-, die-, dasselbe 145

sand Sand
sandal Sandal 171
sandwich Brotschnitte 130
sanitary towel Damenbinde 174
sardine Sardine 138, 164
Saturday Samstag 26
saucer Untertasse 114
sausage Würstchen 130, 162
save retten; sparen; **savings account** Sparkonto 219; **savings bank** Sparkasse 219; **savings book** Sparbuch 22
savoy Wirsing 142
say sagen
scarf Schal 168
scenic route landschaftlich schöne Strecke 201
scheduled flight Linienflug 82
school Schule 46; **~ child** Schulkind 72
scissors *pl.* Schere 272
scone Rosinenküchlein 121, 149
score *(Tor)* schießen 195
scrambled egg Rührei 129
screen-wash Scheibenwischanlage 68
sculptor Bildhauer/in 202
sea Meer 100, 201; **~food** Meeresfrüchte 134, 138, 154; **~ trout** Meeresforelle 138
search Suche; suchen
season Jahreszeit; Saison 97; Spielzeit 206; würzen; **~ings** Gewürze; **~ ticket** Zeitkarte 91
seat Platz, Sitz(platz) 52, 204, 205, 239, 269; **~ reservation** Platzkarte 76
second Sekunde 17, 24
secretary Sekretär/in 260; **~'s office** Sekretariat 262, 267
see sehen 155, 206, 260; **~ to** sich kümmern um 101
seem scheinen 147
seldom selten 29
select auswählen 274; wählen 218
self Ich; Selbst; **~-catering** Selbstversorgung 95; **~-service** Selbstbedienung 122
sell führen *(im Geschäft)* 155, 178; verkaufen 152
semi-dry halbtrocken 126
send aufgeben 221, schicken 104, 237; **~er** Absender 221
senior citizen Senior 90
sense Sinn; Verstand
separate getrennt 147
September September 27
serious ernst 250
serve bedienen 155; servieren 108
service Bedienung 133; Gottesdienst 200; **~s** *pl.* Raststätte 67
set setzen; stellen; legen 229; **~ meal** Menü 133
seven sieben 16; **~teen** siebzehn 16; **~ty** siebzig 16
several mehrere; verschiedene
sex Geschlecht 45
shade Schatten 116
shampoo Haarshampoo 173
shape Form 157
shave rasieren 229
she sie
sheep Schaf(e) 234
sheet Bettlaken 114
shilling Schilling 20, 216
ship Schiff 85
shirt Hemd 168
shivers *pl.* Schüttelfrost
shoe Schuh 152, 154, 171, 172
shoot schießen 191
shop Geschäft 24, 152
short kurz 167, 230; **~bread** *sg.* Butterkekse 149
shoulder Schulter 252; Schulterstück 163
show zeigen 208, 268
shower Dusche 35, 96, 103, 113,117,187

shrimp Garnele, Krabbe 138, 164
sick krank; unwohl 247
side Seite; **~-dish** Beilage 135; **~-effect** Nebenwirkung 245; **~light** Standlicht 240
sieve Sieb 114
sight Sehenswürdigkeit 197; **~seeing tour** Stadtbesichtigung 201
sign Zeichen; Schild 234; **~s** *pl.* Beschilderung 60
signature Unterschrift 21, 106
silence Stille; **silent** still; schweigsam
silk Seide 169
silver Silber 180; **~-plated** versilbert 180
similar ähnlich
simple einfach
since seitdem; seit 29
sing singen 207
single einfach 75; getrennt 103; ledig 45; **~ room** Einzelzimmer 102
sir Herr
sister Schwester
sit sitzen
situation Lage 99
six sechs 16; **~teen** sechzehn 16; **~th** sechste(r, s), Sechstel 17; **~ty** sechzig 16
size Format *(Bild)* 176; (Konfektions-)Größe 157, 167; *(Schuhgröße)* Nummer 170, 171
skirt Rock 168
sky Himmel
sleep schlafen; Schlaf; **~ing car** Schlafwagen 75; **~ing tablets** *pl.* Schlafmittel 244, 255
slide Dia 175
slow langsam 39, 72
small klein 259; **~ change** Kleingeld 216
smell riechen 52, 238; Geruch
smile Lächeln; lächeln
smoke Rauch 32; rauchen 269; **~d** geräuchert 162; **smoking** Raucher 83
snack Imbiß; **~ bar** Imbißstube 122
snow Schnee 33, 34, schneien 33
so so, also; so, daher
soap Seife 173
soccer Fußball 191, 195
social sozial; gesellig
socket Steckdose 273
socks Socken 169
soda water Soda(wasser) 124
soft weich 129, 181; **~ cheese** Weichkäse 161; **~ drink** *(nicht-alkoholisch)* Getränk
some irgendein, -etwas; einige; **~body** jemand 39; **~thing** (irgend)etwas; **~times** manchmal 29; **~where** irgendwo
soon bald 28, 101, 228
sore throat Halsschmerzen
Sorry! Entschuldigung! 38
sort Sorte; Art
soup Suppe 134, 136; **~ bowl** Suppenteller 114
south Süden 35
souvenir shop Andenkenladen 152
space (*Camping*) Stellplatz 96, 116
Spanish spanisch 38
spark plug Zündkerze 240
sparkling kohlensäurehaltig 124; **~ wine** Schaumwein 126
speak sprechen 38, 227, 246, 265
speciality Spezialität 135
spectator Zuschauer 195
speed Geschwindigkeit 72; **~ limit** Geschwindigkeitsbeschränkung 73
spell buchstabieren 103
spend ausgeben 158; verbringen
spices Gewürze
spinach Spinat 142, 165
spiny lobster Languste 138
spirit Schnaps 126; **~s** Spirituosen 63
spoon Löffel 114, 146

swim schwimmen 185, 188
Swiss Schweizer/in 43; ~ **frank** Schweizer Franken 216
switch Schalter; ~ **off** abstellen 69
Switzerland Schweiz 220

T

table Tisch 114, 134, 146; ~ **tennis** Tischtennis 191; ~ **wine** Tafelwein
tablet Tablette 244
take nehmen 60, 105, 111, 157, 249; abnehmen (Garderobe) 269; dauern 238; **~-away** Essen zum Mitnehmen 132
talk reden, sprechen 227, 260
tall groß; schlank
tap Wasserhahn 101, 113, 115
tarragon Estragon
tart Törtchen 147
taste schmecken 147; Geschmack
taxi Taxi 89, 108
tea Tee 52, 123, 161; **~cake** Rosinenbrötchen 149; **~-room(s)** Teestube 122; **~spoon** Teelöffel 245; ~ **towel** Geschirrtuch 114
teach lehren
team Mannschaft 195
tear zerreißen
Telecom office Fernmeldeamt 214
telegram Telegramm 221
telephone Telefon 44, 103, 107, 111, 223, 272; ~ **directory** Telefonbuch 223; ~**unit** Gebühreneinheit 109
television Fernsehen
tell erzählen; berichten 89
ten zehn 16
tennis Tennis 191; ~ **court** Tennisplatz 100, 189, 192
tent Zelt 116, 118
terminal Flughalle 82
tetanus Tetanus 249, Wundstarrkrampf 249
than als (im Vergleich)
thank danken; ~ **you / thanks** danke 38, 47
that der-, die-, dasjenige; daß
the der, die, das
theatre Theater 108, 204
theft Diebstahl 240
their ihr *pl.*
them ihnen *pl.*
then dann; damals
therapy Therapie 250
there dort 59, dorthin 95
these diese
they sie *pl.*
thick dick; dicht
thigh Oberschenkel 252
thin dünn
thing Ding; Sache 270
think denken; glauben 53; ~ **about** überdenken 270, überlegen 157
third dritte(r, s), Drittel 17
thirst Durst 254; **~y** durstig
thirteen dreizehn 16
thirty dreißig 16
this diese(r,s)
those jene(r,s)
thought Gedanke
thousand tausend 17
three drei 16
through durch
thunder Donner 35
thunderstorm Gewitter 33
Thursday Donnerstag 26
thus so; auf diese Weise
thyme Thymian
ticket Strafzettel 73; (Eintritts-) Karte 194, 211; Fahrkarte 91, 153; ~ **machine** Parkscheinautomat 69
tide Flut 34; **~s** Gezeiten 34, 234
tie Krawatte 211
tight eng 167, 171; **tights** *pl.* Strumpfhose

till bis (zu)
time Mal 110; Zeit 23, 249
tin-opener Dosenöffner 115
tip Trinkgeld 128, 147
tired müde
to zu; an; auf
tobacco Tabak 154, Tabakwaren *pl.* 63
today heute 28; **~'s special** Tagesgericht 135
toe Zehe 252
together zusammen
toilet Toilette 76, 107, 117, 187, 206, 255, WC 96, 103, 113
tomato Tomate 124, 130, 137, 142, 165; ~ **juice** Tomatensaft 124
tomorrow morgen 28, 50, 98, 103, 133
tongue Zunge 139
tonight heute abend 133; heute nacht 27, 103
too auch
tooth Zahn 255; **~ache** Zahnschmerzen (pl.) 255; **~brush** Zahnbürste 174
top oben 255
tossed angemacht (Salat) 137
touch berühren
tour Ausflug 201; Tour 189
tourist information, tourist office Fremdenverkehrsamt 197
towel Handtuch 108, 114
tower Turm
town Stadt; ~ **walls** *pl.* Stadtmauer 200
tow-rope Abschleppseil 237
toys *pl.* Spielzeug 175, Spielwaren 154
traffic Verkehr 268; ~ **lights** *pl.* Ampel 59
train Zug 58, 62, 104; ~ **station** Bahnhof 73, 74, 59, 104
trainer Turnschuh 172
tram Straßenbahn 58, 89
travel reisen 104; **traveller's cheque** Reisescheck 22, 216
tree Baum
tremble zittern
trim stutzen 229
trip Fahrt 62, 201; Reise 43
trouble Problem 247; Unannehmlichkeiten *pl.* 48
trousers *pl.* Hose 168, 231
trout Forelle 138, 164
truck Lastwagen (Lkw) 66
true wahr 53; **truth** Wahrheit
try versuchen; probieren 96; ~ **on** anprobieren 167
tube *(Rad)* Schlauch 88; U-Bahn 89
Tuesday Dienstag 26
tuna(-fish) Thunfisch 130, 138, 164
turkey Pute, Truthahn 140, 163
turn drehen; abbiegen 59, 60; ~ **off** abstellen 69, 115
turnip Kohl- /Steckrübe 142
TV Fernseher 103
twelve zwölf 16
twenty zwanzig 16
twin room Zweibettzimmer 102
twist verrenken
two zwei 16
type Art; Modell 70
tyre Reifen 68, 239

U

ugly häßlich
umbrella (Sonnen-)Schirm 187
unable unfähig
uncle Onkel
uncomfortable unbequem 171
under unter; unten 61
underground U-Bahn 58, 89, ~ **station** U-Bahnstation 89
underpants *pl.* Unterhose 169
understand verstehen 39
underwear Unterwäsche 168

undress auskleiden 248
unfortunately leider 157, 264
unhappy unglücklich
unhealthy ungesund
unknown unbekannt
unleaded bleifrei 68
unless wenn nicht
until bis; bis daß 99
unusual ungewöhnlich
up auf; hinauf; **~per** obere(r,s); **~stairs** oben
urgent dringend 226, 235, 266
urine Urin 251
us uns
use Gebrauch; Benutzung; gebrauchen;benutzen 90, 250, 271; **~d** gebraucht, benutzt
usual gewöhnlich
U-turn Wendemöglichkeit 72

V

vacant frei 79; **vacate** räumen (Zimmer) 110
vaccination Impfung 65
vagina Scheide
valid gültig 45, 90
valley Tal 201
value Wert 242
van Kastenwagen 66, Lieferwagen 66
vantage point Aussichtspunkt 200
VAT (= Value Added Tax) Mehrwertsteuer 71, 133
veal Kalb 139; Kalbfleisch 163
vegetables *pl.* Gemüse 135, 154, 161
vegetarian vegetarisch 135
vehicle Fahrzeug 66; **~ documents** Fahrzeugpapiere 73
venison Wild 139
veterinary Tierarzt 65
very sehr; wirklich
victualler's Lebensmittelhändler 153
view Blick 100; Aussicht
village Dorf
vinaigrette Essig und Öl-Sauce 137
vinegar Essig 131
visa Visum 63
visit Besuch; besuchen 197; **~ing hours** *pl.* Besuchszeit 254; **~or** Besucher 275
vodka Wodka 126
voice Stimme
voltage Stromspannung 234
vomit (sich) übergeben 248

W

waist Hüfte 248; **~coat** Weste 169
wait warten 92, 218, 226; **~er** Kellner 134; **~ress** Kellnerin 134; **~ing room** Wartesaal 76
walk gehen (zu Fuß) 58; **~way** Wanderweg 189
wall Mauer, Wand 22
wallet Brieftasche 241
walnut Walnuß 150
want wünschen; wollen
wardrobe Schrank 114
warm warm 33, 185, 230
wash waschen 117, 229, 232; **~basin** Waschbecken 113; **~ing** Wäsche 117; **~ machine** Waschmaschine 111, 113; **~ room** Waschraum 117
watch Armbanduhr 180; Uhr 154, 180; beobachten; **~maker's** Uhrmacher 154; **~ out** achtgeben 234
water Wasser 115, 230, 245; **~ heater** Warmwasserboiler 113; **~fall** Wasserfall 201
way Weg 60
we wir
weak schwach 247

weather Wetter 33, 34; ~ **forecast** Wetterbericht 34
Wednesday Mittwoch 26
week Woche 28; ~**day** Wochentag 26; ~**end** Wochenende 26, 28, 43, 193; ~**ly** wöchentlich
welcome willkommen 42
well wohl; gesund; ~ **done** (Fleisch) durch 145
wellington Gummistiefel 171
west Westen 35
what was; ~**ever** was auch immer
wheel Rad 88; ~**chair** Rollstuhl 103
when wann 27, 44, 98
where wo 44; ~**from** woher 43, 182
whether ob
which welche(r, s) 89
while Weile 51; während;
whipped cream Schlagsahne 143
whisk(e)y Whisk(e)y 127
Whit Pfingsten 31
white weiß 36; ~ **cabbage** Weißkohl 142; ~ **coffee** Milchkaffee123
who welche(r,s); wer
whole ganz 245; ~**meal bread** Vollkornbrot 129, 160
why warum?
wide weit 167
widowed verwitwet 45
wife Frau 41
wild wild 138; ~ **boar** Wildschwein 139
will werden
win gewinnen 194
wind Wind 35
window Fenster 69, 101, 113; ~ **seat** Fensterplatz 76
windscreen Windschutzscheibe 68, 239; ~ **wiper** Scheibenwischer 239
windy windig 33
wine Wein 52, 126; ~ **bar** Weinkeller 211, Weinlokal 122
wing Kotflügel 239
winter Winter 32
wire telegraphieren 243
with mit
without ohne
withdraw abheben 218; **withdrawal** Abheben 218
witness Zeuge/in 237
woman Frau 156; **women's clothing** Damenkleidung 168
wonderful wunderschön 47, 55
wood Wald 201; Holz 156
word Wort 39
work arbeiten 46, 259; funktionieren 101, 225, 271
world Welt
wrap einpacken 156
wrist Handgelenk
write schreiben; **writing-paper** Briefpapier 178
wrong falsch 60, 228
Wunsch wish 267

Y

yard Yard = 91,44 cm 19
year Jahr 28; ~**ly** jährlich
yellow gelb 36
yes ja
yesterday gestern 27
yet schon; jedoch
yoghurt Joghurt 129
you du; ihr; Sie
young jung 210
your dein; euer
youth jung; ~ **hostel** Jugendherberge

Z

zero null, Null 16
zip Reißverschluß 170
zoo Zoo 201;

Abbildung 1: Englische Geldscheine und Münzen

Abbildung 2: Irische Geldscheine und Münzen

Abbildung 3: Karte von Großbritannien und Irland

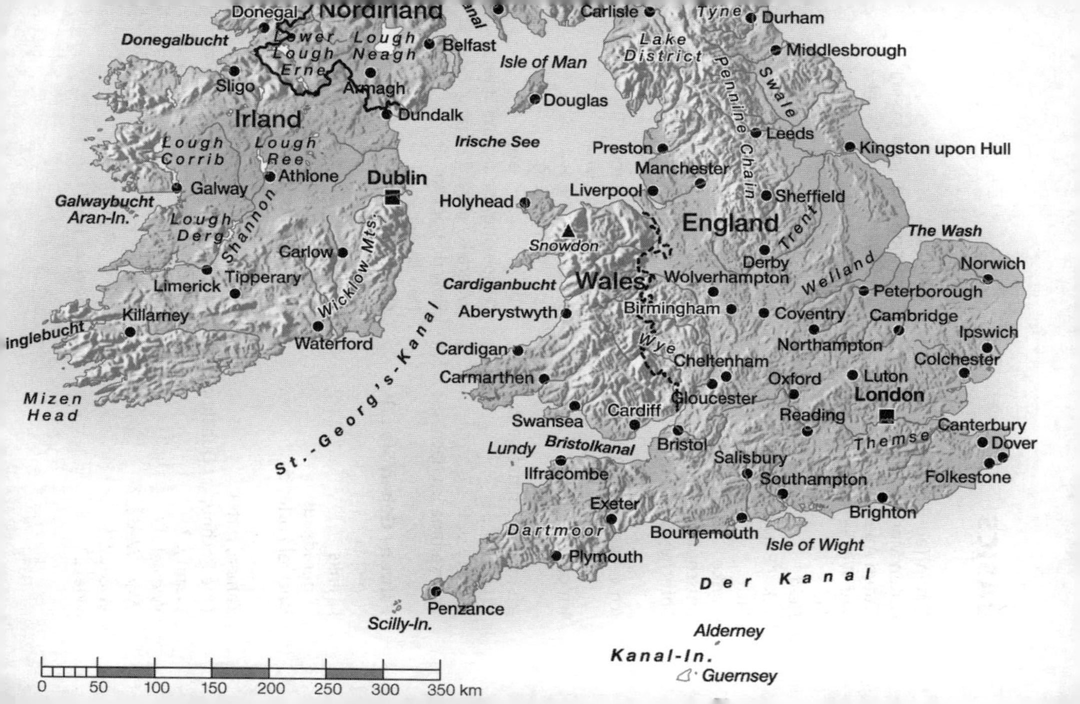
Nordirland
Donegal
Donegalbucht
Lower Lough Erne
Lough Neagh
Belfast
Sligo
Armagh
Dundalk
Irland
Lough Corrib
Lough Ree
Athlone
Dublin
Galway
Galwaybucht
Aran-In.
Lough Derg
Shannon
Carlow
Wicklow Mts.
Limerick
Tipperary
Killarney
inglebucht
Waterford
Mizen Head
St.-Georg's-Kanal
Isle of Man
Douglas
Irische See
Holyhead
Snowdon
Cardiganbucht
Aberystwyth
Cardigan
Carmarthen
Swansea
Wales
Cardiff
Lundy
Bristolkanal
Ilfracombe
Exeter
Dartmoor
Plymouth
Penzance
Scilly-In.
Carlisle
Tyne
Durham
Lake District
Middlesbrough
Pennine Chain
Swale
Leeds
Preston
Kingston upon Hull
Manchester
Liverpool
Sheffield
England
Trent
The Wash
Derby
Norwich
Wolverhampton
Welland
Peterborough
Birmingham
Coventry
Cambridge
Ipswich
Northampton
Wye
Cheltenham
Colchester
Gloucester
Oxford
Luton
London
Reading
Canterbury
Bristol
Themse
Dover
Salisbury
Southampton
Folkestone
Brighton
Bournemouth
Isle of Wight
Der Kanal
Alderney
Kanal-In.
Guernsey
0 50 100 150 200 250 300 350 km

BASICS

Guten Tag! / Hallo!	Hello! [hə'ləʊ]
Guten Morgen!	Good morning! [gʊd 'mɔ:nɪŋ]
Guten Abend!	Good evening! [gʊd 'i:vnɪŋ]
Auf Wiedersehn! / Tschüs!	Bye-bye! [baɪ'baɪ]
Ja.	Yes. [jes]
Nein.	No. [nəʊ]
O.K. / Einverstanden.	Alright. [ɔ:l'raɪt]
Bitte.	Please. [pli:z]
Danke.	Thanks. [ðæŋks]
Entschuldigung!	Sorry. ['sɒrɪ]
Sprechen Sie Deutsch?	Do you speak German? [dʊ jʊ spi:k 'dʒɜ:mən]
Ich verstehe nicht(s).	I don't understand. [aɪ dəʊnt ʌndə'stænd]
Ich bin / heiße	I'm / My name is ... . [aɪm / maɪ neɪm ɪz]
Ich möchte / hätte gern	I'd like ... . [aɪd laɪk]
Ich suche	I'm looking for ... . [aɪm 'lʊkɪŋ fə]
Wo ist / sind ...?	Where is / are ...? [weər ɪz / ɑ:]
Wie komme ich nach / zu ...?	How do I get to ...? [haʊ dʊ aɪ get tə]
Fahren / Gehen Sie ...!	**Go ...!** [gəʊ]
rechts	right [raɪt]
links	left [left]
geradeaus	straight on [streɪt ɒn]
Wieviel kostet das?	How much is that? [haʊ mʌtʃ ɪz ðæt]
Zahlen, bitte!	The bill, please! [ðə bɪl pli:z]
Eine Rechnung / Quittung, bitte.	A receipt, please! [ə rɪ'si:t pli:z]
Wann ...?	When ...? [wen]
Wieviel ...?	How much ...? [haʊ mʌtʃ]
Wer / Wen ...?	Who ...? [hu:]
Was ...?	What ...? [wɒt]
Wie ...?	How ...? [haʊ]